Couleurs de France

1 bleu

Das Französisch-Lehrwerk

von

Annie Faugère

Bettina von Hauenschild

Helga Herrmann

Claude Pruvot-Büttner

LANGENSCHEIDT

Berlin · München · Wien · Zürich · New York

Couleurs de France 1 – Bleu

Das Französisch-Lehrwerk

Von
Annie Faugère, München
Bettina von Hauenschild, München
Helga Herrmann, Hamburg
Claude Pruvot-Büttner, Siegen

Grammatik: Sophie Vieillard, München
Glossare: Maria Hoffmann-Dartevelle, Heidelberg

Beratende Mitarbeit:
Carole van Boxel (VHS Hamburg); Christina Kreysler-Kleemann (VHS Donaustadt, Wien); Hedwig Sommer
(VHS Hamburg); Hildegard Tielsch (VHS Böblingen-Sindelfingen)

Unter weiterer Mitarbeit von
Volker Borbein (VHS Kassel); Corinne Boulanger (VHS Fürstenfeldbruck); Marie Brevet, Reims;
Karola Brohammer-Dieterle (VHS Böblingen-Sindelfingen); Eliane Grandet, Vichy; Isabelle Jue, Sprachatelier,
Frankfurt/Main; Nicole Verger, Sprachatelier, Frankfurt/Main

*Wir danken allen Kolleginnen und Kollegen, die **Couleurs de France - Bleu** in ihrem Unterricht erprobt und mit Kritik und wertvollen Anregungen zur Entwicklung des Lehrwerks beigetragen haben.*

Weitere Materialien zu diesem Band	
Audiokassetten zum Lektionsteil	3-468-45504-6
Audiokassette zum Übungsteil	3-468-45505-4
CD zum Lektionsteil	3-468-45506-2
CD zum Übungsteil	3-468-45507-0
Lehrerhandreichungen	3-468-45503-8

Redaktion: Annie Faugère (Projektleitung), Marion Butz

Visuelles Konzept, Layout: Barbara Slowik, Atelier S., München

Desktop Publishing: Barbara Slowik, Atelier S., München; Michael Ewerbeck, München (Übungsteil)

Umschlag: Barbara Slowik, Atelier S., München, unter Verwendung zweier Fotos von Tony Stone Bilderwelten

Zeichnungen: Bruno Conquet, Paris, mit Ausnahme der im Quellenverzeichnis aufgeführten Illustrationen

Quellenverzeichnis: Seite 175

Umwelthinweis: gedruckt auf chlorfrei gebleichtem Papier

Auflage:	4.	3.	2.	1.	Letzte Zahlen
Jahr:	2002	2001	2000	1999	sind maßgeblich

Druck: Landesverlag Druckservice, Linz
Printed in Austria ISBN 3-468-45501-1

Liebe Lernerin, lieber Lerner,

Sie haben sich entschieden, Französisch zu lernen. Vielleicht haben Sie bereits einige Vorkenntnisse, vielleicht ist für Sie alles ganz neu. Wie auch immer: *Couleurs de France* passt sich Ihren Wünschen, Zielen und Lerngewohnheiten an. *Bleu* ist der erste Band dieses Lehrwerkssystems, das Sie in drei Stufen zum Europäischen Sprachenzertifikat führt. Bereits am Ende dieses Bandes werden Sie ein *Niveau de survie* erreicht haben, mit dem Sie sich in den wichtigsten Situationen des Alltags behaupten können. Nebenbei erfahren Sie vieles über Ihren europäischen Nachbarn im Westen und über Französisch in der Welt.

Zu den Grundlagen von *Couleurs de France*

- *Couleurs de France* ist linear und kleinschrittig aufgebaut. Das heißt, dass alle Lernschritte und Aufgaben durch einen „roten Faden" miteinander verbunden sind. Diese Transparenz hat zwei Vorteile: Sie wissen im Unterricht immer, warum Sie eine Aufgabe bewältigen sollen, und Sie können auch aufholen, wenn Sie einmal eine Stunde versäumt haben.

- *Couleurs de France* ermöglicht Ihnen, selbstständig zu lernen: Was man selber erarbeitet, merkt man sich bekanntlich besser. Dieses Prinzip des Selbstentdeckens, verknüpft mit dem ständigen Rückgriff auf das, was Sie bereits wissen, wird Ihnen das Französischlernen sehr erleichtern.

- *Couleurs de France* fördert lebendige Kommunikation im Unterricht: Sie lernen im Gespräch mit anderen und können immer wieder anwenden, was Sie bereits gelernt haben.

- *Couleurs de France* lässt Ihnen freie Wahl. Einige Aufgaben und Texte sind optional. Das heißt: Gemeinsam mit Ihrem/r Kursleiter/in werden Sie entscheiden, welche dieser Aufgaben für Sie und Ihre Lerngruppe interessant und wichtig sind oder auch welche Sie lieber weglassen möchten.

Zum Aufbau von *Bleu*

- Der Lektionsteil ist für den Unterricht vorgesehen:
  - In zwölf kurzen *Unités* werden Themen des Alltags behandelt. Diese erarbeiten Sie gemeinsam und Schritt für Schritt: vom Verstehen zum Sprechen über den Erwerb von Wortschatz und Grammatik. Jede Unité schließt mit einer Zusammenfassung der Lektionsinhalte *(Résumé)*.
  - Nach jeweils drei *Unités* finden Sie in den *Etapes*-Abschnitten ein zusätzliches Angebot an freien Aktivitäten mit den Schwerpunkten „Lesen" und „Französisch für den Beruf" sowie ein Planspiel (die *Simulation Villa Fantasia*).

- Der Service-Teil enthält alles, was Sie für die Arbeit zu Hause brauchen:
  - 4 Seiten Übungen pro *Unité*, die durch ein Verweissystem mit dem Lektionsteil verknüpft sind und die Sie nach Belieben zur Festigung und Wiederholung von Wortschatz, Grammatik und Redemitteln machen können,
  - einen ausführlichen Anhang mit verschiedenen Nachschlagemöglichkeiten: Grammatikübersicht, Lösungen der Übungen, Transkription aller Hörtexte, Vokabulare, Lerntipps usw.

Schauen Sie sich in Ruhe das Inhaltsverzeichnis und die Erklärungen auf den drei nächsten Seiten an!

Viel Spaß und viel Erfolg wünschen Ihnen

Autorinnen und Verlag

Inhalt

Inhalt

Service-Teil

Erläuterung der Symbole

Pflicht   oder   Kür?

Die Aufgaben, die in der vollen Farbe gekennzeichnet sind (Rot für Teil A bzw. Blau für Teil B), sollten im Unterricht behandelt werden. Die schwächer markierten Aufgaben sind optional: Z. T. bieten sie eine weitere Festigung an, z. T. erweitern sie das Lektionsangebot. Entscheiden Sie mit dem/der Kursleiter/in, welche davon Sie gemeinsam bearbeiten möchten.

Sie können hier Wörter und Redewendungen eintragen, die Sie sich besonders merken möchten oder die mit Ihrer eigenen Lebenssituation zu tun haben.

Interessantes, Skurriles, typisch Französisches.

Alle Aufgaben, die mit diesem Symbol versehen sind, werden als Hörtexte auf der Audiokassette bzw. der CD angeboten.

➤ *Ü A1-4*

Verweis auf den Übungsteil ab Seite 112: Nach der entsprechenden Aufgabe im Lektionsteil werden Sie die dort angebotenen Übungen bewältigen können.

➤ *Gr 2.1.1.*

Dieses Zeichen verweist Sie von den *Résumé*-Seiten am Ende jeder *Unité* auf die entsprechende Stelle in der Grammatikübersicht (ab Seite 177).

Hier trainieren Sie Ihre Aussprache - durch Hören und Nachsprechen.

(Im Übungsteil): Wenn Sie diese Aufgabe bewältigen können, ist Ihr „Überleben" in der Fremdsprache gesichert.

(Im Übungsteil): Merken Sie sich diese Tipps – sie erleichtern Ihnen das Lernen.

Von der EU-Metropole Straßburg bis zum wunderhübschen Roquebrune an der Côte d'Azur führen die Stationen unserer Reise durch Frankreich. In Mühlen und Burgen des Departement Lot werden Sie Halt machen, in Ihrer Fantasie ein Glas Champagner mit Nathalie aus Reims trinken oder im stolzen Dorf Vesdun, der geographischen Mitte Frankreichs, Ihre Einkäufe machen. Sie werden Maître Arnaud Dupas in die Kochtöpfe schauen, der Familie Brevet ein bukolisches Glück in der Auvergne gönnen ... und einen Einblick in die Vielfalt des Lebens in Frankreich ge-winnen.

Bienvenue !

Bonjour, Madame.

1

a) Schauen Sie sich zunächst die verschiedenen Situationen an und hören Sie drei Gespräche.

b) Lesen Sie jetzt mit und ordnen Sie die Dialoge den Situationen zu.

A ▶ Bonjour, je m'appelle Michel Morvan.
▲ Je suis Jacques Laflûte. Enchanté.

B ✳ Bonsoir, moi, c'est Catherine.
Et toi, tu es bien Olivier Fulbert ?
◆ Oui, c'est ça. Salut, ça va ?

C ■ Mademoiselle Bicharon ?
● Oui, c'est moi. Vous êtes Madame… ?
■ Valère. Patricia Valère, de Sud-Commerce.
● Bonjour, Madame.

Bonjour, *Madame .*
Mademoiselle.
Bonsoir, *Monsieur.*

2

Wie stellen sich die Personen vor?
Suchen Sie in den Gesprächen die entsprechenden Aussagen und notieren Sie sie. Vergleichen Sie mit Ihrer Nachbarin / Ihrem Nachbarn.

A – .... Michel Morvan.
– .... Jacques Laflûte.

B – .... Catherine.

C – Mademoiselle Bicharon ?
– ....

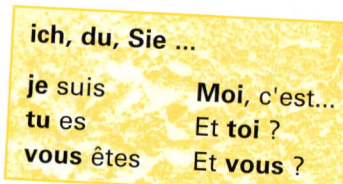

ich, du, Sie …

je suis   **Moi,** c'est…
tu es   Et **toi** ?
vous êtes   Et **vous** ?

Die Begrüßungsformel schlechthin ist *bonjour.* Sie gilt zu jeder Tageszeit und für jede Person. Höflicher ist es jedoch, *Madame / Mademoiselle / Monsieur* anzuschließen. Der Familienname muss dabei nicht genannt werden. Die Anrede *Mademoiselle* ist bei jungen Frauen im übrigen keineswegs so verpönt wie das deutsche „Fräulein"

➤ Ü A1-2

3

a) Wie lautet die Frage nach dem Namen? Kreisen Sie in den Gesprächen auf der linken Seite die Du-Form ein, unterstreichen Sie die Sie-Form.

b) Hören Sie die Kassette noch einmal und sprechen Sie nach.

c) Begrüßen Sie jetzt eine Partnerin / einen Partner. Sagen Sie lieber Du oder Sie?

4

a) Wie kann man eine dritte Person vorstellen? Lesen und hören Sie dazu die beiden folgenden Dialoge.

Ⓐ ▶ Madame Valère, je vous présente un collègue, Ali Ben Said.
▲ Enchantée.
✳ Enchanté. Comment allez-vous ?
▲ Très bien, merci.

Ⓑ ▶ Salut, Caroline, je te présente Jean.
▲ Salut ! Ça va ?
✳ Oui, ça va.

⚠ *Enchanté* ist die Schreibweise für die männliche, *enchantée* die Schreibweise für die weibliche Form. Ausgesprochen werden beide gleich. Darüber mehr in unité 2.

b) Welcher der beiden Dialoge ist eher förmlich, welcher eher vertraut? Setzen Sie den richtigen Buchstaben in das entsprechende Kästchen.

❏ eher vertraut   ❏ eher förmlich

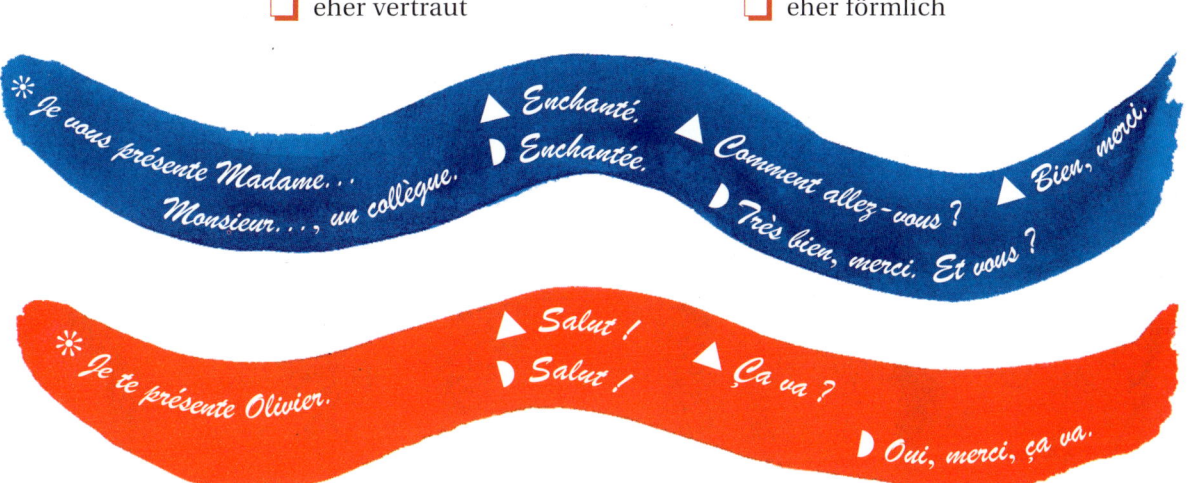

▶ Ü A3-6

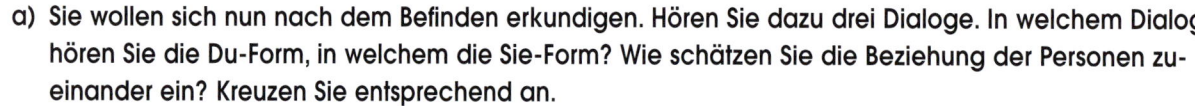

5   Was sagen diese Menschen zueinander?

6

a) Sie wollen sich nun nach dem Befinden erkundigen. Hören Sie dazu drei Dialoge. In welchem Dialog hören Sie die Du-Form, in welchem die Sie-Form? Wie schätzen Sie die Beziehung der Personen zueinander ein? Kreuzen Sie entsprechend an.

	A	B	C
Du-Form			
Sie-Form			

	A	B	C
freundlich, nah			
förmlich, distanziert			

b) Hören Sie die Kassette noch einmal und sprechen Sie nach.

c) Gehen Sie im Kursraum umher. Stellen Sie sich gegenseitig vor. Fragen Sie, wie es Ihrem Gegenüber geht, und sagen Sie ihm, wie es Ihnen geht.

7

L'ALPHABET

a) Lesen und hören Sie die Buchstaben des französischen Alphabets.

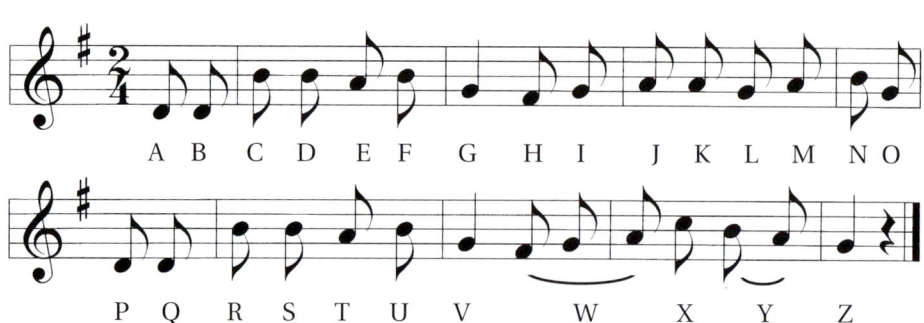

A B C D E F G H I J K L M N O

P Q R S T U V W X Y Z

A [a]   B [be]   C [se]   D [de]   E [ə]   F [ɛf]   G [ʒe]   H [aʃ]   I [i]   J [ʒi]   K [ka]

L [ɛl]   M [ɛm]   N [ɛn]   O [o]   P [pe]   Q [ky]   R [ɛʀ]   S [ɛs]   T [te]   U [y]

V [ve]   W [dubləve]   X [iks]   Y [igʀɛk]   Z [zɛd]

dix

b) Hören Sie noch einmal und singen Sie mit.

c) Kreisen Sie fünf Buchstaben ein, deren Aussprache für Sie von der deutschen stark abweicht, und sprechen Sie sie Ihrer Nachbarin / Ihrem Nachbarn vor.

Verbinden Sie die Buchstaben, die Sie von der Kassette hören. Welche Figur ergibt sich?

8

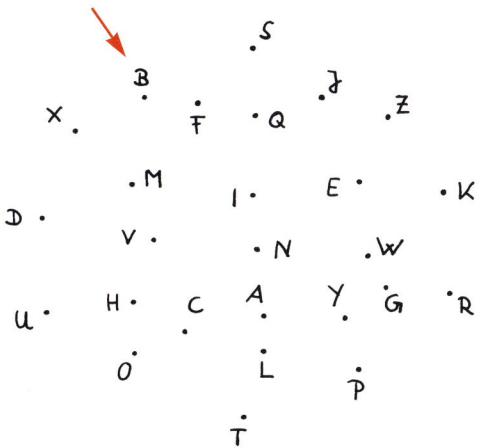

➤ Ü A7

9

a) Lesen Sie sich die folgenden Städte- und Flussnamen gegenseitig vor und finden Sie gemeinsam die richtige Aussprache. Kontrollieren Sie anschließend Ihre Aussprache mithilfe der Kassette.

NANTES

NICE

MARSEILLE

La Garonne

La Seine

PARIS

AIX-EN-PROVENCE

ROQUEFORT

SAINT-MALO

STRASBOURG

La Loire

Le Rhin

Le Rhône

BORDEAUX

CARCASSONNE

LILLE

b) Hören Sie noch einmal die Wörter und unterstreichen Sie die betonte Silbe – welche wird in der Regel betont?

c) Was passiert mit dem *e* am Wortende? Wie wird es ausgesprochen? Setzen Sie die Reihe mit ähnlichen Wörtern fort.

Marseille, la Garonne, Lille ....

d) Und wie werden *Nantes – Arles – Rennes* ausgesprochen? Wo sind Gemeinsamkeiten?

Wissen Sie auch, welche der Städte aus Aufgabe 9a an den fünf genannten französischen Flüssen liegen?

10

Vous comprenez ?

1

a) *Vous comprenez ?* Hören Sie zu.
Was erzählt das Mädchen?

☐ Sie hat etwas gefunden.

☐ Sie hat etwas verloren.

☐ Sie möchte etwas haben.

b) Um welchen Gegenstand handelt es sich?

☐ ein Bonbon
(un bonbon)

☐ eine Rose
(une rose)

☐ ein Portemonnaie
(un porte-monnaie)

☐ ein Foto
(une photo)

☐ Zigaretten
(des cigarettes)

☐ einen Pass
(un passeport)

c) Wie geht die Geschichte vermutlich weiter?

☐ Es folgt ein Anruf.

☐ Es folgt ein Brief.

☐ Man weiß es nicht.

Haben Sie es für möglich gehalten, dass Sie schon so viel verstehen würden? Denken Sie daran: Um eine Situation richtig zu erfassen, brauchen Sie nicht jedes einzelne Wort zu verstehen. Tonfall, Stimmen, Geräusche und nicht zuletzt Ihr gesunder Menschenverstand erleichtern Ihnen das Verständnis fremder Texte. Und vergessen Sie nicht: Es gibt viele Wörter, die in verschiedenen Sprachen ähnlich sind.

2

a) Lesen Sie sich die Wörter, die Sie kennen, gegenseitig vor.

b) Hören Sie jetzt die Kassette und überprüfen Sie Ihre Aussprache.

3

a) Brainstorming: Schreiben Sie zu viert weitere französische Wörter auf, die Ihnen einfallen. Sie haben drei Minuten Zeit.

Zum Beispiel: *parfum, baguette, Gauloises, mélodie...*

b) Tragen Sie per Zuruf alle Wörter an der Tafel zusammen und ordnen Sie sie mithilfe der Kursleiterin / des Kursleiters in die richtige Spalte ein.

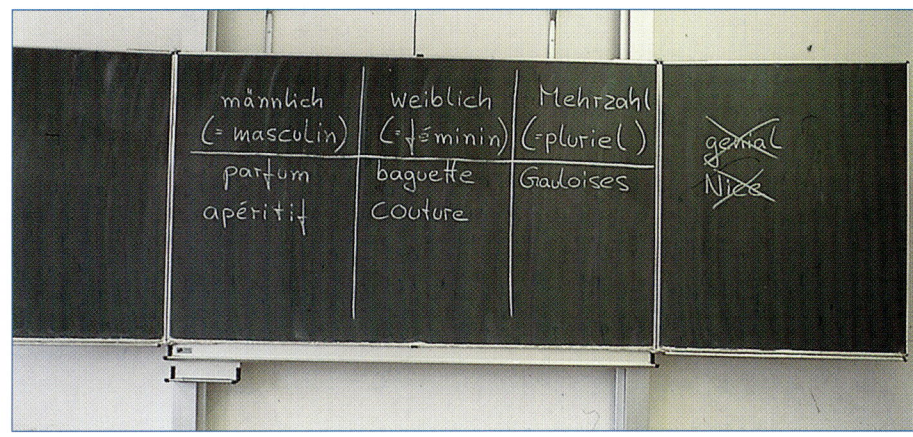

c) Wie wird hier die Mehrzahl des Nomens gebildet?

ein, eine ...		*	
Einzahl		*Mehrzahl*	
männlich	weiblich	männlich	weiblich
un film	**une** rose	**des** films	**des** roses
un bar	**une** adresse	**des** bars	**des** adresses
un hôtel	**une** chanson	**des** hôtels	**des** chansons
* Diesen Artikel gibt es im Deutschen nicht!			

des_hôtels
des_adresses

4

Kettenübung: Das Französische, eine Welt voller bekannter Wörter ...

Beschreiben Sie, was Sie auf der Zeichnung sehen. Sie kennen sicher die Bezeichnungen der meisten Gegenstände und Gebäude.

Génial, nicht wahr?

Zum Beispiel:

A : *Voilà un café.*

B : *Voilà un café et des cigarettes.*

C : *Voilà un café, des cigarettes et un restaurant.*

männlich oder weiblich

➤ Ü B1-3

5   Hier einige Äußerungen, die Sie in Ihrem Französischkurs immer wieder brauchen werden. Hören Sie zu und sprechen Sie nach.

Je ne comprends pas !

Pardon ?

Oui.

Non.

Vous pouvez répéter ?

Plus lentement, s'il vous plaît.

Ça s'écrit comment, s'il vous plaît ?

bitte
= *s'il te plaît* (Du-Form)
= *s'il vous plaît* (Sie-Form)

6   **a)** Lesen und hören Sie dieses Telefongespräch. Anschließend lesen Sie den abgedruckten Teil zu zweit mit verteilten Rollen vor.

  ◗ Oui, vous êtes Madame... ?
  ▲ Anne Schwarzköpf.
  ◗ Ça s'écrit comment ?
  ▲ Euh... Anne : A - deux N - E, et Schwarzköpf :
      S - C - H - W - A - R - Z - K - O tréma - P - F.
  ◗ Pardon ? Je ne comprends pas ! Vous pouvez répéter, s'il vous plaît ?
  ▲ Oui, alors... Schwarzköpf : S - C - H - W - A - R - Z - K - O tréma - P - F.
  ◗ Merci.

ä = a tréma   *ü = u tréma*
ö = o tréma   *ß = deux_s*

b) *Et vous ?* Wie buchstabieren Sie Ihren Namen? Stellen Sie sich den anderen Kursmitgliedern vor, erfragen Sie die unbekannten Namen Ihrer Nachbarinnen und Nachbarn. Wenn nötig, fragen Sie nach der Schreibweise.

7   Nach dem Unterricht verabschieden Sie sich von den anderen auf Französisch.

A demain !

Au revoir !

Bonsoir !

A bientôt !

A la semaine prochaine !

➤ Ü B4-6

Jemanden begrüßen

- Salut, Jean !
- Bonjour, Monsieur Fulbert.
- Bonsoir, Mademoiselle.

Sich verabschieden

- A bientôt !
- Au revoir et à demain !
- Bonsoir et à la semaine prochaine !

Den Namen nennen, erfragen, bestätigen

✶ Je m'appelle Max Gruber. Et vous ?
▲ Je suis Lydia Schneider. Et toi ?
▶ Moi, c'est Jutta.

✶ Vous êtes bien Dirk ?
▶ Oui, c'est ça.

Jemanden vorstellen, darauf reagieren

✶ Je vous présente Mademoiselle Bicharon.
▲ Enchanté(e).

Über das Befinden sprechen

■ Comment allez-vous ?
● Très bien, merci.

✶ Ça va ?
▲ Ça va (bien), merci.

Nachfragen

- Ça s'écrit comme ça ?
- Pardon ?

Verständnisprobleme ansprechen

- Je ne comprends pas.
- Plus lentement, s'il vous plaît.
- Vous pouvez répéter ?

Etwas benennen

- un bar, un taxi et une bibliothèque
- des hôtels, des cafés et des terrasses

Aussprache und Schreibweise

* *Das Alphabet: vgl. S. 10*

* *Groß- und Kleinschreibung:*
   Je suis **M**ichel **M**orvan.
   Nantes; *vgl. S. 8, 11*

* *Aussprache von* **-e** *und* **-es** *am Wortende: vgl. S. 11*

* *Die* **liaison**:
   une‿adresse, des‿adresses...
   un‿hôtel, des‿hôtels:
   vgl. S. 13

Die Anrede ▶ *Gr 2.*

Salut !	*Hallo.*
Bonjour !	*Tag!, Guten Tag!*
Bonjour, Madame.	Man kennt den Nachnamen nicht.
Bonjour, Madame Valère.	Der Nachname der Person ist bekannt.

Einige Personalpronomen ▶ *Gr 8.1.*

unbetont	*betont*
Je suis Catherine.	**Moi**, c'est Catherine.
Tu es Jim ?	Et **toi**, tu es Jim ?
Vous êtes bien Jules ?	Et **vous** ?

Du oder Sie?

Je vous présente Madame Valère. – *Ich stelle Ihnen/euch Mme Valère vor.*

Tu, toi (bzw. **te** in *je te présente*) kennzeichnen die Du-Form, **vous** kennzeichnet die Sie-Form und das deutsche "ihr".

Aussage und Frage ▶ *Gr 1.1., 1.2.1.*

Ça s'écrit comme ça.	Ça s'écrit comme ça ?
Ça va.	Ça va ?

Eine Aussage wird durch das Ansteigen der Stimme am Ende des Satzes zur Frage.
⚠ Andere Frageformen sind auch möglich (**Comment allez-vous ?**). Mehr dazu später!

Das Nomen ▶ *Gr 2.1.*

männlich	bar, taxi...
weiblich	bibliothèque, radio...

⚠ Ein Nomen kann im Französischen ein anderes Geschlecht als im Deutschen haben: **un bar** (m) – *eine Bar* (w). Ein sächliches Geschlecht (*das Theater*) gibt es nicht.

Der Plural mit *-s* ▶ *Gr 2.2.*

un bar	**des** bar**s**
une bibliothèque	**des** bibliothèque**s**

Der unbestimmte Artikel ▶ *Gr 3.2.*

	Einzahl	*Mehrzahl*
männlich	**un** cognac	**des** cognacs
weiblich	**une** baguette	**des** baguettes

⚠ **Un, une** entspricht dem deutschen *ein, eine.* Der unbestimmte Artikel **des** hat im Deutschen keine Entsprechung: **des** restaurants – *Restaurants.*

2 *Vous êtes d'où ?*

C'est un nom français

M. Lattes
Udo + Uli Mayer
Dr. Mallet
Michel Ivanov
Moulin
Ben Said
Marcel Jourdran
Alain Goepp
J. Thélisson
Lopez M.
Pierre / Bartier
Da Gino
Legras
Béatrice Dorin

1 a) **Woher kommen vermutlich die Bewohner dieses Straßburger Hauses? Verbinden Sie die Namen mit ihrem Ursprung.**

Moulin	italien
Mayer	français
Da Gino	espagnol
Lopez	tunisien
Ben Said	allemand
Ivanov	russe

> Moulin, c'est un nom français.

français :
Das **ç** (**c** mit *cédille*) ist ein besonderes französisches Schriftzeichen. Die *cédille* bewirkt, dass **c** vor **a**, **o** und **u** wie [s] ausgesprochen wird.

 b) **Alain Goepp, ein Bewohner dieses Hauses, wird gefragt, ob er den Ursprung der Namen seiner Nachbarn kennt. Hören Sie seine Antworten. Stimmen Ihre Vermutungen?**

2 **Welchen Ursprung haben wohl diese Namen berühmter Persönlichkeiten?**

Buñuel   Lollobrigida   Tolstoï   Lessing   Beauvoir   Fellini

Deneuve   Voltaire   Riemann   Djebar

 In Straßburg und Umgebung leben knapp eine halbe Million Menschen. Doch sind das nicht nur alteingesessene Elsässer. Viele von ihnen stammen aus anderen Regionen Frankreichs oder aus anderen Ländern. Aus diesem Grund und als Sitz des Europarats und des Europäischen Parlaments wirbt Straßburg mit dem Slogan *Strasbourg – Capitale européenne* (europäische Hauptstadt).

a) Ergänzen Sie die Tabelle.

Tipp: Tauschen Sie sich im Unterricht so oft wie möglich aus! Vergleichen Sie Ihre Ergebnisse im Plenum oder mit Ihrer Nachbarin / Ihrem Nachbarn. Nur durch Sprechen werden Sie sprechen lernen!

pays	nationalité	
	Il est...	Elle est...
l'Angleterre	anglais	....
la France	....	française
l'Allemagne	....	allemande
le Danemark	danois	....
l'Espagne	espagnol	....
l'Italie	italien	italienne
l'Autriche	autrichien	....
la Tunisie	....	tunisienne
la Russie	russe	....
la Belgique	belge	belge
la Suisse	....	suisse

das Adjektiv

männlich	weiblich
russe	russe
anglais	anglaise
italien	italienne

Il est français.
*Elle est français*e*.*

➤ Ü A1-2

b) Hören Sie die Kassette und sprechen Sie nach. Unterstreichen Sie dann in der Tabelle die Formen, deren Aussprache in beiden Fällen (männlich/weiblich) gleich ist.

DER EUROPÄISCHE EINKAUFSKORB

4

Kennen Sie die Herkunft dieser europäischen Marken? Fallen Ihnen noch weitere ein?

un☐ nom français☐
un*e* entreprise français*e*

Zum Beispiel: *Siemens, c'est un nom allemand.*   oder: *SEAT, c'est une entreprise espagnole.*

➤ Ü A3

5

ROMÉO ET JULIETTE...

a) Welcher Mann passt, national gesehen, zu welcher Frau?

Zum Beispiel:
John est anglais ;
Liz est aussi anglaise.

John José Jean Hans Federico Ivan

Federica Anastasia Helga Carmen Liz Isabelle

b) Jetzt sind Sie eine der angegebenen Personen. Die anderen erraten Ihre Nationalität. Sie antworten nur mit *oui* oder *non*. Entscheiden Sie sich für die Du- oder Sie-Form.

Zum Beispiel:

A	Vous êtes espagnol ?
Vous	Non.
B	Vous êtes français ?
Vous	Non.
C	Vous êtes italien ?
Vous	Oui.
C	Alors, vous êtes Federico !
Vous	Oui, c'est ça, je suis Federico !

A	Tu es française ?
Vous	Non.
B	Tu es italienne ?
Vous	Non.
C	Tu es espagnole ?
Vous	Oui !
C	Alors, tu es Carmen.
Vous	Oui, c'est ça !

être

je	suis
tu	es
il	est
elle	est
nous	sommes
vous	êtes
ils	sont
elles	sont

ils elles → sie

6

SYLVIA ET LES LANGUES

a) Lesen Sie den Text und unterstreichen Sie die Sprachen, die Sie verstehen.

* Née : en Argentine (mère française, père italien) – elle parle très bien espagnol et français, mais elle ne parle pas italien.
* Etudes : à Berkeley (USA) – elle parle bien anglais.
* Travail : à Munich (Allemagne) pour une société de biochimie – elle parle un peu allemand.

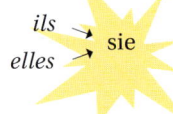

Elle parle anglais.
Elle **ne** parle **pas** italien.

b) Finden Sie heraus, wie gut Sylvia Pisani die jeweiligen Sprachen spricht.

Elle parle très bien .... Elle parle un peu ....
Elle parle bien .... Elle ne parle pas ....

➤ Ü A4-5

7

a) *parler*, Ihr erstes regelmäßiges Verb. Unterstreichen Sie die Endungen.

parler

je	parle	nous	parlons
tu	parles	vous	parlez
il	parle	ils	parlent
elle	parle	elles	parlent

➤ Ü A6-7

b) Hören Sie nun das konjugierte Verb. Welche Verbformen werden gleich gesprochen?

A

L'OLYMPE EUROPÉEN

Wer spricht welche Sprache(n)?

Zum Beispiel:
Je vous présente Goethe.
Il parle allemand et
il parle aussi très
bien italien.

Churchill   Sissi   Jeanne d'Arc

Picasso   Carmen   Gagarine   Goethe   Napoléon

Et vous ? Welche Sprachen sprechen Sie? Fragen Sie auch Ihre Nachbarin / Ihren Nachbarn und berichten Sie anschließend der Gruppe.

– Monsieur Merkel, vous parlez anglais ?   – Jutta, tu parles italien ?

→ Monsieur Merkel parle un peu anglais, Jutta parle bien russe, Ulrike...

Ergänzen Sie die folgenden Sätze.

En France, on parle ....   Au Maroc, on parle   ....

En Suisse, on parle ....   Au Canada, on parle   ....

> en France
> en Suisse
> au Maroc
> au Canada

a) *Vrai ou faux ?* Richtig oder falsch? Was wissen Sie bereits über die französischsprachige Welt? Kreuzen Sie an, was Ihrer Meinung nach zutrifft.

	V	F
On parle français en Suisse.		
Plus de 100 millions de personnes parlent français dans le monde.		
En France, on parle aussi basque, breton et romanche.		
Au Canada, on ne parle pas français.		

b) Überprüfen Sie nun Ihre Angaben durch den folgenden Text.

Le français dans le monde : On parle français dans beaucoup de pays, en Europe, en Afrique, en Amérique... et en Asie ! En France, le français est la langue officielle, mais on parle aussi breton, basque, alsacien, occitan... En Suisse, on parle quatre langues différentes : On parle français, allemand, italien et romanche. En Belgique, on parle français, flamand et allemand. Le français est aussi une des langues de communication dans beaucoup de pays africains : au Sénégal, au Congo, en Mauritanie, au Mali, en Tunisie, en Algérie, au Maroc etc. Et enfin, il y a aussi des provinces francophones au Canada (par exemple le Québec). Au total, 200 millions de personnes parlent français dans le monde.

Vous habitez où ?

1

Auch in Paris ist es manchmal schwierig, gebürtige Pariser zu treffen. Hören Sie heraus, welche der drei Personen in den Interviews aus Südfrankreich kommt?

☐ M. Schmitt   ☐ Mme Soubeyran   ☐ M. Perrec

2

a) Lesen Sie die Notizen, die sich ein Journalist nach den Gesprächen gemacht hat, und hören Sie die Interviews noch einmal. Stimmt alles? Haken Sie die richtigen Informationen ab. Lassen Sie sich von der Länge der Interviews nicht aus der Ruhe bringen!

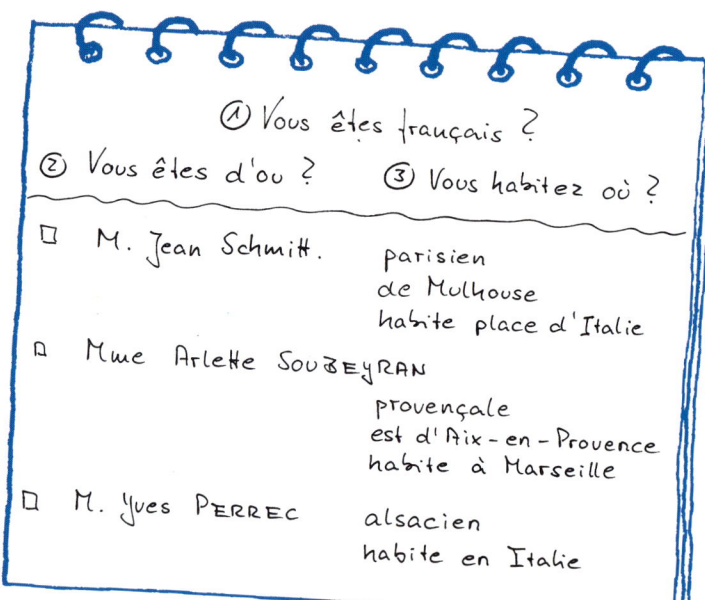

| **où ?** |
| à Paris |
| **d'où ?** |
| de Paris |

Vor **Vokal** (a, e, i, o, u, y) und vor **stummem h** wird ... zu ...:
de → **d'**   d'Aix-en-Provence
je → **j'**   j'habite
ne → **n'**   il n'est pas

b) Hören Sie die Interviews noch einmal und berichtigen Sie nun die falschen Informationen.

- Monsieur Schmitt est parisien.   → *Il n'est pas parisien, il est alsacien.*

- Madame Soubeyran habite à Marseille.   → ....
  Elle est d'Aix-en-Provence.   → ....

- Monsieur Perrec est alsacien.   → ....
  Il habite en Italie.   → ....

c) Welche Gemeinsamkeit haben die drei Personen?

3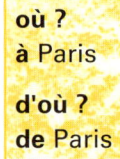

a) Ein zweites regelmäßiges Verb ...
Konjugieren Sie es nach dem Muster von *parler*.

b) Hören Sie das konjugierte Verb und kennzeichnen Sie die *liaisons*.

habiter		
j' habit....	nous	habit....
tu habit....	vous	habit....
il habit....	ils	habit....
elle habit....	elles	habit....

4

Eine/r von Ihnen geht zur Tafel und schreibt ein Schlüsselwort aus den Notizen der Journalistin auf. Die anderen bilden mit diesem Wort einen inhaltlich zutreffenden Satz.

Zum Beispiel:  *Arlette Soubeyran habite à Paris.*

5

UN JEU

In Dreiergruppen: Konjugieren Sie *habiter* und fügen Sie einen Wohnort, z. B. *à Strasbourg*, *à Linz*, oder ein Land hinzu: *en Autriche*, *en Italie*. Die gewürfelte Augenzahl entspricht einer der sechs grammatischen Personen.

⚀ = je, j'	⚁ = tu	⚂ = il / elle, on
⚃ = nous	⚄ = vous	⚅ = ils / elles

Zum Beispiel: ⚀ *j'habite à Paris*   ⚃ *nous habitons en Italie*

a) Hören und lesen Sie nun folgende Ausschnitte aus den Interviews. Sprechen Sie sie beim zweiten Hören nach. Wie verhält sich die Satzmelodie bei den Fragen?

6

Ⓐ ▶ Vous êtes de Paris ?
　✳ Ah oui.
　▶ Et vous habitez où ?
　✳ A Paris !

Ⓑ ▶ Monsieur, s'il vous plaît, vous êtes d'où ?
　　Vous êtes parisien ?
　▲ Non, je suis alsacien.

　▶ Et vous êtes Monsieur... ?
　✳ Perrec. Yves Perrec.

b) Hören Sie die folgenden acht Sätze, vier Aussagen und vier Fragen. Tragen Sie jeweils den entsprechenden (gehörten) Kennbuchstaben in das Kästchen ein.

☐ Vous êtes parisien.	☐ Vous êtes parisien ?
☐ Elles sont de Nice.	☐ Elles sont de Nice ?
☐ C'est doux (*weich*).	☐ C'est d'où ?
☐ Il parle français.	☐ Il parle français ?

c) Vervollständigen Sie die Fragen aus den Interviewausschnitten, die ein Fragewort (*d'où*, *où*) enthalten.

.... d'où ?   .... où ?

➤ Ü B1-2

7

a) Stellen Sie Ihren Kursnachbarn ein paar neugierige Fragen und notieren Sie die Antworten.

b) Berichten Sie nun allen Kursmitgliedern, was Sie erfahren haben.

Je vous présente...

Il habite à...　　Elle habite à...
Il est de...　　　Elle est de...

8

Hören Sie zu! Beim zweiten Mal sprechen Sie die Zahlen mit.

1 un	4 quatre	7 sept	10 dix	11 onze	14 quatorze	17 dix-sept	20 vingt
2 deux	5 cinq	8 huit		12 douze	15 quinze	18 dix-huit	
3 trois	6 six	9 neuf		13 treize	16 seize	19 dix-neuf	

sек

0 zéro

9

BINGO !

a) Schreiben Sie zunächst in alle weißen Felder beliebige Zahlen zwischen 0 und 20.

b) Nun hören Sie die Zahlen von der Kassette. Stimmen Ihre eigenen mit den gehörten überein? Dann streichen Sie sie durch. Wer als erste/r keine Zahlen mehr übrig hat, ruft „Bingo" und hat gewonnen.

10

> Ü B3-5

Notieren Sie acht Zahlen zwischen 0 und 20. Dann diktieren Sie sie Ihrer Nachbarin / Ihrem Nachbarn. Überprüfen Sie mit ihr / ihm die Ergebnisse.

11

Welche Zahlen, welche Sprachen spielen in Ihrem Leben eine Rolle? Tragen Sie sie in Ihren *Bloc-notes* ein.

Bloc-notes

....
....

12

Lesen Sie das Gedicht *Les belles familles*. Zwei der Könige sind auch in Deutschland sehr bekannt. Auch weitere?

➤ Er ist als „Sonnenkönig" – *Le Roi Soleil* – bekannt:

Louis ....

➤ Er wurde während der französischen Revolution enthauptet:

Louis ....

* *genannt „der Streiter"*

** *Und dann niemand mehr, nichts mehr. Was sind das denn für Leute, die nicht einmal in der Lage sind, bis 20 zu zählen?*

LES BELLES FAMILLES

Louis I
Louis II
Louis III
Louis IV
Louis V
Louis VI
Louis VII
Louis VIII
Louis IX
Louis X (dit le Hutin)*
Louis XI
Louis XII
Louis XIII
Louis XIV
Louis XV
Louis XVI
Louis XVII
Louis XVIII
Et plus personne, plus rien
Qu'est-ce que c'est que ces gens-là
Qui ne sont pas foutus
De compter jusqu'à vingt ? **

Jacques Prévert, *Paroles*

© Editions GALLIMARD

Über Nationalität und Herkunft sprechen

✳ Mayer, c'est un nom français ?
✦ Non, c'est un nom allemand.

▲ Mme Lopez est italienne.
▶ Et M. Ivanov ?
▲ Il est russe.

Sprachkenntnisse angeben/erfragen

■ Elles parlent anglais ?
● Non, elles parlent russe, mais elles ne parlent pas anglais.

■ On parle français en Belgique ?
● Oui, on parle français et flamand.

– Sylvia parle très bien italien et un peu allemand.

Länder angeben

– En Italie, on parle italien.
– Au Canada, on parle français et anglais.

Über Stadt und Wohnort sprechen

■ J'habite à Stuttgart, mais je suis de Lyon.
● Et vous, vous habitez où ?
■ J'habite à Bruxelles.
● Et vous êtes d'où ?
■ De Lille.

Aussprache und Schreibweise

* Die **cédille**: vgl. S. 16
* Aussprache am Wortende (Adjektive: m/w; Verb: Personalformen): vgl. S. 17, 18
* Die **liaison**: vgl. S. 20
* Intonationsfrage mit Fragewort: vgl. S. 21

Die Nationalitätsadjektive ▶ Gr 7.1., 7.2.

männlich	*weiblich*
russ**e**	russ**e**
français	français**e**
ital**ien**	ital**ienne**

Angleichung des Adjektivs

un nom français   **une** entreprise française
il est français   **elle** est française

⚠ Steht ein Adjektiv mit **être**, richtet es sich nach dem Subjekt des Satzes. Vergleiche: **Elle est française**, aber **Elle parle français**.

Die Personalpronomen ▶ Gr 8.1.1.

je, j'	*ich*	**nous**	*wir*
tu	*du*	**vous**	*ihr + Sie*
il / elle	*er / sie*	**ils / elles**	*sie (männl.) / sie (weibl.)*

⚠ **Ils** und **elles** sind die Pronomen der 3. Pers. Plural. Sobald auch nur ein Mann oder ein männliches Nomen vertreten ist, setzt sich die männliche Form mit **ils** durch.

Die Verben auf *-er* (Gruppe I) ▶ Gr 9.1.1., 8.2.

je	parl**e**	nous	parl**ons**	
tu	parl**es**	vous	parl**ez**	on parl**e**
il / elle	parl**e**	ils / elles	parl**ent**	

⚠ **On** entspricht hier dem unpersönlichen deutschen *man*. Das Verb steht immer in der 3. Pers. Sing.: **On parle français.** – *Man spricht Französisch.*

Die Verneinung ▶ Gr 1.3.1.

Elle		parle		russe.
Elle	**ne**	parle	**pas**	anglais.
Elle	**n'**	est	**pas**	anglaise.

⚠ Vor Vokal und stummem h wird **ne** zu **n'**.

Adverbien ▶ Gr 10.

Elle	parle	**très bien**	français.
Elle	parle	**bien**	italien.
Elle	parle	**un peu**	arabe.

Präpositionen ▶ Gr 2.1., 11.1.

+ Land		*+ Stadt*	
en France	*(in Frankreich)*	**à** Stuttgart	*(in Stuttgart)*
au Canada	*(in Kanada)*	**de** Lyon	*(aus Lyon)*

Où ? / D'où ? ▶ Gr 1.2.2.

où ? – *wo?*   d'où ? – *woher?*

Die Intonationsfrage mit Fragewort ▶ Gr 1.2.2.

Vous habitez à Marseille ?   Vous êtes de Nice ?
Vous habitez **où** ?   Vous êtes **d'où** ?

⚠ In der Umgangssprache steht das Fragewort am Satzende. Die Stimme geht am Satzende nach oben.

Die Zahlen von 1 bis 20 ▶ Gr 13.1.

Wichtige Verben

Verben auf **-er** (parl**er**, habit**er**) → S. 18, 20   être → S. 18

Est-ce que vous aimez rire ?

Les chats et le chocolat

la solitude LA VITESSE (*schnell*)
les campings
L'ÉLÉGANCE

Jean

les problèmes

LES HÔTELS

L'AVENTURE

LES VOYAGES

les chats

les tomates

LE RISQUE

LES FEMMES

les erreurs

LA MOUSSE AU CHOCOLAT

le chocolat LA POÉSIE

l'argent **Claudine**

la famille

LE LUXE

LE RISQUE

le sport

la jalousie

LES ENFANTS

LES HOMMES

LES ROSES

l'intolérance

LES ORANGES

LA LIBERTÉ

LA VIE À DEUX la monotonie

Il aime L'ÉLÉGANCE...
Il n'aime pas les chats...

Elle aime LES ENFANTS...
Elle n'aime pas le chocolat...

1

a) Kreisen Sie alle Begriffe ein, die Sie verstehen, und lesen Sie sich diese gegenseitig vor.
Erfragen Sie die unbekannten Begriffe.

le, la, les				
	Einzahl		**Mehrzahl**	
männlich	**le** chat	**l'**homme	**les** chats	**les** hommes
weiblich	**la** femme	**l'**orange	**les** femmes	**les** oranges

l' statt *le* oder *la*
* vor **Vokal** (a, e, i, o, u, y)
* vor **stummem h**

b) Hören Sie zu und sprechen Sie nach! Laut und mit Nachdruck.

c) Keine Scheu vor dem Wörterbuch (= *le dictionnaire*): Bringen Sie folgende Wörter in die Einzahl und geben Sie ihnen den richtigen Artikel.

les hôtels   –   *l'hôtel (m)*

les tomates   –   ....

les erreurs   –   ....

les voyages   –   ....

les problèmes –   ....

tomate [tɔmat] *f BOT, CUIS* To'mate *f*; österr Para'deiser *m*; **jus** *m*, **salade** *f* **de** ~**s** Tomatensaft *m*, -salat *m*; **sauce** *f* ~ Tomatensoße *f*; **devenir rouge comme une** ~ rot wie e-e Tomate, puterrot, knallrot werden; **recevoir des** ~**s** mit Tomaten beworfen werden

hôtel [otɛl] *m* Hotel *n*; Gasthof *m*; ~ (**particulier**) herrschaftliches Stadthaus *n*; ~ **de ville** Rathaus *n*; ~**-Dieu** [-djø] *m* (*pl* hôtels-Dieu) städtisches Krankenhaus *n*

erreur [ɛʀœʀ, e-] *f* Irrtum *m*; Fehler *m* (*a MATH, PHYS*); Versehen *n*; ~**!** (du bist *ou* Sie sind im) Irrtum!; das stimmt nicht!; *JUR* ~ **judiciaire** Ju'stizirrtum *m*; ~ **d'appréciation** Fehleinschätzung *f*;

voyage [vwajaʒ] *m* Reise *f*; avec indication de locomotion: Fahrt *f*; ~ **organisé** Gesellschaftsreise *f*; ~ **d'affaires** Geschäftsreise *f*; **en** ~ auf Reisen

problème [pʀɔblɛm] *m* Problem *n*; *math* Aufgabe *f*

© Langenscheidt KG

► Ü A1-2

2

Zurück zu Jean und Claudine! Welche Vorlieben und Abneigungen der beiden erstaunen Sie am meisten? Notieren Sie diese und vergleichen Sie mit Ihren Nachbarn.

Jean aime ....,   mais il n'aime pas ....

Claudine aime ....,   mais elle n'aime pas ....

aimer
j 'aime
tu aimes
il aime
elle aime
nous‿aimons
vous‿aimez
ils‿aiment
elles‿aiment

Est-ce que... ?

Jean aime la vitesse ?   **Est-ce que** Jean aime la vitesse ?

Elle aime le risque ?   **Est-ce qu'**elle aime le risque ?

Vous aimez les chats ?   **Est-ce que** vous aimez les chats ?

est-ce que → est-ce qu' vor **Vokal** und **stummem h**

3

a) Was mögen Sie von den hier aufgeführten Dingen? Unterstreichen Sie. Ergänzen Sie anschließend Ihren *Bloc-notes* mit weiteren Begriffen.

la vitesse   l'élégance   les voyages   l'aventure

les chats   le chocolat   le sport   la poésie

Bloc-notes

J'aime ....

....

....

b) Fragen Sie sich gegenseitig im Kurs.

Est-ce que tu aimes... ?

Est-ce que vous aimez... ?

Vous êtes d'accord :		Vous n'êtes pas d'accord :	
Moi aussi !	*Ich auch!*	Moi si !	*Ich schon!*
Moi non plus !	*Ich auch nicht!*	Moi non !	*Ich nicht!*

► Ü A3

4

a) Schauen Sie zunächst das Bild von Valérie an, ohne den Text zu lesen. Überlegen Sie sich, was sie wohl mag, und notieren Sie es auf einem Zettel. Hören und lesen Sie dann, wie sie sich in der Sendung *Radio-contacts* vorstellt.

Moi, j'adore les enfants, et j'adore les chats. Vous aussi, vous aimez les chats ? Et puis j'aime beaucoup le travail... le travail avec les enfants ! Mais j'aime aussi le sport... J'aime l'aventure, et aussi le risque ! Je suis une femme moderne, moi ! La famille, les traditions, la mer, le soleil, j'adore aussi. Mais... je n'aime pas tellement la mode... et le luxe et je déteste l'intolérance, la jalousie. Oh, j'aime la vie, voilà – vivre, manger, rire, et discuter, même sur Internet. Et vous ? Vous êtes comme moi ? Alors contactez-moi !

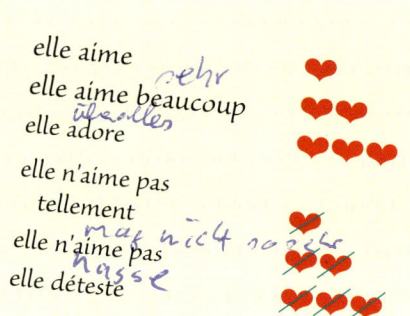

➤ Ü A4   b) Hatten Sie Valéries Neigungen richtig erraten?

5

a) Einige Wörter sind für Sie neu. Klären Sie ihre Bedeutung. Was mögen Sie davon?

le travail – les traditions – la mer – le soleil – la mode – la vie

b) Hier sind acht Verben aus dem Text im Infinitiv. Sortieren Sie sie ihren Endungen entsprechend.

parler   habiter   vivre   manger   rire   discuter   contacter   aimer

Verben auf **-er**	
Verben auf **-re**	

6

a) Lesen Sie jetzt den Text *Radio-contacts* noch einmal und ergänzen Sie jede Zeile mit der Aussage, die Ihnen am wichtigsten erscheint.

Valérie adore	....	Elle n'aime pas tellement	....
Elle aime beaucoup	....	Elle déteste	....
Elle aime aussi	....		

b) Was für eine Frau ist Valérie? Bilden Sie Gruppen. Jede Gruppe wählt eine der folgenden Beurteilungen und begründet sie.

> pourquoi ? parce que
> parce qu'

moderne   classique
dynamique   sympathique

▸ Est-ce qu'elle est moderne ?   ▲ Oui.
▸ Pourquoi ?   ▲ Elle est moderne parce qu'elle aime...

➤ Ü A5-6   c) Welche Ähnlichkeiten und Unterschiede gibt es zwischen Valérie und Claudine?

Vivent les stéréotypes !

a) Haben Frauen und Männer unterschiedliche Vorlieben?
Schreiben Sie einige auf – nutzen Sie dafür auch das Wörterbuch.

Les hommes aiment beaucoup ....

Ils n'aiment pas tellement ....

Les femmes aiment beaucoup ....

Elles n'aiment pas tellement ....

b) Vergleichen Sie Ihre Ansichten mit dem, was im folgenden Text steht.

> ### Les hommes et les femmes : deux mondes totalement différents
>
> Les hommes aiment les ordinateurs*, la vitesse, les grosses voitures*, le football et la technique. Ils détestent aussi les problèmes relationnels. Ils préfèrent discuter de sport et de politique au café. Une réponse standard devant* les conflits émotionnels : « Je ne comprends pas ».
>
> Et les femmes ? Eh bien, elles ne détestent pas la poésie, elles sont assez romantiques, elles aiment les roses, les chats et le chocolat, elles adorent discuter au téléphone (une heure avec une amie en Italie ou à Vienne), et elles n'aiment pas beaucoup le risque.
>
> Situation identique chez les enfants : Les garçons* adorent les armes*, le jeu* de légo, les ordinateurs et les rollers, les filles* aiment les poupées, les princesses et les fées.
>
> Une différence « normale » et biologique ? Un problème d'éducation ?
>
> Dans l'Islam, le monde des femmes et le monde des hommes sont deux mondes différents. Depuis la Chine antique, yin est le contraire et le complément de yang. Et en Europe ? La culture européenne refuse* la différence : l'amour bourgeois et démocratique cherche l'égalité entre les sexes.
>
> D'après Martine Guichard : *Histoire de femme*

l'ordinateur –
der Computer

la voiture –
das Auto

au petit-déjeuner –
beim Frühstück

devant –
vor

une heure –
eine Stunde

le garçon –
der Junge

les armes –
die Waffen

le jeu –
das Spiel

la fille –
das Mädchen

refuser –
verneinen

c) Sind die Behauptungen des Textes richtig? Gibt es wirklich so stereotype Unterschiede zwischen Männern und Frauen? Welche Behauptungen kommen Ihnen völlig falsch vor?

Aimer et être heureux

Ordnen Sie die Wörter den einzelnen Zeichnungen zu.

| manger | jardiner | voyager | faire le ménage | faire les courses |

| faire la cuisine | regarder la télévision | écouter la radio | lire le journal |

2

a) Lesen Sie den folgenden Test. Verstehen Sie alles?

Est-ce que c'est important pour être heureux ?

Aimer ...

☐ manger ensemble
☐ jardiner ensemble
☐ voyager ensemble

Aimer ...

☐ faire le ménage ensemble
☐ faire les courses ensemble
☐ faire la cuisine ensemble

Aimer ...

☐ regarder la télévision ensemble
☐ écouter la radio ensemble
☐ lire le journal ensemble

Aimer ...

☐ travailler ensemble
☐ discuter ensemble
☐ rire ensemble

aimer, adorer, détester + Infinitiv

aimer	voyager
adorer	lire
détester	faire les courses

b) Was ist wichtig, um zu zweit glücklich zu sein? Bewerten Sie die Tätigkeiten aus 2a, indem Sie die entsprechende Zahl in die Kästchen setzen.

1 = C'est très important.   *2* = C'est important.   *3* = Ce n'est pas important.

c) Füllen Sie nun die Tabelle aus.

	1 : très important	*2 :* important	*3 :* pas important
aimer			

d) Tragen Sie Ihre Eintragungen in der Gruppe vor.

Zum Beispiel:
Aimer voyager ensemble, c'est très important.

▶ **Ü B 1**

a) Lesen Sie den Werbetext. Welche Überschrift passt am besten zu ihm?

☐ Un week-end au paradis

☐ Luxe, charme et aventure !

☐ Séminaires de charme

Vous êtes souvent stressé(e) ? Vous faites très souvent les courses et la cuisine pour quatre ou cinq personnes, mais vous n'aimez pas ça ? Vous préférez la solitude, et faire des promenades dans les dunes ? Vous adorez marcher, regarder la mer et le soleil ? Vous aimez les hôtels de charme ? Bref, vous aimez quelquefois passer des week-ends au paradis, sans soucis ?

Demandez notre documentation :

Hôtel Le Paradis ****, Allée du Sable Blanc, 62190 Saint-Hilaire
Tél. 02 42 54 13, Fax 02 42 54 14, paradis-hotel@wanadoo.fr.

b) Suchen Sie im Text die Entsprechung für diese Wörter.

bevorzugen: p....................................   oft: s....................................

manchmal: qu....................................

c) Fühlen Sie sich von dem Hotelprospekt angesprochen?

☐ Oui, parce que moi aussi, j'aime...   ☐ Non, parce que moi, je n'aime pas...

a) Schauen Sie sich diese Liste an. Wie oft treffen diese Aussagen auf Sie zu? Verbinden Sie die Angaben links und rechts entsprechend.

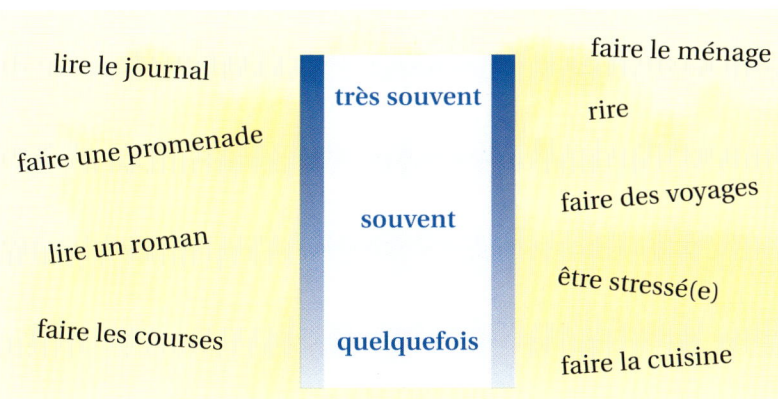

lire le journal

faire une promenade

lire un roman

faire les courses

très souvent

souvent

quelquefois

faire le ménage

rire

faire des voyages

être stressé(e)

faire la cuisine

faire
je fais
tu fais
il fait
elle fait
nous faisons
vous faites
ils font
elles font

lire
je lis
tu lis
il lit
elle lit
nous lisons
vous lisez
ils lisent
elles lisent

rire
je ris
tu ris
il rit
elle rit
nous rions
vous riez
ils rient
elles rient

b) Fragen Sie nun die anderen Kursmitglieder.

Est-ce que tu fais souvent une promenade ?   Oui, très souvent.

Est-ce que vous faites souvent la cuisine ?   Oui, quelquefois.

➤ Ü B2-3

5

a) Sortieren Sie die Wörter, die Sie hören, in zwei Spalten, je nachdem, ob sie den Laut [e] oder [ɛ] enthalten.

> problème   être   poésie   anglais   manger   faire   très   vitesse
>
> télévision   écouter   Valérie   ménage

[e]	
[ɛ]	

b) Welche Schreibweisen für die beiden Laute kommen vor?

[e] ....   [ɛ] ....

c) Das Verb *préférer* ist für Sie jetzt sicher leicht: Notieren Sie die beiden Personalformen, in denen der Laut [e] zweimal erscheint.

....

....

➤ Ü B4

préférer

je préfère
tu préfères
il préfère
elle préfère

nous préférons
vous préférez
ils préfèrent
elles préfèrent

6

Gefällt Ihnen dieser Lebenslauf?

A 10 ans, on adore Maman.
A 20 ans, on aime l'amour.
A 30 ans, on préfère le mariage.
A 40 ans, on adore les enfants.
A 50 ans, on déteste les normes.
A 60 ans, on aime les voyages.
A 70 ans, on préfère le confort.
A 80 ans, on adore la vie.
A 90 ans, on déteste les maladies.
A 100 ans, on préfère le paradis.

Zahlen sind wichtig!
Lernen Sie diese auswendig.

10 = dix	60 = soixante
20 = vingt	70 = soixante-dix
30 = trente	80 = quatre-vingts
40 = quarante	90 = quatre-vingt-dix
50 = cinquante	100 = cent

Haben Sie Gegenvorschläge?

Zum Beispiel:
A 20 ans, on adore la liberté,
mais on n'adore pas les enfants !

➤ Ü B5-6

Vivre sans aimer
n'est pas
proprement vivre.

(Molière).

(proprement =
eigentlich)

Über Neigungen/Abneigungen sprechen

✳ J'adore les hôtels de charme.
▲ Moi, je préfère le camping.

✦ Jean aime regarder la télé ?
◗ Oui, mais il déteste faire la cuisine !

■ Tu n'aimes pas tellement l'aventure ?
● Non, et je déteste le risque.

– Moi, j'adore rire.

Über Ansichten und Urteile sprechen

● Est-ce qu'elle est dynamique ?
■ Oui, très.
● Pourquoi ?
■ Parce qu'elle aime les voyages.

Jemandem zustimmen oder widersprechen

✳ Vous êtes d'accord ?
▲ Ah non, je ne suis pas d'accord.

✳ Je déteste le camembert.
◗ Moi non.

✳ Jean n'aime pas Mozart.
◗ Moi si.

Über Tätigkeiten und ihre Häufigkeit sprechen

✳ Est-ce que vous faites quelquefois le ménage ensemble ?
▲ Non, pas souvent. Moi, je fais souvent les courses et Robert fait toujours la cuisine. Il aime beaucoup ça !

Aussprache und Schreibweise

* *Die Laute* [e] *und* [ɛ]*: vgl. S. 30*
* *Schreibweisen für die Laute* [e] *und* [ɛ]*: vgl. S. 30*

Der bestimmte Artikel ➤ Gr 3.1.

	Einzahl	Mehrzahl
männlich	**le** chat	**les** chats
	l'homme	**les** hommes
weiblich	**la** femme	**les** femmes
	l'orange	**les** oranges

⚠ **Le** und **la** werden vor Vokalen und vor stummem h zu **l'**.

Das Nomen: Der Plural mit -s ➤ Gr 2.2.

le voyage   les voyage[s]
la tomate   les tomate[s]   (vgl. Unité 1)

⚠ Manche Nomen wechseln ihre Bedeutung im Plural: **l'aventure** – *das Abenteuer*, **les aventures** – (auch) *die Liebesaffären*.

Das Verb und seine Ergänzungen ➤ Gr 1.1., 9.4.

aimer + *Nomen (mit best. Artikel)*   **aimer** + *Verb (Infinitiv)*
elle aime ...   les chats   elle aime ...   travailler
il n'aime pas ...   la solitude   il n'aime pas ...   lire

Verben auf -re (Gruppe III) ➤ Gr 9.1.3.

rire   je ri**s**   nous ri**ons**
           tu ri**s**   vous ri**ez**
           il / elle ri**t**   ils / elles ri**ent**

⚠ Die Verben auf **-re** werden der 3. Gruppe zugerechnet. Alle Verben dieser Gruppe weisen Unregelmäßigkeiten auf. Die Endungen **-s**, **-s**, **-t**, **-ons**, **-ez**, **-ent** sind jedoch im Präsens sehr häufig. (Gruppe II: vgl. Unité 7!)

Die Gesamtfrage mit *est-ce que* ➤ Gr 1.2.1.

Aussagesatz	*Frage*
Il aime les chats.	**Est-ce qu'**il aime les chats ?
Claudine aime la danse.	**Est-ce que** Claudine aime la danse ?

Zustimmung und Widerspruch ➤ Gr 1.3.2., 8.1.2.

bei einer positiven Äußerung		*bei einer negativen Äußerung*	
Moi aussi.	*Ich auch.*	Moi non plus.	*Ich auch nicht.*
Moi non.	*Ich nicht.*	Moi si.	*Ich schon.*

Adverbien – Grad und Häufigkeit ➤ Gr 1.3.1., 10.

beaucoup   *sehr*   (ne) pas tellement   *nicht so sehr*
quelquefois   *manchmal*   (très) souvent   *(sehr) oft*

⚠ Die Verneinung **ne ... pas tellement** umschließt das konjugierte Verb wie die Verneinung **ne ... pas**.

Die Zehnerzahlen ➤ Gr 13.

20, 30, 40, 50... 100

Wichtige Verben

aimer, adorer, détester → *S. 25, 28*   faire → *S. 29*
préférer → *S. 30*   lire → *S. 29*   rire → *S. 29*

LESEVERGNÜGEN

1 Aus diesen Fernsehtexten können Sie sicher mehr entnehmen, als Sie glauben. Streichen Sie alle Sendungen, die Sie einordnen können, in der angegebenen Farbe an und vergleichen Sie dann mit Ihrer Partnerin / Ihrem Partner.

🟦	=	Ce sont des informations politiques.
🟨	=	C'est une émission culturelle.
🟥	=	C'est une émission sportive.
🟩	=	C'est un film d'amour / un téléfilm / un film de cinéma.

9.15 Actualités Pathé
10.10 Cinéma :
Ravissante
11.55 Cinéma :
Gervaise
13.50 Actualités Pathé
14.45 Cinéma :
Les SS frappent la nuit
16.30 Cinéma :
Des femmes disparaissent
17.55 Magazine : Le club
19.15 Cinéma :
Tempo Massimo

20.30 Cinéma :
CASABLANCA

Drame de Michael Curtiz (1942) avec Ingrid Bergman, Humphrey Bogart, Peter Lorre.
A Casablanca, pendant la guerre, des réfugiés de tous les pays d'Europe attendent de pouvoir partir pour les USA. Rick Blaine, un homme sombre, dont on sait peu de choses, tient un bar à la mode, dans lequel se retrouve une clientèle cosmopolite. Un soir, Rick aperçoit une femme qu'il a aimé à Paris, deux ans plus tôt. Elle accompagne un important chef de la Résistance...

 arte

tretien — 16.00 Documentaire : Société d'insectes — 16.30 100 personnalités présentent 100 films — 16.45 Cinéma : LES COUSINS, drame de Claude Chabrol (1958) avec Gérard Blain, Jean-Claude Brialy, Juliette Mayniel. Pour tous — 18.30 Documentaire : Les mustangs — 19.00 Magazine : Nature : Mission Arche de Noé — 19.50 Arte info — 20.15 Reportage.

 **TV5**

16.30 Grands gourmands
17.00 Jeu : Pyramide
17.30 Questions
pour un champion
18.00 Journal
18.15 Feuilleton :
Les grandes marées (1)
20.00 Journal suisse
20.30 Journal (France 2)
21.00 Droits de cité
22.00 Journal
22.15 Série : Urgence
23.15 Série : Michel Strogoff

Aus *Ciné-Télé-Revue* Nr. 1, Januar 1999

 **TSR**

11.40 Série :
Hartley, cœurs à vif
12.30 Infos et météo
12.50 Zig Zag café
13.50 Série : Nash Bridges
14.35 Série : Code 003
15.25 Série :
Les anges du bonheur
16.15 Série :
Un cas pour deux
17.15 Série : Xena
18.00 Feuilleton :
Top models
18.30 Tout à l'heure
18.45 Tout en question
19.00 Tout un jour
19.15 Tout sport
19.30 Infos et météo
20.05 Passe-moi les jumelles

21.10 Cinéma : LES AMANTS DU NOUVEAU MONDE

Drame de Roland Joffé (1994) avec Demi Moore, Gary Oldman.
1666. Hester Prynne arrive en Nouvelle-Angleterre, précédant son époux resté sur le Vieux Continent. Elle se heurte immédiatement aux lois et usages de la très puritaine société de Boston. Hester se sent bientôt attirée par Arthur Dimesdale, le jeune pasteur unanimement respecté par la communauté...

2 Welche dieser Sender können Sie auch bei sich empfangen?

3 Und nun noch vier Kniffelaufgaben:

Welche Sendung enthält in ihrem Titel einen Namen aus der Bibel?
Welcher Film spielt in Nordamerika?
Wie heißt Rick mit Nachnamen?
Auf welchem Sender gibt es eine Spielshow? Wie heißt sie?

4 Wählen Sie mit Ihrer Partnerin / Ihrem Partner eine Sendung aus, die Sie beide interessiert.

FÜR DEN BERUF

Hören Sie aus den Nachrichten auf einem Anrufbeantworter die Hauptinformationen heraus. Vergleichen Sie anschließend Ihre Ergebnisse.

Name des Unternehmens	Name der Person, die anzurufen ist	Stadt
nom de l'entreprise	*nom de la personne à contacter*	*ville*
1. l'entreprise Léault		
2. Bertrand et Fils		
3. Azur France		
4. Editions Legendre		

Le message sur le répondeur :

Bonjour, vous êtes en communication avec le répondeur de la société Logi-Service, spécialiste en service après vente et fourniture de logiciels. Nos bureaux sont actuellement fermés, mais vous pouvez laisser un message après le bip sonore, nous vous rappellerons dès que possible. N'oubliez pas de laisser votre nom, votre numéro de téléphone et la raison de votre appel.

> **Mots à retenir**
> laisser un message
> le répondeur
> rappeler qn
> Allô ? - Allô !
> Ici Monsieur /
> Madame...
> l'entreprise
> la société

Die Bewohner

Kommen Sie mit auf eine Reise in *La Villa Fantasia*, eine eigene Welt, die von Ihnen gemeinsam erschaffen wird und deren Bewohner/innen Sie selbst sind. Jede/r von Ihnen übernimmt eine andere, selbst ausgedachte Identität, *un personnage*. Dann können Sie gemeinsam in *La Villa Fantasia* Ihren Aktivitäten nachgehen. In späteren *Etapes* machen Sie dort weiter, wo Sie aufgehört hatten.

Gute Reise!

1. Entscheiden Sie zunächst (am besten auf Deutsch?), wo Sie La Villa Fantasia ansiedeln möchten: auf einem Hügel in der Provence? - *en Provence*; in den Alpen, am Genfer See, zwischen Wasser und Bergen? - *dans les Alpes, sur le Lac Léman*; am Strand in der Normandie? - *en Normandie*.

2. Jede/r wählt für sich einen Namen (*un nom*), einen Vornamen (*un prénom*), eine Herkunft (*une origine*), und überlegt sich, was er/sie mag und nicht mag.

3. Die Bewohner/innen von La Villa Fantasia lernen sich nun bei der Einweihungsfeier kennen. Suchen Sie zwei oder drei Personen, die so vieles mit Ihnen gemeinsam haben, dass Sie sich vorstellen könnten, ein Stockwerk des Gebäudes mit ihnen zu teilen. Dann stellen Sie sich den anderen Gruppen vor.

Où est-ce que vous travaillez ?

1 Schreiben Sie die Berufsbezeichnung unter die Namen dieser Personen. (Zwei Berufe bleiben übrig.)

Gérard Pisani	Valérie César	Jean Schmitt	Colette Richard

Il est	Elle est	Il est	Elle est

assistante médicale
serveuse
informaticien
professeur
employée
boulanger

2 a) Unterstreichen Sie in der Tabelle, was Ihnen an der Form der weiblichen Berufsbezeichnungen auffällt.

un...	une...		un...	une...
un secrétaire	une secrétaire		un professeur	
un employé	une employée		un ingénieur	
un ouvrier	une ouvrière		un médecin	
un boulanger	une boulangère			
un informaticien	une informaticienne			une femme au foyer
un serveur	une serveuse			

b) Finden Sie die weibliche Form folgender Berufsbezeichnungen?

épicier .... coiffeur .... ministre ....

c) Wer arbeitet wo? Schauen Sie die Tabelle 2a) an. Ordnen Sie die Berufsbezeichnungen den nachstehenden Orten zu. Im Zweifel nehmen Sie Ihr Wörterbuch zur Hilfe.

Un ouvrier travaille dans une usine.

dans	un café	dans	une usine	à la	maison
	un hôpital		une entreprise		
	un supermarché		une école	chez	Renault
	un bureau		une boulangerie		

➤ Ü A1-4

3 UN JEU

Bilden Sie Vierergruppen. Schreiben Sie alle Berufe (männliche und weibliche Form) einzeln auf je einen Zettel und üben Sie Berufe und Arbeitsorte ein.

Zum Beispiel: **boulangère** ➤ *Une boulangère travaille dans une boulangerie.*

Wie werden Ihr Beruf und Ihr Arbeitsort auf Französisch bezeichnet? Fragen Sie ggf. den/die Kursleiter/in. Stellen Sie sich dann den anderen kurz vor.

4

Bloc-notes

Profession : *Je suis...* ....

Lieu de travail : *Je travaille...* ....

à la retraite = in Rente
au chômage = arbeitslos

A L'OFFICE DE TOURISME

5

a) **Lesen und hören Sie ein Radiointerview. Mit welchen Orten hat Colette Richard zu tun? Verbinden Sie.**

- Colette travaille à Marseille.
- Elle est de Chabeuil.
- Elle habite à Valence.

▶ Bonjour, Madame Richard... Vous travaillez ici, à l'Office de tourisme, depuis trois ans. Vous voulez parler un peu de votre travail ?

▲ Oui, alors voilà... Nous sommes là pour les touristes. Nous donnons des brochures, des adresses, des numéros de téléphone...

▶ Ça vous plaît ?

▲ Oui, beaucoup, c'est passionnant. J'aime la région de Valence, j'aime les contacts, j'aime téléphoner, alors c'est facile ! Et ce n'est pas stressant, c'est... parfait ! Un job tranquille...

▶ Et vous parlez quelles langues ?

▲ Eh bien, anglais, surtout anglais, et aussi un peu espagnol.

▶ Et allemand ?

▲ Nein, es tut mir Leid, ich spreche kein Deutsch ! Mais souvent, les Allemands parlent un peu français. Ou anglais. Comme ça, ça va.

▶ Vous êtes de Valence ?

▲ Non, pas vraiment.

▶ Alors d'où est-ce que vous êtes exactement ?

▲ Je suis de Marseille.

▶ Et où est-ce que vous habitez ?

▲ Nous habitons à Chabeuil, un village à 10 kilomètres d'ici.

▶ Merci, Madame.

b) **Lesen Sie noch einmal den Text und ergänzen Sie die folgenden Aussagen.**

- Colette parle .... • Elle aime ....
- Elle donne ....

c) **Wie finden Sie Colettes Arbeit?**

C'est un travail...

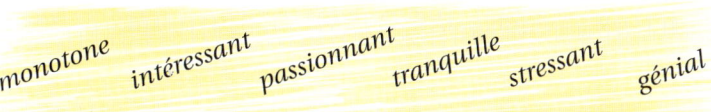

monotone   intéressant   passionnant   tranquille   stressant   génial

➤ Ü A5

6

a) Hören Sie das Interview mit Colette noch einmal. Welche Frageformen benutzt der Journalist? Kreuzen Sie an.

☐ Vous êtes	*d'où* ?	☐ D'où	*est-ce que* vous êtes ?
☐ Vous habitez	*où* ?	☐ Où	*est-ce que* vous habitez ?

b) Eine neue Verwendung für *est-ce que*, dieses Mal mit Fragewort ... Wie ist die Wortstellung bei dieser Art der Frage? Wandeln Sie folgenden Satz in eine *est-ce que*-Frage um.

Il travaille où ? ....

c) Bilden Sie so viele Fragen wie möglich.

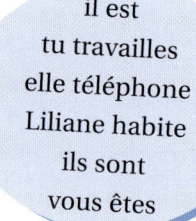

Où
D'où

est-ce que
est-ce qu'

il est
tu travailles
elle téléphone
Liliane habite
ils sont
vous êtes

➤ Ü A6

7

ÇA VOUS PLAÎT ?

a) Hören Sie zwei kurze Interviews, in denen es um die Arbeit geht. Wer ist mit seiner Arbeit zufrieden – *content/e*? Wer ist unzufrieden – *pas content/e*? Tragen Sie den zutreffenden Buchstaben in das Kästchen ein: A oder B.

☐ Il / Elle est content/e.   ☐ Il / Elle n'est pas content/e.

b) Von wem stammt welche Aussage? Tragen Sie links von jedem Satz den entsprechenden Buchstaben ein: A oder B. Zwei Aussagen bleiben übrig.

☐ J'aime beaucoup.   ☐ Je déteste ça.   ☐ C'est génial.   ☐ Non, pas du tout.   ☐ J'adore ça.

☐ Oui, plus ou moins.   ☐ C'est monotone.   ☐ J'aime assez.   ☐ C'est stressant.

c) Sortieren Sie zu zweit auf einem Blatt Papier (oder unterstreichen Sie mit Stiften verschiedener Farben) die positiven, die neutralen und die negativen Meinungen.

8

Was mögen Sie? Was nicht? Üben Sie die entsprechenden Redemittel mit viel Nachdruck ein.

Zum Beispiel:

▶ *Le cinéma, ça te plaît ?*   ▶ *Le travail, ça vous plaît ?*

● *Oui, beaucoup.*   ● *Non, pas du tout !*

▶ *Le chocolat, ...*

➤ Ü A7   ▶ *Le français, ...*

	Oui, beaucoup.
Ça **te** plaît ?	Oui, assez.
Ça **vous** plaît ?	Oui, plus ou moins.
	Non, pas tellement.
	Non, pas du tout.

A

4

FAIRE UNE INTERVIEW

Bereiten Sie sich auf ein Interview vor, indem Sie die möglichen Fragen vorformulieren bzw. aufschreiben. Führen Sie anschließend einige Interviews im Kurs durch.

D'où est-ce que... ?   Où est-ce que... ?   Est-ce que... ?   Ça vous plaît ?

a) Lesen Sie den folgenden Artikel, ohne jedes Wort verstehen zu wollen. Worum geht es?

☐ um neue Winzer   ☐ um neue Weinsorten   ☐ um neue Vertriebsformen

Vinternet, une société* virtuelle

L'idée est simple, mais géniale. Avec 50 000 francs de capital, Marc Perrin (27 ans) et Rodolphe Boivin (28 ans), diplômés de l'École Supérieure de Commerce de Paris, ont créé la société Vinternet. Ils présentent sur le web les productions de 12 000 vignerons* français. Avec Vinternet, vous restez* à la maison pour acheter* votre vin*, pour visiter les caves* de Dom Pérignon ou de Rothschild, pour choisir* le vin idéal avec une caille aux olives* ou apprendre* la date optimale pour ouvrir* une bouteille* de bourgogne. « En septembre, 60 000 visiteurs sur notre site*, c'est fantastique, non ? C'est génial, chaque jour est un challenge », dit Marc Perrin.*

D'après Le Nouvel Observateur, no. 1714, p. 8

la société - *Gesellschaft, Unternehmen*; ont créé - *haben gegründet*; le vigneron - *Winzer*; rester - *bleiben*; acheter - *kaufen*; votre vin - *Ihren Wein*; la cave - *Keller*; choisir - *auswählen*; la caille aux olives - *Wachtel auf Oliven*; apprendre - *erfahren*; ouvrir - *öffnen*; la bouteille - *Flasche*; le site - *Internet-Seite*

b) Suchen Sie aus dem Text die Tätigkeiten heraus, die Vinternet ermöglicht.

.... des vins   .... la date optimale pour ouvrir une bouteille

.... des caves   .... une bouteille

c) Welche Wörter kennen Sie aus dem Englischen oder aus anderen Sprachen? Auch Colette griff übrigens zum Englischen (5a, Seite 35). Welches Wort benutzte sie statt *travail*?

d) *Et vous ?* Wo kaufen Sie Wein ein?

Où est-ce que vous achetez le vin ?

☐ dans un supermarché ?

☐ chez un vigneron ?

☐ dans un magasin spécialisé ?

acheter
j' achète
tu achètes
elle achète
nous ˍachetons
vous ˍachetez
ils ˍachètent

B

Vous prenez le bus ou le taxi ?

1

PARIS, AÉROPORT CHARLES DE GAULLE

Welche Verkehrsmittel werden der Reisenden empfohlen? Hören Sie zu und kreuzen Sie an.

le TGV ❑

le metro ❑

le bus ❑

le RER ❑

le taxi ❑

l'avion ❑ ❑

la voiture ❑
de location

2

a) Ein Trainer gibt seiner Jugendmannschaft, die soeben von einem Turnier zurückkam, einige Anweisungen. Ergänzen Sie den folgenden Text mit der richtigen Form des Verbs *prendre*.

« Bon alors, toi, tu .... le bus pour Montparnasse ;
Jean .... le RER pour aller à Orly, et Claire
.... le RER et le métro pour la station Louvre ; Pierre
et Michel .... l'avion pour Marseille, Patricia et
Marie .... le TGV pour aller à Lille, et Fabrice et moi,
nous .... le taxi de l'aéroport à l'hôtel. »

prendre	
je	prends
tu	prends
elle	prend
nous	prenons
vous	prenez
ils	prennent

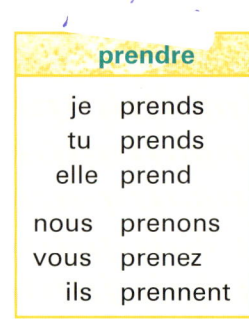

➤ ÜB 1

b) Hören Sie den Text zur Kontrolle von der Kassette.

3

Mit welchem/n Verkehrsmittel/n fahren Sie zu Ihrem nächstgelegenen Flughafen?

▶ Est-ce que tu prends le bus ?

● Oui, moi, je prends...

▶ Est-ce que vous prenez la voiture ?

● Non, moi, je préfère prendre...

4

Wie kommt man von einer Stadt in eine andere? Schreiben Sie auf verschiedene Zettel ca. fünf Städtenamen (nahe und ferne Ziele, kleine und große Städte ...). Sammeln Sie die Zettel ein. A zieht zwei Zettel und formuliert die entsprechenden Ziele. B rät, wie man diese Strecke zurücklegen kann.

Zum
Beispiel: A : **Leipzig** **New York** ➤ *De Leipzig à New York*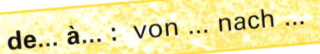

B : *Pour aller de Leipzig à New York, vous prenez le train de*
Leipzig à Berlin et vous prenez l'avion de Berlin à New York.

a) Wie kommt Monsieur Navette zur Arbeit? Bringen Sie die folgenden Sätze in die richtige Reihenfolge.

[ ] Il prend le métro.   [ ] Il va au bureau.

[ ] Il va au garage.   [ ] Il arrive à l'agence de voyages.

[ ] Il prend le train à la gare.   [ ] Il prend le vélo pour aller à la gare.

au...	
il va **au** travail	à + le = **au**
il va **à la** gare	à + la = **à la**
il va **à l'** école	à + l' = **à l'**

aller	
je	vais
tu	vas
elle	va
nous	allons
vous	allez
ils	vont

b) Stellen Sie sich vor, Sie sind Monsieur Navette. Erklären Sie Ihrer Nachbarin/ Ihrem Nachbarn, wie Sie jeden Morgen zur Arbeit kommen.

Je vais...   Je prends...

c) Freitagmorgen: Monsieur Navette verteilt Anweisungen an die anderen Familienmitglieder. Schlüpfen Sie in seine Haut!

Marthe, tu .... agence de voyages !

Elodie et Clémentine, vous .... boulangerie.

Nestor va à sa place.

Et nous .... restaurant après*.

*après = *danach*

 Drei Stunden täglich in öffentlichen Transportmitteln sind in Paris keine Seltenheit. Ein Phänomen neueren Datums hängt mit der Ausweitung des TGV-Netzes (dem französischen Pendant des ICE) zusammen: Immer mehr Menschen wohnen im Grünen an der TGV-Linie und pendeln täglich nach Paris.

➤ *Ü B2*

Und wie kommen Sie jeden Tag zur Arbeit? Wie machen Sie Ihre Besorgungen?

6

7

a) Es geht um beliebte Attraktionen in Paris: Hören Sie zunächst, ob ein Nasal darin vorkommt, wenn ja, unterstreichen Sie ihn. Sortieren Sie anschließend auf einem Zettel die Wörter nach den enthaltenen Nasalen [ã], [ɛ̃] und [ɔ̃] und tragen Sie sie in die entsprechende Spalte ein.

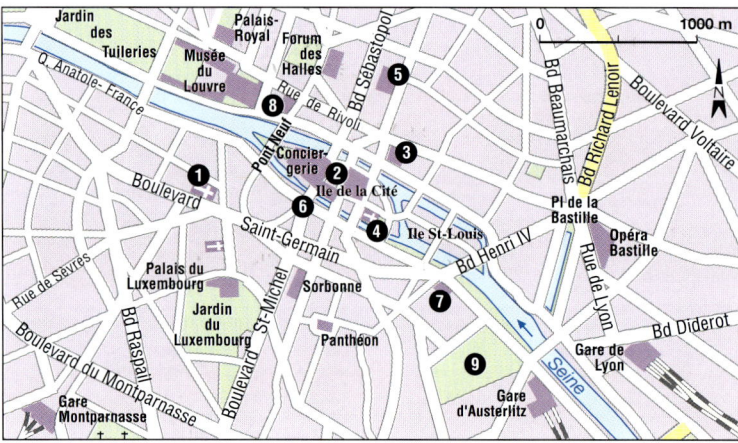

❶ l'église Saint-Germain-des-Prés
❷ le marché aux fleurs
❸ l'Hôtel de Ville
❹ la cathédrale Notre-Dame
❺ le Centre Pompidou
❻ la fontaine Saint-Michel
❼ l'Institut du Monde Arabe
❽ la Samaritaine
❾ le Jardin des Plantes

[ã]	[ɛ̃]	[ɔ̃]
Centre	Saint	Monde

b) Welche Schreibweisen gibt es für die Nasale?

c) Planen Sie für die Touristin Susanne ein interessantes Tagesprogramm im Zentrum von Paris: Ziehen Sie Striche von einem Ort zum anderen und stellen Sie dann den Weg Ihrer Nachbarin / Ihrem Nachbarn vor.

Susanne va **de la** Samaritaine **au** marché aux fleurs. – Elle va **du** marché ...

elle va	**du** marché	**au** Jardin des Plantes
elle va	**de la** cathédrale	**à la** fontaine...
elle va	**de l'**institut...	**à l'**hôtel...

➤ Ü B3-6

> **du** = de + le
> *Vgl. auch:*
> **au** = à + le

8

Ihr/e Nachbar/in rät Ihnen, wie Sie in Ihrer Stadt von A nach B kommen sollen.

A : Je suis à la gare et je vais à l'université populaire.
B : Pour aller de la gare à l'université populaire, vous prenez le bus.

le bureau   le travail   l'université populaire   la bibliothèque   le théâtre   ....

9

OUI AU VÉLO, NON À LA VOITURE ?
Können Sie ähnliche Slogans erfinden?

Vive la vélorution !

Paris à vélo et le monde est plus beau !

Contre la pollution, une seule solution: la vélorution !

Über Berufe und Arbeitsorte sprechen

* Où est-ce que vous travaillez ?
▲ Je travaille chez Peugeot, je suis employée.

Berufsbezeichnungen: männlich/weiblich ➤ Gr 2.1.

männlich	*weiblich*
un secré**taire**	une secré**taire**
un employ**é**	une employ**ée**
un ouvr**ier**	une ouvr**ière**
un boulang**er**	une boulang**ère**
un serv**eur**	une serv**euse**
un professeur	——

⚠ Achtung: Es gibt auch andere Möglichkeiten (**directeur – directrice**).

Einen Ort erfragen und nennen

* Vous êtes d'où ?
▲ Nous sommes de Nice.
* Et où est-ce que vous habitez ?
▲ A Marseille.

– Elles sont à Nancy.
– Elles vont à Strasbourg.
– Pour aller de Nancy à Strasbourg, elles prennent le train.

– Pour aller du cinéma au théâtre, vous prenez le bus, c'est facile !

Die Teilfrage ➤ Gr 1.2.2.

Où	**est-ce que**	vous habitez ?	Vous habitez	**où** ?
D'où	**est-ce qu'**	ils sont ?	Ils sont	**d'où** ?

⚠ Beachten Sie die Satzstellung.

Ortspräpositionen ➤ Gr 11.1.

à	*nach / zu*	je vais **à** Nancy / **à** la gare
	in / im	je suis **à** Valence / **au** bureau
chez	*zu*	il va **chez** Martine
	bei	il est **chez** Martine
dans	*in*	elle va **dans** le centre ville
	in	elle travaille **dans** une école
de	*von*	ils vont **de** Valence à Marseille
	aus	je suis **de** Vaison

à + le = au ;   de + le = du ➤ Gr 3.1., 11.1.

du bureau **au** cinéma
de la gare **à la** station de métro
de l'école **à l'**aéroport

Gefallen erfragen und äußern

■ Ça vous plaît ?
● Oui, beaucoup.

▶ C'est monotone ?
■ Non, c'est assez intéressant, et ce n'est pas stressant.

Adverbien – Gradangaben ➤ Gr 1.3.2., 10.

Oui, beaucoup *(sehr)*.
Oui, assez *(ziemlich, ziemlich gut)*.
Oui, plus ou moins *(mehr oder weniger)*.
Non, pas tellement *(nicht so sehr)*.
Non, pas du tout *(überhaupt nicht)*.

C'est + Adjektiv; *ce n'est pas* + Adjektiv ➤ Gr 7.1.

C'est intéressant.
Ce n'est pas stressant.

Über Verkehrsmittel sprechen

* Vous prenez souvent le train ?
▲ Non, je préfère prendre la voiture.
* Et pour aller au restaurant ?
▲ Je prends le métro.

Wichtige Verben

prendre → *S. 38*
aller → *S. 39*

⚠ **Aller** ist völlig unregelmäßig; wie **prendre** wird eine ganze Reihe von anderen Verben konjugiert, so z. B. **comprendre** – *verstehen* und **apprendre** – *erfahren, lernen*.

Aussprache und Schreibweise

* *Die Nasallaute* [ã], [ɛ̃] *und* [ɔ̃]: *vgl. S. 40*
* *Schreibweisen für die Laute* [ã], [ɛ̃] *und* [ɔ̃]: *vgl. S. 40*

J'ai envie d'aller au cinéma

1

a) Hören Sie drei verschiedene Werbetexte und ordnen Sie sie den Abbildungen zu.

  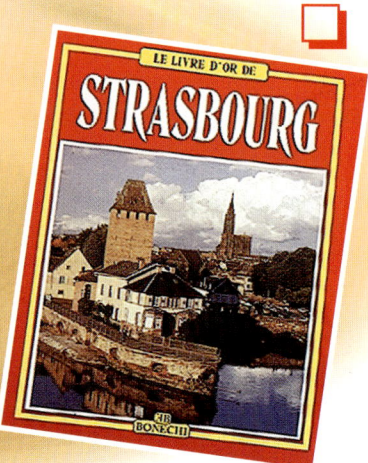

b) Welches Foto entspricht welcher Werbung?

C'est une publicité pour...

☐ un livre   ☐ un restaurant   ☐ une voiture   ☐ un hôtel   ☐ un film

2

Welche Werbung aus 1a oder 1b passt zu welchem Wunsch? Was bleibt übrig? Diskutieren Sie!

Par exemple :   *"J'ai envie d'aller au cinéma",*
                 ça va avec une publicité pour... un film.

avoir envie...
de lire
de sortir

avoir
j 'ai
tu as
il a
elle a
nous ͜ avons
vous ͜ avez
ils ͜ ont
elles ͜ ont

de faire un voyage.

de lire un roman.   de danser.

J'ai envie...

d'acheter une voiture de sport.   de sortir avec des amis.

➤ Ü A1-2

d'aller au cinéma.   d'écouter un concert de jazz.

3

Wer könnte hier worauf Lust haben?

la femme   l'homme   les filles   les policiers

a) *Et vous ?* Tragen Sie ein, worauf Sie oft Lust haben.

....

b) Tauschen Sie untereinander aus, worauf Sie jetzt gerade Lust haben.

Par exemple : *Moi, j'ai envie d'aller au cinéma ; vous aussi, M. Kramer ?*
J'ai envie de prendre un café. Et toi, tu as aussi envie de prendre un café ?

a) Lesen Sie und klären Sie zu zweit die Bedeutung der unbekannten Wörter.

A avoir envie de / d'...	**B** avoir...
aller au festival d'Avignon	quatre places dans l'Eurostar
dormir sur la plage	deux places de théâtre
manger un steak-frites	deux vélos au garage
visiter la Bretagne	des livres sur les musées de Paris
aller sur la lune	deux billets de train pour Brest
aller à Londres	une grande maison à Tahiti
visiter le Musée du Louvre	un ami astronaute
faire une promenade à la campagne	un grand château en Espagne
prendre des vacances	un petit restaurant à Bruxelles

b) Melden Sie Ihre Wünsche an (Spalte A), Ihr/e Partner/in wird Ihnen anhand der Spalte B einen Vorschlag machen.

Par exemple : *A : J'ai envie de visiter la Bretagne.*
B : Pas de problème, j'ai deux billets de train pour Brest.

Grand und *petit* stehen VOR dem Nomen, das sie begleiten:
*un **grand** château –*
*un **petit** restaurant.*

 **5**  **A**

6

Seien Sie einmal richtig lustlos:
Reagieren Sie auf alle Vorschläge
Ihrer Partnerin / Ihres Partners
mit einem „Nein".

➤ Ü A3-4

On va
au cinéma ?

Non, je n'ai pas envie
d'aller au cinéma.

7

a) Man kann sich aber auch verabreden. Vervollständigen Sie das Gespräch mit den folgenden Aussagen.

— C'est ça, à ce soir !   Oh oui, c'est une bonne idée.   Oui, merci, et toi ?

▲ Allô ? Delphine ? C'est Maxime.

....

▲ ....

....

Oui, d'accord !

....

Youpie !

▶ Allô, bonjour, Maxime, ça va ?

▶ Ça va, merci. Euh... j'ai envie de sortir ce soir.
  Tu viens au cinéma avec moi ?

▶ Et après, on prend un café
  ensemble, d'accord ?

▶ Bon, alors, à ce soir !

b) Hören Sie nun diese Unterhaltung und überprüfen Sie Ihre Einträge.

8

Suchen Sie im Gespräch von Maxime und Delphine
die französischen Entsprechungen.

1) Wie fordert man jemanden zum Mitkommen auf?
2) Wie sagt man „bis heute abend"?
3) Wie sagt man, dass man einverstanden ist?
4) Wie erkennt man eine gute Idee an?

venir	
je	viens
tu	viens
elle	vient
nous	venons
vous	venez
ils	viennent

sortir	
je	sors
tu	sors
elle	sort
nous	sortons
vous	sortez
ils	sortent

9

Lesen Sie zunächst den Dialog mit verteilten Rollen.
Spielen Sie ihn dann, auch in der Sie-Form.
Verabreden Sie sich anschließend mit
einem anderen Kursmitglied.

➤ Ü A5-6

Tu viens avec moi ?

Vous venez avec moi ?

au concert   au théâtre
au cirque   au restaurant

Kino ist in Frankreich weitaus
beliebter als in deutschsprachi-
gen Ländern. Man trifft sich gern
vor oder nach dem Film auf ein
Glas in einer *bar*. Auch zur Zeit
des *apéritif* sind die *cafés* voll.
Zum Abendessen geht dann jeder
wieder seiner Wege.

Envie de voyager

a) Was gibt es im *Département Lot* alles zu besichtigen? Hier eine kleine Auswahl: Unterstreichen Sie alle Wörter, die Sie verstehen.

❷ Le moulin de MARTEL

❶ Le village de LOUBRESSAC

Grand moulin en activité.

Visite de 9 h à 19 h. Rendez-vous pour groupes. Fermé le dimanche.

Un village romantique avec des petites boutiques et des galeries d'art. Panorama exceptionnel.

❸ Le château de CASTELNAU

Un exemple magnifique de l'architecture du Moyen-Âge. Petite chapelle intéressante. Galerie. Meubles et objets d'art.

Ouvert de 9 h à 18 h. Fermé le mardi.

❺ La forêt des singes à ROCAMADOUR

❹ La grotte de LACAVE

Une curiosité naturelle unique. 12 salles magnifiques (une grande salle : 2000 m²). Stalactites bizarres. Petit train et ascenseur.

Un parc avec des animaux : 150 singes en liberté.

Ouvert de 10 h à 19 h.

Ouverte de 10 h à 17 h. Fermée le mercredi.

Pour plus d'informations, adressez-vous à :

Office de tourisme • 46500 Rocamadour • rocamadour@wanadoo.fr / Office de tourisme • 46400 Pays de Saint-Céré • saint-cere@wanadoo.fr

b) **Was sehen Sie auf den Fotos?**   Sur la photo numéro 1, il y a...

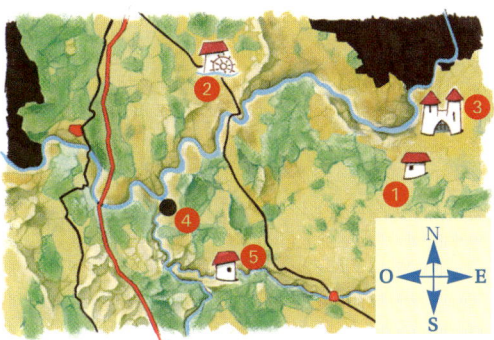

Suchen Sie die Sehenswürdigkeiten auf der Karte.

Ici, il y a...

... c'est là...

Loubressac, c'est à l'est de...

au nord de...
à l'est de...
au sud de...
à l'ouest de...
au nord-est de...
au sud-ouest de...
...

➤ *Ü B1*

3

a) In welcher Reihenfolge kann man die Sehenswürdigkeiten besichtigen? Was schlagen Sie vor?

D'abord, on visite...
Après, on regarde...
Ensuite, on peut aller à...
Enfin, ...

○ le village de Loubressac
○ le château de Castelnau
○ le moulin de Martel
○ la grotte de Lacave
○ la forêt des singes

on peut | aller visiter

b) Was davon würden Sie selbst gerne in dieser Gegend sehen? Schreiben Sie auf, was Sie interessiert, und auch, was Sie nicht interessiert.

Je voudrais visiter...
J'ai envie d'aller à... / Je n'ai pas envie d'aller à...

je voudrais | aller visiter

➤ Ü B2-3

4

a) Schraffieren Sie auf diesem Kalenderblatt, wann welche Sehenswürdigkeit geöffnet: *ouvert/e* oder geschlossen: *fermé/e* ist.

	lundi	mardi	mercredi	jeudi	vendredi	samedi	dimanche

b) Vervollständigen Sie die folgenden Aussagen.

Le château est fermé le .... / ouvert ....
La grotte est fermée .... / ouverte ....
Le moulin ... . / ....

la semaine :
lundi = Montag, am Montag
le lundi = montags

5

a) Und wie steht es mit den Öffnungszeiten? Wie spät ist es auf folgenden Uhren?

1.00 Il est une heure. **16.00** ....
8.00 Il est huit heures. **21.00** ....
13.00 Il est treize heures. **23.00** ....

b) Wann sind die Sehenswürdigkeiten geöffnet?

le château est ouvert de... à...

la grotte ....

➤ Ü B4 le moulin ....

six_heures
neuf_heures

Eine/r von Ihnen ist im Besitz des einzigen Prospekts über das Lot. Die anderen stellen Fragen.

(Il est 15 heures, nous sommes dimanche.)

Je voudrais visiter le château, c'est possible maintenant ?

Et le moulin aussi ?

Est-ce que la forêt des singes est ouverte ?

a) Sprechen Sie nach und achten Sie auf die Laute [s] und [z].

Ils ont des musées et des églises bizarres, Mademoiselle !
Est-ce qu'elles sont intéressantes, les statues de Saint-Sébastien ?
Elles sont exceptionnelles, Monsieur !

b) Suchen Sie gemeinsam nach Wörtern mit dem Laut [s] und nach Wörtern mit [z].
Bilden Sie anschließend (grammatisch korrekte!) Sätze.

[s]   possible, aussi, ...

[z]   visiter, curiosité, ...

a) Beschreiben Sie Sehenswürdigkeiten: Setzen Sie die Adjektive ein (vgl. auch Text 1, Seite 45).
Was fällt Ihnen an ihrer Stellung auf? Was an ihrer Veränderlichkeit?

magnifique   petit   exceptionnel   magnifique   naturelle   grande   bizarre   intéressante   grand   petite

un .... moulin   une .... salle

un .... train   une .... chapelle

un exemple ....   une salle ....

un stalactite ....   une chapelle ....

un panorama ....   une curiosité ....

das Adjektiv

männlich	weiblich
petit	petite
bizarre	bizarre
exceptionnel	exceptionnelle

b) Ergänzen Sie jedes Nomen mit dem angegebenen Adjektiv. Denken Sie dabei an die Stellung und die Angleichung! Setzen Sie alles anschließend in den Plural.

une ville / exceptionnel   une statue / bizarre   une église / grand   une galerie / petit

un panorama / magnifique   une chapelle / romantique   un musée / intéressant

9 Können Sie die folgende Aufzählung nach Ihrem Geschmack vervollständigen?

En Allemagne, il y a...

    des musées exceptionnels

    des églises baroques

    des monuments...

    des...

> **der Plural auf -s**
> des église[s] baroque[s]

➤ Ü B5-6

10 PAS DE TEMPS À PERDRE...

**Hören Sie, wie ein Dorfbewohner über sein Dorf befragt wird.
Beim zweiten Hören setzen Sie die fehlenden Adjektive ein.**

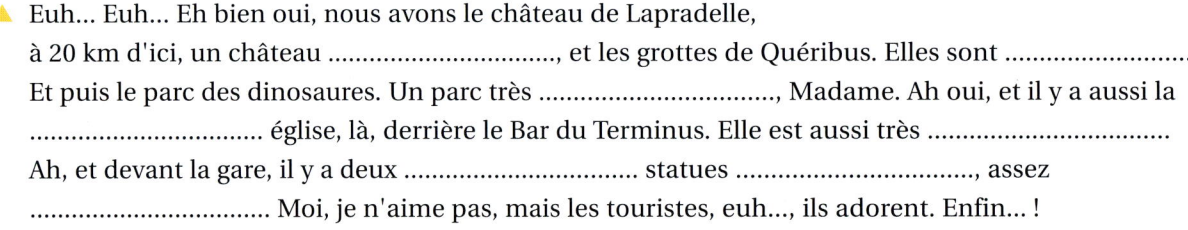

▶ Hep ! Vous, là, oui, vous Monsieur... ! Il y a des monuments intéressants, ici ? On a juste 10 minutes.

▲ Euh... des monuments ?

▶ Eh bien oui, ou un musée, une exposition, des galeries d'art, un parc, un monument, enfin, je ne sais pas, moi... quelque chose d'intéressant, quoi !

▲ Euh... Euh... Eh bien oui, nous avons le château de Lapradelle, à 20 km d'ici, un château ...., et les grottes de Quéribus. Elles sont .... Et puis le parc des dinosaures. Un parc très ...., Madame. Ah oui, et il y a aussi la .... église, là, derrière le Bar du Terminus. Elle est aussi très .... Ah, et devant la gare, il y a deux .... statues ...., assez .... Moi, je n'aime pas, mais les touristes, euh..., ils adorent. Enfin... !

▶ Des statues modernes ? Vite ! Où cela ?

▲ Euh... par là-bas...

▶ Au revoir !

11 **a)** **Stellen Sie für einen ausländischen Gast die Sehenswürdigkeiten Ihres Ortes schriftlich zusammen. Notieren Sie auch deren Öffnungszeiten.**

Par exemple : *A Münster, il y a   une Volkshochschule moderne,*

                  des boutiques exceptionnelles,

                  ....

Les boutiques sont ouvertes / fermées...

b) **Vergleichen Sie mit Ihrer Nachbarin / Ihrem Nachbarn und vervollständigen Sie Ihre Liste.**

12 **Erstellen Sie nun gemeinsam ein komplettes Besichtigungsprogramm Ihres Heimatortes oder eines Ortes, den Sie gerne einem ausländischen Gast zeigen würden. Überlegen Sie den Ablauf der Besichtigung. Verfassen Sie anschließend eine Beschreibung des Programms.**

D'abord...   Ensuite...   Après...

Einen Besitz angeben / erfragen

– Elle a un château en Bretagne.
– Vous avez les billets de train ?

Sagen, worauf man (keine) Lust hat

– Tu as envie de faire une promenade ?
– Ils n'ont pas envie d'aller au cinéma.

---

avoir ➤ *Gr* 9.1.4.

avoir des billets de train
   dix minutes

avoir envie de sortir

Sich verabreden

❊ Tu viens avec moi, on prend un café ensemble ?
▲ C'est une bonne idée, j'ai envie de sortir !
❊ Alors, à ce soir.

Verben auf *-ir* ohne Stammerweiterung (Gruppe III) ➤ *Gr* 9.1.3., 8.2.

sortir	je	**sors**	nous	sort**ons**	
	tu	**sors**	vous	sort**ez**	on sor**t**
	il / elle	sor**t**	ils / elles	sort**ent**	

⚠ **On** kann neben *man* auch *wir* bedeuten. **On** wird besonders in der gesprochenen Sprache häufig statt **nous** verwendet. Das Verb steht immer in der 3. Pers. Sing.

Einen Wunsch, eine Möglichkeit äußern

– Je voudrais faire un voyage.
– On peut visiter la région.

---

je voudrais + Infinitiv ➤ *Gr* 1.1., 9.4.

Je voudrais téléphoner.

on peut + Infinitiv

On peut faire une promenade.

Aufzählen und beschreiben

– Il y a une petite église intéressante.
– Les villages du Lot sont magnifiques.

Das Adjektiv ➤ *Gr* 7.1., 7.2.

	Einzahl	*Mehrzahl*
m	un petit village romantique	des petits villages romantique**s**
w	une petit**e** église romantique	des petit**es** églises romantique**s**

⚠ Kurze Adjektive wie **petit** stehen vor dem Nomen, längere nach ihm.
⚠ Das Adjektiv richtet sich auch dann nach dem Nomen, wenn es durch **être** von ihm getrennt ist.
⚠ **des petits villages** oder **de petits villages** (mehr dazu in Band 2).

Örtliche Bestimmungen klären

– La chapelle est au sud du village.

Die Himmelsrichtungen ➤ *Gr* 11.1.

   le nord
l'ouest ◄─► l'est
   le sud

au nord **de**
à l'ouest **de**

Zeitliche Abläufe ausdrücken

– D'abord, on va au théâtre, ensuite, on prend un verre.

Adverbien – zeitliche Reihenfolge ➤ *Gr* 10.

d'abord	*zuerst*	après	*danach*
ensuite	*dann*	enfin	*schließlich, zuletzt*

Öffnungszeiten, Wochentage und Uhrzeiten angeben

– La chapelle est fermée le samedi.
– Le moulin est ouvert de 8 heures à 12 heures.
– Il est 10 heures.

Die Wochentage ➤ *Gr* 3.1.

lundi – *Montag*; le lundi – *montags, jeden Montag*

Die Uhrzeit (I) ➤ *Gr* 11.2.

à 8 heures – *um 8 Uhr,* à 16 heures – *um 16 Uhr*
de ... heures à ... heures – *von ... bis*
Il est ... heures. – *Es ist ... Uhr.*

⚠ Il est **une** heure, il est **deux** heures. – *Es ist ein Uhr, es ist zwei Uhr.*
⚠ Aussprache: six_heures [sizœr], dix_heures [dizœr], neuf_heures [nœvœr]

Aussprache und Schreibweise

❊ *Die Laute* [s] *und* [z]*: vgl. S. 47*

Wichtige Verben

avoir → *S. 42* venir → *S. 44* sortir → *S. 44*

6 *Prendre un verre*

Une bouteille et trois verres !

1

LA COURSE DES SERVEUSES ET GARÇONS DE CAFÉ

Lisez et cochez. Vrai ou faux ?
Lesen Sie den folgenden Text
und kreuzen Sie an, ob die Aussagen richtig oder falsch sind.

La course des serveuses et garçons de café existe à Paris depuis 20 ans. Il y a en général 500 participants : 350 hommes et 150 femmes. Beaucoup de Français, mais aussi beaucoup d'Américains, d'Allemands, d'Anglais, de Suédois, de Japonais... Les coureurs traversent Paris sur un parcours fixe de 8 200 mètres. Sur le plateau : une bouteille d'eau et trois verres. Le gagnant met environ 35 minutes.

*un **Américain***
*il est **américain***

➤ Ü A1

	V	F
La course est une course pour les deux sexes.		
La course est seulement pour les Européens.		

2

MOMO LE GAGNANT

Lisez et écoutez. Lesen und hören Sie. Achten Sie auf die Fragen der Journalistin an Momo!

▶ Pourquoi est-ce que vous faites la course ?

▲ Oh, c'est drôle, on rit beaucoup... Et puis, c'est une tradition.

▶ Qu'est-ce que vous faites avant la course ? Vous avez une recette, un « truc » de sportif ?

▲ Beaucoup de sport, beaucoup d'eau, pas d'alcool, pas de cigarettes !

▶ Vous travaillez au « Chantilly », un café-restaurant de Toulon. Vous travaillez combien d'heures par semaine ?

▲ Oh, je ne sais pas, 40 à 45 heures, et souvent 50. Ça dépend. Avec la terrasse, on a beaucoup de travail !

▶ Et comment est-ce que vous allez au travail ? A pied, avec un plateau ?

▲ Non, à vélo !

▶ Et vous travaillez quand ? Euh... Vous commencez à quelle heure ?

▲ Eh bien, souvent, je commence le matin à 11 heures ou l'après-midi à 6 heures.

▶ Pour la course, vous avez une bouteille d'eau et trois verres sur le plateau. Et au travail, c'est combien, le maximum ?

▲ Oh, je ne sais pas : quatre bouteilles de coca ou de bière, une carafe d'eau, des verres, et deux tasses de café...

QUESTION SUR QUESTION...

Soulignez les questions et complétez. Unterstreichen Sie die Fragen im Interview 2 und ergänzen Sie anschließend die Tabelle mit den entsprechenden Fragewörtern.

wie?	....	*wann?*	quand ?
warum?	....	*wie viel? wie viele?*	....
wo? / wohin?	où ?	*um wie viel Uhr?*	....
woher?	d'où ?	*was?*	qu'est-ce que ?

Ecoutez et cochez. Hören Sie die folgenden Sätze und markieren Sie die Silbe(n), bei der (bzw. bei denen) die Stimme steigt. Welcher Satzteil wird betont?

- Vous travaillez ?
- Vous travaillez où ?
- Où est-ce que vous travaillez ?
- Vous travaillez où, le matin ?
- Le matin, où est-ce que vous travaillez ?

- Au travail, c'est combien, le maximum ?
- Qu'est-ce que vous faites avant la course ?
- Vous commencez à quelle heure ?
- A quelle heure est-ce que vous commencez ?

Cherchez dans le texte 2. Suchen Sie im Text 2 je eine weitere Frage der gleichen Struktur. Vergleichen Sie dann Ihre Ergebnisse. Können Sie eine Regel zur Stellung des Fragewortes in der gesprochenen Sprache ableiten?

die Est-ce que-Frage		
Fragewort + **est-ce que** + *Aussage*		
Où	**est-ce que**	vous travaillez ?

die Intonationsfrage	
Aussage + *Fragewort*	
Vous habitez	**où** ?

Flexibilität ... Manchmal steht das Fragewort sogar mitten im Satz:
*Au travail, c'est **combien**, le maximum ?*

⚠ Ausnahmen: *Qu'est-ce que* enthält bereits die Partikel *est-ce que* und steht immer am Satzanfang. *Pourquoi* steht ebenfalls fast immer am Satzanfang.

➤ Ü A2-4

Ecrivez des questions sur le texte et posez-les à vos voisins. Zurück zum Interview mit Momo. Schreiben Sie mindestens drei Fragen zum Text auf und stellen Sie sie sich gegenseitig.

Posez des questions à votre voisin/e. Stellen Sie Ihrer Nachbarin / Ihrem Nachbarn Fragen zu Dingen, die Sie schon immer wissen wollten. Er / Sie kann die Antworten natürlich erfinden!

8

a) Welche Erfolgsrezepte hat Momo vorzuweisen? Tragen Sie zusammen.

Il fait beaucoup de ....

Il boit beaucoup d'.....................................

Il ne fume pas de ....

Il ne boit pas d'.....................................

beaucoup de = viel(e)

pas de = kein(e)

boire	
je	bois
tu	bois
elle	boit
nous	buvons
vous	buvez
ils	boivent

b) *Et vous ?* Bleiben Sie fit? Wenn ja, wie? Schreiben Sie Ihre Rezepte auf. Tauschen Sie sich aus.

Bloc-notes

....

....

➤ Ü A5-7

9

Discutez en cours. Diskutieren Sie im Kurs.

Comment est-ce que les gens restent en forme ? Garder la forme, est-ce que c'est important ?
Est-ce qu'il y a des différences entre les jeunes et les moins jeunes ?

10

Les nombres : Wollen Sie auch bei den Zahlen fit werden?

20 vingt
21 vingt et un
22 vingt-deux
30 trente
31 trente et un
32 trente-deux
40 quarante
41 quarante et un
42 quarante-deux
50 cinquante
51 cinquante et un
52 cinquante-deux
60 soixante
61 soixante et un
62 soixante-deux
70 soixante-dix
71 soixante et onze
72 soixante-douze
80 quatre-vingts
81 quatre-vingt-un
82 quatre-vingt-deux
90 quatre-vingt-dix
91 quatre-vingt-onze
92 quatre-vingt-douze
100 cent

a) Hören Sie kurze Dialoge. Welche Zahl wird genannt? Kreuzen Sie an!

A ☐ 13   B ☐ 45   C ☐ 67   D ☐ 83
☐ 16   ☐ 54   ☐ 77   ☐ 93

b) Haben Sie das Prinzip verstanden? Wie heißt „34" auf Französisch? Und wie „43"? Welche Unterschiede stellen Sie gegenüber der deutschen Zählweise fest?

c) Zu zweit: Lesen Sie sich abwechselnd vor:

A : 25 35 45 55 65 75 85 95
B : 28 44 63 54 31 87 96 78

Une date décisive pour l'Europe :
le 1er janvier 2002 l'euro est mis en circulation,
il remplace les monnaies nationales.

1 euro = 6,56 francs = 1,96 marks = 13,76 schillings

➤ Ü A8

Un café, s'il vous plaît !

Ecoutez et cochez la bonne réponse. Hören Sie und kreuzen Sie die richtige Antwort an.

Les clients sont ☐ dans la salle.
                ☐ à la terrasse.

Patrick prend ☐ une bière.
              ☐ une eau minérale.
              ☐ un verre de vin.

Cécile boit ☐ une menthe à l'eau.
           ☐ une eau minérale.
           ☐ un café.

2

Lisez, écoutez et vérifiez. Lesen und hören Sie. Überprüfen Sie die Antworten, die Sie unter 1 angekreuzt haben. Setzen Sie beim zweiten Hören die fehlenden Satzzeichen ein.

Patrick : Monsieur, s'il vous plaît

Garçon : J'arrive Qu'est-ce que vous prenez

Patrick : Je voudrais une bière... un demi

Garçon : Et pour Madame

Cécile : Je ne sais pas... Pour moi, une menthe à l'eau. Euh... non... un café. Ah, c'est bien, ici.

Patrick : Oh oui, j'adore ! C'est génial, hein, les terrasses sous les platanes

Cécile : Oui, c'est vraiment bien

Patrick : Hmm ! Il fait beau ! Il fait chaud On est bien

Cécile : Hmm !

Garçon : Hmm, hmm... Voilà le café pour Madame et le demi pour Monsieur.

Cécile : Oh ! Excusez-moi, Monsieur, un café décaféiné, c'est possible

Garçon : Ah, désolé, Madame, je regrette, c'est trop tard, maintenant. Bon, d'accord !

    (30 secondes plus tard :)

Garçon : Et un déca pour Madame, un !

C. et P.: Merci, Monsieur !

Achtung: Hier drei Dinge, die Sie in einem französischen *café* besser nicht machen sollten: sich unaufgefordert an einen besetzten Tisch setzen, getrennt bezahlen (lieber hinterher teilen!), die Rechnungssumme um das Trinkgeld aufstocken (das lässt man dezent auf dem Tisch liegen!). Alles klar?

➤ *Ü B1*

3

Es gibt ein Problem mit der Bestellung. Wer hat einen Fehler gemacht?

☐ Cécile   ☐ le garçon

Suchen Sie im Text der Aufgabe 2 die passenden Ausdrücke.

a) Wie kann man Bestellungen aufgeben?
   c) Wie äußert Cécile einen anderen Wunsch?
b) Wie kann man sein Wohlbefinden ausdrücken?
   d) Wie wehrt der Kellner diesen zunächst ab?

5

a) *Mettez les dialogues dans l'ordre.* Bringen Sie die Dialoge A und B in die richtige Reihenfolge.

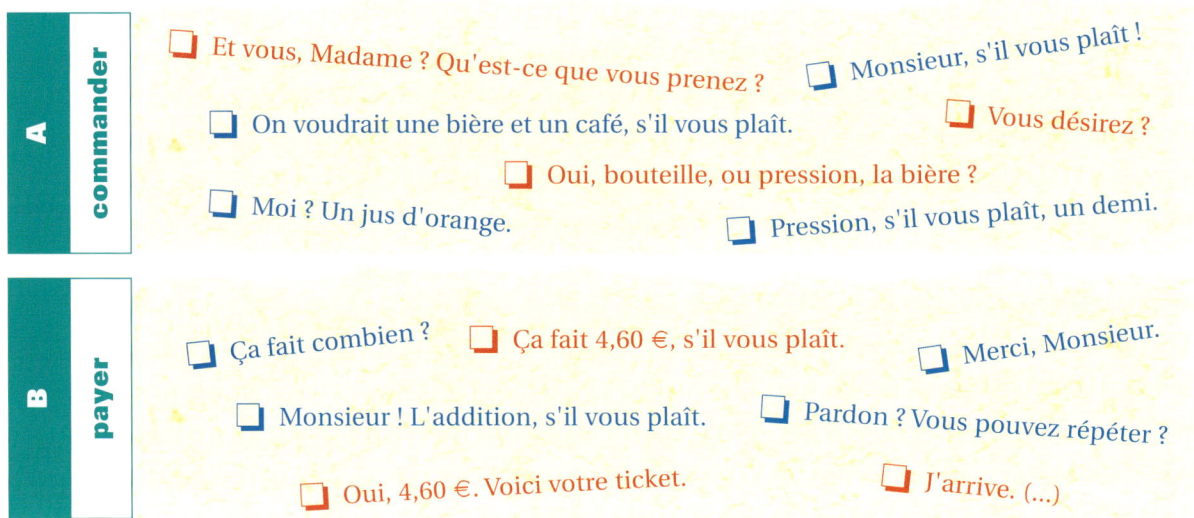

A commander

☐ Et vous, Madame ? Qu'est-ce que vous prenez ?　☐ Monsieur, s'il vous plaît !

☐ On voudrait une bière et un café, s'il vous plaît.　☐ Vous désirez ?

☐ Oui, bouteille, ou pression, la bière ?

☐ Moi ? Un jus d'orange.　☐ Pression, s'il vous plaît, un demi.

B payer

☐ Ça fait combien ?　☐ Ça fait 4,60 €, s'il vous plaît.　☐ Merci, Monsieur.

☐ Monsieur ! L'addition, s'il vous plaît.　☐ Pardon ? Vous pouvez répéter ?

☐ Oui, 4,60 €. Voici votre ticket.　☐ J'arrive. (...)

b) *Vérifiez.* Überprüfen Sie anhand der Kassette.

6

Es wird ernst ... Sie sitzen im *café* und reagieren auf die Äußerungen des Kellners. Eine deutsche Stimme flüstert Ihnen auf der Kassette zu, wie Sie reagieren können.

Situation 1

▶ Vous désirez ?
▶ Et vous, Madame, qu'est-ce que vous prenez ?
▶ Pression ou bouteille ?

Situation 2

▲ J'arrive ! Vous désirez ?
▲ 9,90 €, s'il vous plaît.
▲ 9,90 €. Merci, Monsieur.

7

Reliez les dessins et les phrases. Die Verständigung klappt nicht immer auf Anhieb. Ordnen Sie jeder Zeichnung den passenden Satz zu.

Vous avez un problème. Qu'est-ce que vous dites ?

D
Plus lentement, s'il vous plaît.

C
Pardon ? Je n'ai pas compris.

B
Pardon, où sont les toilettes, s'il vous plaît ?

A
Plus fort, s'il vous plaît.

➤ Ü B2-3

a) *Lisez et classez.* Sortieren Sie die Getränke des *café* Chantilly nach folgenden Gesichtspunkten: *chaud / froid* bzw. *alcoolisé / sans alcool.* Tragen Sie die entsprechenden Symbole dafür direkt in die Karte ein.

⭕ chaud   ⬜ froid

✓ alcoolisé

✗ sans alcool

bière, eau, suze = weiblich; alle anderen aufgeführten Getränke sind männlich.

b) *Comparez.* Tragen Sie Ihre Ergebnisse im Kurs zusammen.

Le café, c'est une boisson chaude.
La bière, c'est une boisson alcoolisée.

c) *Jouez les scènes.*
Spielen Sie verschiedene Szenen im *café.* Eine/r muss dafür freilich die Rolle des Kellners übernehmen – in Frankreich übrigens ein fast ausschließlich männlicher Beruf!

Le Chantilly — Carte des consommations

BOISSONS DIVERSES

	FF	€
express	8	1,20
café crème, chocolat, thé	14	2,10
chocolat viennois	24	3,70
café glacé	24	3,70
lait froid	14	2,10
citron pressé	24	3,70
jus d'orange	23	3,50
eau minérale	17	2,60
bière pression	15	2,10
bière bouteille	21	3,20
vin de table (rouge, rosé) (1/4)	14	2,10
vin de pays (le verre)	11	1,70

APERITIFS

	FF	€
Pastis, Ricard, Pernod	21	3,20
Martini	23	3,50
Suze	23	3,50

COCKTAILS ET GLACES
demander la carte spéciale

⭕ ✗

➤ Ü B4

8

9

a) *Lisez et reliez.* Lesen Sie noch einmal das Ende des Interviews mit Momo: Was und wie viel trägt er maximal auf seinem Tablett? Verbinden Sie.

quatre bouteilles   d'eau
une carafe   de café
deux tasses   de coca

une tasse	**de**	thé
une bouteille	**de**	bière
deux verres	**de**	vin
une carafe	**d'**	eau

b) Und wie viel steht auf diesen Tabletts?

Sur le plateau numéro 1, il y a...

❶

❷

❸

❹

10 Stellen Sie sich vor, Sie sind in einem französischen *café*. Was bestellen Sie zu welcher Tageszeit?

L'après-midi,

A midi,

Le soir,

Le matin,

➤ Ü B5-6

dans un café, en France, je prends...

11 Hier ein Lokal, das mehrfach an der *course des serveuses et garçons de café* teilgenommen hat. Würden Sie gerne dort sitzen? Drinnen oder draußen? Warum?

Le Palais, Reims

12 Ab der nächsten Unité werden die Erklärungen und Aufgabenstellungen vorrangig auf Französisch abgefasst sein. Merken Sie sich zunächst die Ausdrücke, die Ihnen bereits in dieser Lektion begegnet sind. Eine Übersicht aller Ausdrücke finden Sie aber auch auf Seite 232.

Was fällt Ihnen an der Bildung der Befehlsform auf?

Lisez. – *Lesen Sie.*

Ein Interview durchführen

– Vous commencez à quelle heure ?
– Comment est-ce que vous allez au travail ?
– Qu'est-ce que vous faites ?
– Pourquoi est-ce que vous faites la course ?

Mengen angeben

– Je voudrais une carafe d'eau et un verre de vin.

✳ Tu bois beaucoup de vin ?
▲ Non, je ne bois pas d'alcool.

– Il y a beaucoup d'Américains.

Im Café

bestellen

– Je voudrais...
– Pour moi, ...
– Un demi, s'il vous plaît.

bezahlen

– Ça fait combien ?

Bedauern ausdrücken

– Je regrette.
– (Je suis) Désolé(e).

Verständigungsprobleme ansprechen

– Pardon ? Je n'ai pas compris.
– Plus fort, s'il vous plaît.

Tageszeiten angeben

– Le matin, je prends un café, et à midi aussi.

Aussprache

* *Satzmelodie und -akzent bei der Frage: vgl. S. 51*

Die Teilfrage ► *Gr 1.2.2.*

Comment est-ce que vous allez au travail ?
Vous allez au travail comment ?
Vous allez comment au travail ?

Das Fragewort ► *Gr 1.2.2.*

comment ? – *wie?*
quand ? – *wann?*
à quelle heure ? – *wann, um wie viel Uhr?*
combien (de) ? – *wie viel(e)?*
pourquoi ? – *warum?*

qu'est-ce que... ? – *was?*

⚠ Im Fragenstellen sind Franzosen äußerst flexibel. Schauen Sie auch in die Grammatik Seite 178 und merken Sie sich:
• Fragewörter in Verbindung mit **est-ce que** am Satzanfang
• in der gesprochenen Sprache am Satzende (Ausnahme: **pourquoi**)
• *qu'est-ce que* immer am Satzanfang

Bestimmte Mengen ► *Gr 3.3.*

une carafe **de** + *Nomen*
un verre **de** + *Nomen*
une bouteille **de** + *Nomen*

⚠ Weitere Angaben siehe Unité 8.

Unbestimmte Mengen ► *Gr 3.3., 6.*

beaucoup **de** + *Nomen*   *viel(e)*
(ne) ... pas **de** + *Nomen*   *kein(e)*

Zeitangaben

le matin	*morgens, am Morgen*
à midi	*mittags, am Mittag*
l'après-midi	*nachmittags, am Nachmittag*
le soir	*abends, am Abend*

Die Zahlen von 21 bis 100 ► *Gr 13.1.*

Wichtige Verben

boire → *S. 52*

Etape 2

LESEVERGNÜGEN

1   **a.** *Lisez.* **Lesen Sie den Text von Georges Perec.**
Welche Wünsche erstaunen Sie? Welche teilen Sie?

Ça m'étonne (!).
Ça me plaît aussi (=).

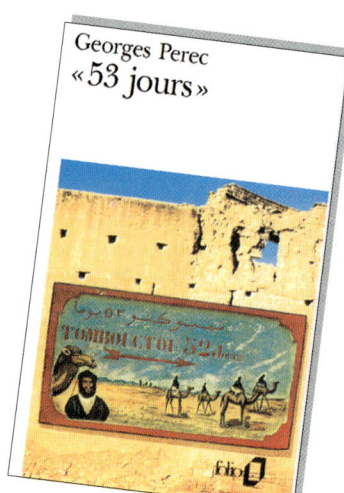

Cinquante choses que je voudrais faire avant de mourir

Ranger ma bibliothèque une bonne fois pour toutes.

Aller vivre à l'hôtel.

Vivre à la campagne.

Aller vivre assez longtemps dans une grande ville étrangère, à Londres, par exemple.

Faire un voyage en sous-marin.

Faire un voyage en ballon.

Aller au Maroc, à Tombouctou, à dos de chameaux en 52 jours.

Aller dans les Ardennes. Aller à Bayreuth.

Boire du rhum trouvé au fond de la mer, du rhum de 1650.

Apprendre à jouer de la batterie, faire du jazz.

Apprendre une langue étrangère, l'italien serait pour moi le plus simple.

Ecrire pour les tout petits enfants entre six mois et quatre ans.

Ecrire un roman de science-fiction.

Ecrire un scénario de film d'aventures avec 5 000 Kirghizes cavalant dans la steppe.

Faire un film grandiose.

Ecrire des chansons.

Planter un arbre pour le regarder pousser.

Faire la connaissance de Vladimir Nabokov.

Georges Perec, in *Télérama* (16.-22. September 1989*)*: Auszug aus der Sendung *Mi-figue, mi-raisin* von
Bertrand Jérôme, ausgestrahlt im November 1981 auf *France Culture*.

b. *Comparez avec vos partenaires.* **Was sagen Ihre Kursnachbarn/-innen dazu?**

2   *Et vous ?* **Welche Wünsche haben Sie an das Leben?**

Je voudrais...

 Georges Perec (1936-1982) wurde berühmt durch seine Romane "Les choses", 1965 ("Die Dinge") und "La vie,
mode d'emploi", 1978 ("Das Leben, Gebrauchsanweisung"). Er experimentierte gerne mit der Sprache, erfand
Wortspiele, bizarre Kreuzworträtsel oder Unsinnstexte. In seinen Romanen beschrieb er humorvoll und genau
die Freuden und Schrecken des Konsums sowie das alltägliche Leben.

FÜR DEN BERUF

Ecoutez, lisez et repérez. Hören Sie zu, lesen Sie und suchen Sie alle Bezeichnungen für Berufe und für Bürogeräte heraus.

Der Direktor führt die neue Praktikantin durch die Firma.

■ Mademoiselle Federhofer, je vous présente Monsieur Jamil Benziane, notre directeur technique. Monsieur Benziane : Mademoiselle Sarah Federhofer, notre nouvelle stagiaire allemande, de Dresde.

▲ Enchanté.

✳ Enchantée.

■ Et voici Laurence Marignani, directrice marketing ; elle s'occupe de la publicité, du marketing, de la distribution... oui : de la vente... Et Suzanne Allègre, mon assistante.

◆ Bonjour, ça va ?

✳ Oui, merci, ça va. Et vous ?

■ Et voici votre bureau. Ordinateur, téléphone... La photocopieuse est là-bas, avec le fax... Ah, et voilà Serge, notre ingénieur électronicien, chargé de tous les problèmes d'informatique.

✳ Bonjour, Monsieur.

◗ "Bonjour Serge", pas "Bonjour Monsieur". On se dit tu, d'accord ?

✳ Oui, Monsieur... euh... Oui Serge, bonjour !

◗ Bonjour, et bienvenue !

> **Mots à retenir**
> s'occuper de qc
> la publicité
> le marketing
> la distribution
> la vente

Professions	
Appareils	

Die Hausversammlung

Villa Fantasia

1. Schreiben Sie auf ein Kärtchen Ihren (fiktiven!) Namen und ein oder zwei Schlagwörter, die für Ihre Persönlichkeit kennzeichnend sind. Bringen Sie dieses Kärtchen gut sichtbar an Ihrer Kleidung an.

2. Vervollständigen Sie Ihre Identität. Üben Sie einen Beruf aus? Wenn ja, welchen? Wie alt sind Sie? (*J'ai... ans.*). Schreiben Sie auch diese Angaben auf einen Zettel, den Sie der Hausverwaltung geben.

3. Eine Hausversammlung steht bevor. Der/Die Hausverwalter/in stellt jeden Mitbewohner einzeln den anderen vor. Jeder achtet währenddessen genau darauf, dass seine Mimik und Gestik zum eigenen *personnage* passen.

4. Sie beschließen, ein Wochenende gemeinsam zu gestalten. Werden Sie sich einigen? Vorher sollte allerdings jede/r erläutern, worauf er/sie Lust hat und warum. Falls die Wünsche allzu unterschiedlich sind, werden Sie sicher als Kompromiss **zwei** Wochenendprogramme entwerfen!

Les bonnes affaires

Vends vélo dame, rouge, état neuf, prix à débattre, Tél. 01.43.26.59.71 apr. 18h.

❶

Vends chat persan, gris et noir, à personne gentille, Tél. 04.95.20.03.15.

❸

A vendre : bibliothèque style Empire, très bon état, 800 €. Tél. 02.98.43.62.81.

❻

Super affaire. Table salon, dessus marbre rose, bon état, 250 €. Tél. 03.26.47.03.16, 19h-21h.

❹

Cherche disques des années 30. Tél. SVP av. 9h matin, 04.68.20.93.90.

❷

Appareil photo Nikon A/F F4015 + zooms 28/70, 70/210, Tél. SVP 05.57.37.53.82

❺

Achète cartes postales anciennes, photos, albums, journaux, bon prix, Tél. 06.07.57.43.71 soir.

❼

1 LES PETITES ANNONCES

a) Beaucoup de gens adorent lire les petites annonces dans un journal. Vous aussi ? Pourquoi ?

> Oui, j'adore aussi.
> J'aime les antiquités.
> C'est passionnant.
> Non, pas du tout, je déteste.
> Ce n'est pas intéressant.

b) Lisez les annonces. Quelles annonces se trouvent sous quelles rubriques dans un journal ?

	Meubles	Sport	Objets de collection	Divers
annonce no...				

un journal
des journaux

c) Qu'est-ce qu'on vend et qu'est-ce qu'on cherche dans les petites annonces ? Faites une liste et comparez avec votre voisin/e.

On vend...
On cherche... / On achète...

vendre		acheter	
je	vends	j '	achète
tu	vends	tu	achètes
elle	vend	elle	achète
nous	vendons	nous	achetons
vous	vendez	vous	achetez
ils	vendent	ils	achètent

2 Cherchez dans les petites annonces.

▶ Ü A1-3

1. Der Preis ist Verhandlungssache.   2. Neuzustand   3. guter Zustand   4. guter Preis

3 Quelle annonce vous intéresse le plus ?

C'est l'annonce... parce que...

La couleur des choses

a) Complétez.

un vélo ....

un chat ....

une table salon,
dessus marbre ....

b) Lisez et écoutez. Où est-ce qu'il y a une différence de prononciation ?

m		f	unveränderlich
rouge		rouge	
bleu		bleue	
jaune		jaune	
vert		verte	
gris		grise	
rose		rose	
noir		noire	
blanc		blanche	

les adjectifs de couleur

un chat noir	des chats noirs	un vélo marron	des vélos marron
une voiture noire	des voitures noires	une rose abricot	des roses abricot

c) A deux. Donnez une couleur à chaque objet. *Geben Sie folgenden Gegenständen eine der sechs Farben. Finden Sie durch Fragen heraus, welche Farbe Ihr/e Partner/in den Gegenständen gegeben hat.*

Par exemple : *"La voiture est verte."*   *Oui, c'est vrai. / Non, c'est faux.*

La 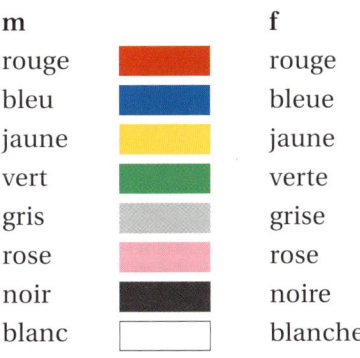 est ....

Le 🚲 est ....

Le  est ....

La est ....

La 🪑 est ....

L' 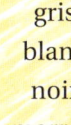 est ....

vert
gris
blanc
noir
marron
rouge

➤ Ü A4

Ecoutez la petite annonce de *Radio France Roussillon*.
Quels sont les objets à vendre ? Quel est le numéro de téléphone ?

les objets : ....

le numéro de téléphone : ....

5

6

a) Ecoutez maintenant une conversation téléphonique. Quelle est la fin de la conversation ? Faites une phrase avec quatre de ces éléments. (Un élément est de trop.)

> ne... pas / est intéressé / il prend rendez-vous / Monsieur Monet / et demande l'adresse

▶ Allô ?

▲ Allô. Bonsoir Monsieur. Ici Monsieur Monet.
Je vous téléphone pour le tableau.

▶ Pardon ? Quel tableau ?

▲ Excusez-moi, je suis bien au 04.68.23.64.13 ?
C'est pour l'annonce de "Radio Couleurs de France",
pour le tableau imitation van Gogh... Il fait quel prix,
s'il vous plaît ?

▶ Euh, 99 euros, Monsieur.

▲ Mais c'est beaucoup trop cher pour une imitation !

▶ Trop cher ? Attendez, Monsieur, on peut discuter...
Le prix est à débattre, vous savez ! Venez voir, c'est
une affaire unique. Très artistique. Et en bon état !

▲ Alors d'accord. Quelle est votre adresse, s'il vous plaît ?

▶ C'est au 37, boulevard des Corbières...

b) Lisez la conversation. Vrai ou faux ? Cochez.

Le tableau est

❑ en bon état.

❑ un original.

❑ de Paul Gauguin.

Pour M. Monet, 99 euros pour une imitation, c'est

❑ cher.

❑ trop cher.

❑ beaucoup trop cher.

c) Reliez.

1. Man stellt sich am Telefon vor.
2. Man versteht nicht genau.
3. Man fragt nach dem Preis.
4. Man sagt, dass der Preis zu hoch ist.
5. Man erklärt den Preis zur Verhandlungssache.
6. Man fragt nach der Adresse.

a) Il fait quel prix, s'il vous plaît ?
b) Quelle est votre adresse, s'il vous plaît ?
c) Trop cher ? Attendez, le prix est à débattre.
d) Pardon ? Quel tableau ?
e) Mais c'est cher, c'est beaucoup trop cher.
f) Bonsoir Monsieur, ici Monsieur Monet.

7

Apprenez à parler vite ! Répétez les phrases de l'activité 6c) au même rythme que la cassette.

8

a) Voici encore une fois les consignes des activités 1b, 5 et 6a : Quel est le mot nouveau ?

Quelles annonces se trouvent sous quelles rubriques ?
Quels sont les objets à vendre ?

Quel est le numéro de téléphone ?
Quelle est la fin de la conversation ?

b) Complétez le tableau.

quel, quelle...				
	singulier		*pluriel*	
masculin	quel	prix ? objet ?	qu..............	prix ? objets ?
féminin	qu..............	rubrique ? annonce ?	qu..............	rubriques ? annonces ?

Complétez les questions avec *quel/s, quelle/s*.

9

> Il fait **quel** prix ?
>
> **Quel** est le numéro ?

A – C'est pour les cartes postales.
   – .... cartes postales ?

C – Il fait .... prix ?
   – Il fait 200 euros.

B – .... est votre adresse ?
   – 35, rue des Pyrénées.

D – Je voudrais des disques.
   – .... disques est-ce que vous voulez ?

➤ Ü A5-6

a) Ecoutez et répétez. Quel est l'intrus ?

10

chat – chercher – orange – acheter – chocolat
rouge – journal – argent – girafe – cher
joli – marché – gentil – Jean – aubergine

b) Entraînez-vous à prononcer les sons [ʒ] et [ʃ].

Bonjour, mon cher Jean.
Au marché, j'achète une girafe orange et aubergine. C'est cher !
Jolie souris cherche gentil chat.

a) Et vous ? Quel/s objet/s est-ce que vous avez à vendre ? Ecrivez une annonce sur un petit carton.

11

b) Qu'est-ce que vous cherchez ?
Lisez les autres annonces...
et téléphonez (cf. texte 6a) !

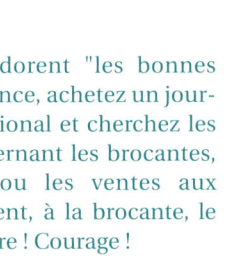
Les Français adorent "les bonnes affaires". En France, achetez un journal local ou régional et cherchez les annonces concernant les brocantes, les braderies ou les ventes aux enchères. Souvent, à la brocante, le prix est à débattre ! Courage !

Des cadeaux pour la famille

1

CIEL, MA FAMILLE !

Patricia est la gagnante d'un grand prix dans le jeu radiophonique "Ciel, ma famille !", consacré à la famille. Ecoutez. Quel est le premier prix ?

☐ un voyage à la Martinique   ☐ un disque de musique créole   ☐ un souvenir de la Martinique

2

a) Lisez cet article sur la gagnante du jeu radiophonique. Cherchez ensemble un titre.

Titre: ....

Patricia a 25 ans. Elle est blonde, sympathique, musicienne, et elle vit entre deux mondes : son piano et sa famille. Dans sa vie, il y a d'abord sa fille Chloé et son ami Olivier. Ils sont ensemble depuis cinq ans, la petite a maintenant quatre ans. Leur relation marche bien. « C'est parce qu'on n'habite pas ensemble », dit Patricia. « J'ai gardé mon appartement, Olivier a gardé son studio. On fait beaucoup de choses ensemble, mais je veux ma liberté et Olivier aussi. » Souvent, par exemple, Patricia va à un concert, et Chloé est chez son père. Ou

Patricia, la gagnante de "Ciel, ma famille !", avec sa fille Chloé

alors elle va voir ses amis et parfois ses parents dans le nord : « Je suis née à Lille, et toute ma famille est encore dans le nord. J'ai une grande famille, avec une vingtaine d'oncles, de tantes, de cousins, de cousines... mais ils habitent loin, et les relations sont assez distantes. Je vois assez souvent mon frère Jean-Pierre. Il habite à Chamonix, c'est tout près. Mais maintenant, les gens vraiment importants dans ma vie, ce sont mes amis : J'ai deux ou trois très bons amis, Suzanne, une amie d'enfance, et puis Danielle et Bernard. Ça suffit ! »

b) A deux : Complétez les phrases, une fois vous, une fois votre voisin/e – *einmal Sie, einmal Ihr/e Nachbar/in.*

Patricia aime surtout...
La grande famille de Patricia habite...
Elle n'est pas importante parce que...

Patricia voit assez souvent son frère...
Suzanne, c'est...

3

Est-ce que vous pensez que Patricia et Olivier sont heureux ? Justifiez votre choix avec des mots du texte.

4

Comment traduisez-vous...

➤ Ü B1

j'ai gardé   ....
il a gardé   ....

Diese neue Zeit wird zum Ausdruck der Vergangenheit benutzt und heißt *le passé composé*. Darüber mehr ab Unité 9.

B

7

a) Cherchez dans le texte 2 les expressions françaises pour...

5

mein Bruder: .... meine Familie: .... meine Freunde: ....

b) Soulignez tous les adjectifs
possessifs dans le texte.

son_ami
son_amie
ses_amis
ses_amies

mon, ton, son...		
singulier		*pluriel*
masculin	*féminin*	*masculin / féminin*
mon père	**ma** mère	**mes** parents
ton cousin	**ta** cousine	**tes** cousins
son frère	**sa** sœur	**ses** frères et sœurs
notre appartement	**notre** maison	**nos** bibliothèques
votre vélo	**votre** musique	**vos** disques
leur journal	**leur** table	**leurs** livres

c) Regardez le dessin.
Qu'est-ce qui vous frappe ?
Was fällt Ihnen auf?
Und wie ist es im Deutschen?

son père
sa mère
son père
sa mère

Relisez le texte 2, puis identifiez
les personnes dans les dessins.
Quelle est leur relation avec Patricia ?

6

Chloé,

c'est ....

Jean-Pierre,

c'est ....

Alain et Christine,

ce sont *ses parents*

Patricia

Danielle et Bernard,

Olivier,

c'est ....

Suzanne,

c'est ....

ce sont ....

7 **Complétez.**

Chloé n'est pas heureuse. Elle dit à .... père : « Tu parles toujours de .... amis, de .... travail. Et moi, est-ce que moi aussi, je suis importante pour toi ? Et on a deux maisons, pourquoi est-ce que tu n'habites pas avec Maman ? A l'école, les autres disent que tu n'es pas un vrai papa ! Les papas et les mamans de .... copines, ils habitent ensemble ! » Olivier répond : « Mais, tu es .... fille chérie, ... petite Chloé ! »

➤ Ü B2-3

8 **Relisez le texte 2. Est-ce que la vie de Patricia et d'Olivier est un bon modèle de vie ? Trouvez des arguments pour ou contre leur style de vie.**

9 **Décrivez votre famille et vos amis.**

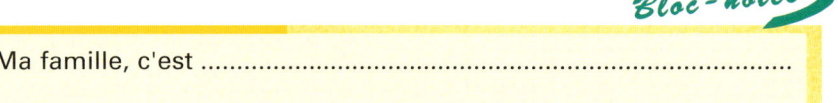

Ma famille, c'est ....
....

mon fils / ma fille
mon mari / ma femme

10 QUEL CADEAU CHOISIR ?

Les cadeaux... pas de problème pour Patricia. Elle veut faire des cadeaux à "son petit monde", mais quel cadeau choisir pour quelle personne ? Ecoutez et notez les noms, puis comparez vos résultats.

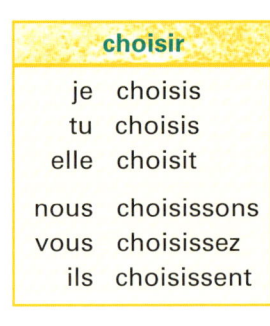

choisir	
je	choisis
tu	choisis
elle	choisit
nous	choisissons
vous	choisissez
ils	choisissent

Patricia choisit :
Un sac à dos pour son ami.
Un porte-monnaie pour ....
Un album de Youssou N'Dour pour ....

Un vase en porcelaine pour ....
Les œuvres de Simenon pour ....

➤ Ü B4-6

11 **Et vous ? Quels cadeaux est-ce que vous aimez faire ? Pour quelles personnes ?**

un cadeau   des cadeaux

12 **Votre groupe de travail va en France. Vous avez la chance d'habiter dans une famille de quatre personnes – père, mère, une fille (12 ans), un garçon (9 ans). Choisissez ensemble des cadeaux, de votre région ou non.**

Nach etwas fragen

* Vous téléphonez pour quelle annonce ?
▲ Pour l'appareil photo.
* Il fait quel prix ?

– Quel est votre numéro de téléphone ?
– Quelle est votre adresse, s'il vous plaît ?

Farben benennen

* La voiture est verte ou bleue ?
▲ Verte. Et ce sont des vélos orange ?
* Mais non, ils sont jaunes !

Persönliche Beziehungen benennen, Besitzverhältnisse angeben

– Les gens importants dans ma vie, ce sont mon ami, ma fille, mon frère...
– Patricia parle de sa vie et de son travail.
– Ils parlent toujours de leur travail, de leurs amis, de leurs maisons...

Der Fragebegleiter ► Gr 6., 7.

	Einzahl	*Mehrzahl*
männlich	quel	quel**s**
weiblich	quel**le**	quel**les**

Der Fragebegleiter **quel** kann vor dem Nomen stehen: **Quel tableau ?** Er kann auch vor dem konjugierten Verb **être** stehen: **Quel est le prix du tableau ?**

Die Farbadjektive ► Gr 7.1., 7.2.

	veränderlich		*unveränderlich*	
	Einzahl	*Mehrzahl*	*Einzahl*	*Mehrzahl*
männlich	bleu	bleu**s**	citron	citron
weiblich	bleu**e**	bleu**es**	citron	citron

⚠ Farbadjektive stehen NACH dem Nomen: **la maison blanche, des chats gris.**
⚠ Wie alle Adjektive richten sie sich auch dann nach dem Nomen, wenn sie durch **être** von ihm getrennt sind: **Les maisons sont blanches.**

Der Possessivbegleiter ► Gr 4.

ein Gegenstand		*mehrere Gegenstände*
(le livre)	(la revue)	(les livres ou les revues)
mon	ma	mes
ton	ta	tes
son	sa	ses
notre		nos
votre		vos
leur		leurs

⚠ **sa vie et son travail:** *sein Leben und seine Arbeit; ihr Leben und ihre Arbeit.*

⚠ Vor weiblichen Nomen, die mit Vokal oder stummem h beginnen, heißt der Possessivbegleiter **mon, ton, son:** l'amie (*w*) **mon_amie, ton_amie, son_amie...**

Die Verben auf -ir mit Stammerweiterung (Gruppe II) — Verben auf -dre (Gruppe III) ► Gr 9.1.2., 9.1.3.

choisir		**vendre**	
je	choisi**s**	je	vend**s**
tu	choisi**s**	tu	vend**s**
il / elle	choisi**t**	il / elle	vend
nous	choisi**ssons**	nous	vend**ons**
vous	choisi**ssez**	vous	vend**ez**
ils / elles	choisi**ssent**	ils / elles	vend**ent**

Wichtige Verben

acheter → *S. 60*
Verben auf -**ir** (choisi**r**) → *S. 66*

Aussprache und Schreibweise

* *Die Laute* [ʃ] *und* [ʒ]: *vgl. S. 63*

La cuisine A

Manger au restaurant

Le cassoulet, la spécialité de Castelnaudary

Arnaud Dupas, cuisinier à l'Hôtel de France à Castelnaudary, vous présente des plats français typiques.

1

DES PLATS TYPIQUES

a) Connaissez-vous déjà ces plats typiques ? Quels plats cite Arnaud Dupas ?

1- le melon aux fruits
2- le canard à l'orange
3- la soupe à l'oignon
4- la quiche lorraine
5- la mousse au chocolat
6- la terrine de saumon
7- le poulet rôti
8- la truite aux amandes
9- le cassoulet
10- la salade niçoise
11- la charlotte aux fraises des bois

> **aux ; des**
>
> à + les = **aux**
> de + les = **des**
>
> *vgl. auch S. 39*

b) Connaissez-vous les plats d'un menu ? Ecrivez les numéros des plats dans la catégorie correspondante.

> Hors-d'œuvre / Entrée : *3*
> _____
> Plat principal
> *(viande ou poisson)* :
> _____
> Dessert :

2 Quelles spécialités françaises connaissez-vous et aimez-vous ?

> **connaître**
>
> | | |
> |---|---|
> | je connais | nous connaissons |
> | tu connais | vous connaissez |
> | elle connaît | ils connaissent |

➤ Ü A1-2

3 Vous êtes végétarien/ne. Quels plats de l'activité 1a mangez-vous ?

Le menu français traditionnel, ce sont toujours au minimum trois plats (et parfois 5, 6 ou 7 !). Mais la restauration rapide est en progression et souvent, au déjeuner, on mange seulement un plat unique ou même une grande salade composée, et un fruit en dessert. Le soir, en famille, il y a en général un potage, un plat chaud, un fromage **et** un dessert.

Un repas d'affaires

a) Ecoutez une conversation entre deux collègues qui déjeunent ensemble. Vrai ou faux ?

	V	F
Les deux collègues parlent affaires pendant ce repas.		
Leur journée de travail commence maintenant.		
M. Berg est autrichien.		

M. Berg : C'est un restaurant très agréable !

M. Driss : Oui, j'aime bien cet endroit. Je mange souvent ici : c'est
rapide, et surtout leur cuisine est très bonne.

M. Berg : Qu'est-ce que vous me conseillez ? Je ne connais pas encore
les spécialités de la région.

M. Driss : Alors, il faut absolument commander un cassoulet. Ici, il est excellent.

M. Berg : Un cassoulet ? Qu'est-ce que c'est ?

M. Driss : C'est la spécialité de Castelnaudary. Ce sont des
haricots avec un peu de canard ou d'oie.
C'est très bon. Ou alors un steak ? Ou un
canard à l'orange ?

M. Berg : Non, non, je prends le cassoulet. Et en entrée,
qu'est-ce que je pourrais prendre ? Une terrine ?

M. Driss : Euh... avant le cassoulet, en entrée ?
Une salade peut-être ? C'est léger, c'est frais.

M. Berg : Oui alors, d'accord ! Merci.

M. Driss : Comme boisson, on prend un bordeaux ?

M. Berg : Merci, après la longue discussion de ce matin, j'ai soif ! Je préfère une eau minérale.

M. Driss : Vous savez, j'aime beaucoup votre pays. Ah Vienne ! Le Danube ! Les valses !

Hôtel de France

*Salles pour séminaires,
banquets, repas d'affaires*

*J'ai faim.
J'ai soif.*

b) Ecoutez encore une fois. Qu'est-ce que M. Berg prend...

en entrée ? ....   comme plat principal ? ....   comme boisson ? ....

c) Ecoutez encore une fois, puis lisez à deux.

a) M. Berg ne connaît pas les plats du menu. Qu'est-ce qu'il demande à M. Driss, qu'est-ce que M. Driss répond ? Notez les trois questions et les trois réponses.

les questions :   les réponses :

1. ....   1. ....

2. ....   2. ....

3. ....   3. ....

b) Jouez maintenant une petite scène semblable. Variez les questions et les réponses.

➤ Ü A3

6 Repérez les expressions positives dans le dialogue 4a.

Par exemple : *"C'est un restaurant très agréable".*

7 A deux : Une personne (A) pose des questions, la deuxième personne (B) répond de manière positive.

Par exemple : ◗ *Est-ce que vous aimez cette salade ?* ▲ *Oui, elle est très bonne.*

◗

endroit	spécialité(s)	entrée(s)
salade	restaurant	plat(s) vin

....

▲

agréable	tranquille	léger / légère
excellent/e	frais / fraîche	très bon / très bonne

....

ce, cet, cette ; ces

	singulier	pluriel
masculin	**ce** restaurant **cet** endroit	**ces** melons
féminin	**cette** salade	**ces** oranges

ce wird **vor Vokal** und **stummem h** zu *cet*

8 Ce n'est pas bon ! Reliez les plats et les adjectifs et faites des réclamations.

Par exemple : *Je regrette, mais cette soupe est trop salée.*

pas très bon/ne
pas assez chaud/e
trop salé/e
un peu trop cuit/e
pas très frais / fraîche
trop sucré/e

➤ Ü A4-5

c'est vachement bon.

c'est un peu trop salé.

9 Quelles sont les spécialités de votre région ? Cherchez avec l'aide du professeur et de votre dictionnaire, puis décrivez-les à un visiteur français.

Bloc - notes

....
....

a) Lisez la bande dessinée et trouvez un autre titre.

b) Regardez encore une fois la dernière image. Trouvez une autre fin.

Faire la cuisine

1

a) Cherchez les informations correspondantes dans le texte.

PLAT CUISINÉ
POUR 2 PERSONNES
TABOULÉ

Le taboulé est   une entrée ☐ froide   ☐ chaude
un plat   ☐ français   ☐ arabe   ☐ chinois

TABOULÉ	PRÉPARATION FACILE, EN 3 MINUTES

① Verser le sachet de garniture et un verre d'eau froide dans un saladier.

② Ajouter le sachet de couscous, 2 cuillères à soupe d'huile d'olive et un peu de citron.

③ Mettre au réfrigérateur (45mn).

④ Mélanger avec une four-chette, ajouter éventuelle-ment une feuille de menthe et un peu de sel.

b) Soulignez les quantités et les ingrédients.

c) Complétez.

Pour faire un taboulé, il faut un sachet de garniture,
un verre ....
....
....

Il faut un sachet de...
Il faut un peu de...

➤ Ü B1   **d)** Livres fermés : Est-ce que vous avez bonne mémoire ? Qu'est-ce qu'il faut pour préparer ce plat ?

2

a) Lisez le texte et trouvez les mots français pour...

Mikrowelle
Tiefkühlkost
Tiefkühltruhe
Gewürze
Konserve

Vive la cuisine rapide !

Vous êtes toujours pressé/e ? Vous n'avez jamais le temps ?
Alors pour faire une cuisine rapide, il faut
✔ un congélateur,
✔ un micro-ondes,
un stock de produits surgelés,
✔ des boîtes de conserves,
✔ et des épices.

C'est tout !

C'est tout ? Non, il faut aussi un peu de temps, une fois par mois, pour faire les courses !

b) Parlez avec votre partenaire.

Est-ce que vous aussi, vous êtes toujours pressé/e ? Ou souvent pressé/e ?
Est-ce que vous aussi, vous êtes pour la cuisine rapide ?
Est-ce que vous êtes d'accord avec les conseils du texte 2a ?

Comprenez-vous les noms de ces produits ?

fruits *mpl*

pain *m*

farine *f*

pommes
de terre *fpl*

huile *f*

œufs *mpl*

sucre *m*

lait *m*

poisson *m*

beurre *m*

fromage *m*

viande *f*

➤ *Ü B2-3*

a) Cherchez dans l'activité 3 les trois mots qui contiennent les lettres <oi> et <ui>. Ecrivez-les ci-dessous.

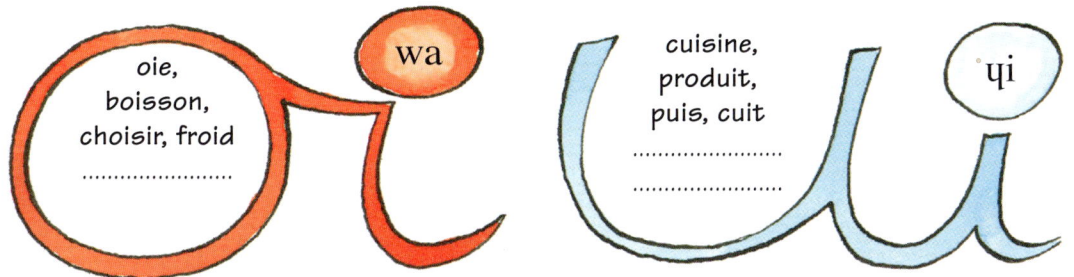

oie,
boisson,
choisir, froid
....

wa

cuisine,
produit,
puis, cuit
....
....

ɥi

b) Ecoutez et cochez dans 4a les mots que vous entendez. Deux mots ne sont pas cités. Lesquels ?

Un .... sans .... c'est poison.

c) Essayez de former une phrase courte avec chaque mot.

a) Ecoutez Sylvia Pisani et soulignez les produits que vous entendez dans les dessins de l'activité 3.

*"J'ai toujours les
produits de base
à la maison."*

du, de la
Wie ist es im Deutschen?
Was fällt Ihnen auf?

le partitif
il faut **du** beurre
de la viande
de l'huile

b) Ecoutez encore et écrivez à gauche les produits "déjà à la maison" et à droite les produits "à acheter".

du sucre
de l'huile

de la viande
des pommes de terre

6 Est-ce que Madame Pisani peut faire...

une omelette ?   une purée de pommes de terre ?   un gâteau ?   une mousse au chocolat ?
Une omelette ? Oui, elle a des œufs, de la farine, du...

7
➤ Ü B4

Et vous, quels produits avez-vous toujours à la maison ?

Par exemple :   *Moi, j'ai toujours à la maison du lait, du beurre, de la...*

8 Regardez ensemble cette photo de pique-nique.
Où se passe la scène ? Il fait beau ? C'est agréable ?
Qu'est-ce qu'ils mangent, à votre avis ?

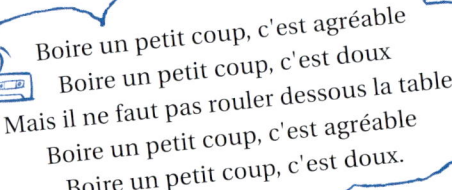

Boire un petit coup, c'est agréable
Boire un petit coup, c'est doux
Mais il ne faut pas rouler dessous la table
Boire un petit coup, c'est agréable
Boire un petit coup, c'est doux.

9
➤ Ü B5-8

Vous voulez tous ensemble organiser un repas à la fin du semestre. Qu'est ce que vous apportez ?
Qu'est-ce que vous préparez ? Mettez-vous d'accord !

10 Analysez ces questions, posées dans la leçon 8. Cherchez deux autres exemples dans cette même leçon.

Connaissez-vous... ?
Quels plats... pouvez-vous manger ?
Aimez-vous... ?

Neben der Intonationsfrage und der *est-ce que*-Frage gibt es
noch eine dritte Form: die Inversionsfrage. Sie findet sich
überwiegend in der Schriftsprache. Mehr dazu in Band 2.

Gerichte benennen und beschreiben

– Un canard à l'orange peut-être, ou une omelette aux champignons ?

– Je voudrais la carte des desserts.

à + les = aux; de + les = des ➤ *Gr 3.1.*

une omelette **aux** champignons
une truite **aux** amandes

la carte **des** desserts
la carte **des** consommations

Loben oder reklamieren

– Ce restaurant est très agréable.
– La salade est très bonne, le vin est excellent.

– Je regrette, mais...
  - cette soupe est un peu trop salée.
  - ce n'est pas assez cuit.

Der Demonstrativbegleiter ➤ *Gr 5.*

	Einzahl	*Mehrzahl*
männlich	ce	ces
	cet	
weiblich	cette	ces

⚠ Vor Vokal oder stummem h heißt der Demonstrativbegleiter **cet**: **cet endroit**, **cet hôtel-restaurant**.

Adjektive ➤ *Gr 7.1., 7.2.*

männlich	léger	frais	bon
weiblich	légère	fraîche	bonne

Manche Adjektive haben eine besondere Femininumbildung. Vgl. auch *Unité* 10.

Adverbien – Gradangaben ➤ *Gr 10.*

pas assez → assez → très → un peu trop → trop

Absicht, Notwendigkeit ausdrücken

– On va au restaurant pour manger des spécialités.

– Pour faire un taboulé, il faut trois minutes.

---

pour + Infinitiv

pour faire... *um ... zu machen*
pour manger... *um ... zu essen*

il faut... ➤ *Gr 9.5.*

il faut du temps *man braucht Zeit*

Über Mengen sprechen

– Dans une omelette, il y a de la farine, du sel, du lait, de l'huile et des œufs.

– Je voudrais une boîte de cassoulet et trois litres de lait.

Der Teilungsartikel ➤ *Gr 3.3.*

le beurre **du** beurre
la farine **de la** farine
l'huile **de l'**huile

⚠ Vgl.: **Je prends du beurre.** – *Ich nehme Butter.*
⚠ Bei Mehrzahlangaben wird der unbestimmte Artikel **des** verwendet: **des œufs, des fruits.**

Mengenangaben ➤ *Gr 3.3.*

un litre **de** + *Nomen*
un sachet **de** + *Nomen*

⚠ Weitere Mengenangaben lassen sich ähnlich bilden: **un kilo de carottes, 200 grammes de beurre...** Vgl. auch *Unité* 6.

Aussprache und Schreibweise

*Die Buchstabenverbindung oi, ui;
die Laute* [wa], [ɥi]: *vgl. S. 73*

Wichtige Verben

connaître → *S. 68*
manger → ⚠ nous man**ge**ons

9 *La consommation* A

A la campagne

Vesdun

Ses commerces
- une boulangerie-pâtisserie *Konditorei*
- une boucherie-charcuterie *Metzger*
- une épicerie *Einkaufsladen*
- un café-tabac
- un café-restaurant
- marché le mercredi matin *große Markt*

Carnet d'adresses
- Location de vélos
- Bibliothèque municipale : prêt de livres, expositions
- Camping 2 étoiles - tennis - terrain de sport
- Ecole primaire

1 VESDUN, UN VILLAGE TYPIQUE ?
Regardez le prospectus. Qu'est-ce qu'il y a d'intéressant pour les habitants ? Pour les touristes ?

2 A votre avis, qu'est-ce qu'on trouve dans ces magasins à Vesdun ? Faites ensemble des listes, et vérifiez avec le professeur.

A la boulangerie, il y a...   A l'épicerie, il y a...

3 a) Lisez et écoutez. Soulignez tous les produits cités.

Vesdun

est une des 36 000 communes françaises. Sa particularité : Le village est situé au centre géographique de la France continentale. Très dynamique, il offre de nombreuses activités touristiques et culturelles. Mais pour les courses, c'est un village assez typique : une épicerie, une boulangerie, une boucherie, et le marché du mercredi matin. C'est tout. Monsieur Dumontet, le maire de Vesdun, présente son village :

« Notre village est assez petit, c'est vrai, mais pour l'alimentation, nous avons presque tout sur place. Il y a aussi un café, pour les cigarettes et les journaux. Pour les vêtements, les chaussures, etc., il y a le marché, bien sûr... Et pour le reste : livres, meubles, médecins spécialisés etc., il faut aller à Saint-Amand (une ville à 25 km de Vesdun) ou à Montluçon (à 30 km), au centre ville ou dans une grande surface. Et nous avons même un service de transports en commun, avec des cars, pour les personnes sans voiture. »

▶ Ü A1

b) Retrouvez la vérité dans le texte.

Vesdun est situé dans le nord de la France. C'est vrai ?

Pour les possibilités culturelles, Vesdun est un village typique. C'est vrai ?

Il y a une grande surface dans le village. C'est vrai ?

Il faut une voiture pour aller à Montluçon ou à Saint-Amand. C'est vrai ? Ce n'est pas vrai ?

Est-ce que vous habitez dans une ville ou dans un village ? Il y a combien d'habitants ?

| 4 |

 Sur les 36 000 communes françaises 85 % ont moins de 2 000 habitants.
Un/e Français/e sur quatre habite dans une de ces communes.

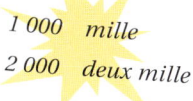
1 000   mille
2 000   deux mille

Est-ce que vous préférez vivre à la ville ou à la campagne ? Pourquoi ?

| 5 |

FAIRE LES COURSES

| 6 |

a) Réfléchissez. Qu'est-ce qu'on achète dans quel magasin ? Reliez les produits et les magasins, et comparez ensuite vos résultats.

Par exemple :   *On peut acheter du pain à la boulangerie ou dans une grande surface.*
On ne peut pas acheter de médicaments à l'épicerie.

au marché
à la librairie
à la boucherie
à la boulangerie
à la pharmacie
à l'épicerie
dans une grande surface
dans un magasin spécialisé
dans une petite boutique
sur Internet

Erinnern Sie sich:
pas de = kein/e
(Unité 6).

du pain, des journaux, des livres, des médicaments, des vêtements, du fromage,
des croissants, du couscous, de la viande, des jus de fruit, du vin

b) Qu'est-ce qu'il y a comme magasins dans votre village ? Dans votre quartier ?

➤ Ü A2

7

a) Voici une proposition phonétique pour faire les courses : Achetez les aliments dans un magasin qui contient le même son que le produit ! Un seul produit va avec deux magasins.

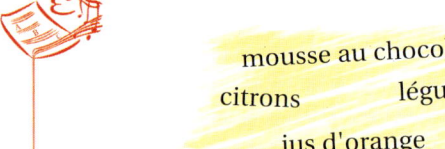

mousse au chocolat

citrons   légumes   poulet

jus d'orange

confiture   sucre

haricots   cassoulet   quiche

à la boutique Loulou [u]	au supermarché Mumu [y]	à l'épicerie Kyri [i]

b) Vérifiez et répétez avec la cassette.

8

Lisez ce texte. Quelles sont les différences avec votre pays ?

En général, les Français n'aiment pas beaucoup les conserves ou les surgelés. Ils préfèrent faire leurs courses plus souvent et acheter des produits frais. C'est peut-être pourquoi, le dimanche matin, les petits magasins sont souvent ouverts jusqu'à midi. On voit surtout les gens faire la queue devant la boulangerie pour acheter du pain, des croissants ou des gâteaux pour le dessert.

➤ *Ü A3*

9

Est-ce que vous aimez faire vos courses dans les grandes surfaces ?

10

a) Ecoutez plusieurs fois 5 groupes de personnes devant un hypermarché à Montluçon. Concentrez-vous sur une seule information et complétez la grille.

		A	B	C	D	E
Première écoute :	Qui est de Vesdun ?					
	Qui est en vacances ?					
Deuxième écoute :	Qui parle du prix ?					
	(cher / pas cher / moins cher)					

b) Ecoutez encore une fois et complétez avec les éléments qui manquent.

A. Elle a choisi une .... de jardin.

B. Ce soir, ils ont acheté des fruits, des légumes, ... et des conserves. Elle a aussi trouvé des chaussures italiennes pas chères.

C. Sa mère a vendu sa voiture, et maintenant, le fils va avec elle pour faire les courses. Aujourd'hui, il a attendu sa .... à la caisse.

D. Elle a écouté une chanson hier à la radio, et aujourd'hui elle a acheté le ....

E. Ils ont pris du fromage, ... et de l'eau.

HIER, J'AI ÉCOUTÉ...

11

a) Un peu de grammaire. Cherchez et soulignez dans les phrases 10b les nouvelles formes verbales.

b) Complétez le tableau et formulez ensuite une règle pour la formation du *passé composé*.

le passé composé avec *avoir*		
j'	**ai**	écouté
tu	**as**	écouté
il / elle	......	....
nous	......	....
vous	......	....
ils / elles	......	....

infinitif	participe passé
écout**er**	écout**é**
chois**ir**	chois**i**
ven**dre**	ven**du**
⚠ faire	**fait**
⚠ prendre	**pris**

Retrouvez la chronologie de cette histoire.

12

- [ ] il a dormi seul
- [1] il a travaillé jusqu'à 7 heures
- [ ] il a écouté son répondeur
- [ ] il a fait la cuisine et il a préparé un bon repas
- [ ] il a fini le vin seul
- [ ] il a pris la voiture pour faire les courses
- [ ] il a attendu

Et vous ? Qu'est-ce que vous avez fait hier ? Qu'est-ce que vous avez mangé, etc. ?

13

acheter   préparer   écouter   faire   prendre   regarder

➤ Ü A4-5

Relisez les documents de la page 76. Vesdun vous plaît ? Alors demandez des documents à l'Office de Tourisme et visitez un village qui bouge ! Réellement ou virtuellement (www.berry.tm.fr/vesdun.htm) !

14

Dans un magasin de souvenirs

1 Faites correspondre les photos et les mots.

☐ un flacon de violette de Toulouse
☐ une bouteille de champagne
☐ un savon à la lavande
☐ un santon de Provence
☐ un pot de moutarde
☐ un camembert
➤ Ü B1   ☐ un bol

2 Est-ce que vous connaissez d'autres objets ou produits français typiques ?

3 C'EST PLUS ORIGINAL...

Vous voulez acheter un souvenir typique. Comparez les avantages de deux produits.

Par exemple : *Un santon, c'est plus original qu'un parfum.*

un santon
un pot de moutarde
....

joli fragile cher
petit original
banal gros
....

un bol
un camembert
....

la comparaison			
+	**plus**	original	**que**
=	**aussi**	cher	**que**
−	**moins**	fragile	**que**

4 Echange d'idées. A choisit deux objets, B les compare.

A : une table... et un camembert   B : Une table, c'est plus gros qu'un camembert.

une vidéo   un paquet de cigarettes   un appareil photo   une table

➤ Ü B2   une bibliothèque   un flacon de parfum   ....

5 Qu'est-ce que vous voudriez acheter en France (pour vous ou pour une autre personne) ? Et qu'est-ce que vous avez acheté la dernière fois ?

Je voudrais acheter...   La dernière fois, j'ai acheté...

Bloc-notes

....
....

6

A LA MAISON DE LA PRESSE

Ecoutez un touriste dans un magasin de journaux et de souvenirs. Qu'est-ce qu'il demande ? Et qu'est-ce qu'il trouve ? Cochez.

	il demande	il trouve
des santons de Provence		
des cartes postales		
des timbres		
un stylo		
un guide de la région		
un journal allemand		
une carte routière		

Le client

▶ Bonjour Madame, je prends ça, s'il vous plaît.

▶ Vous avez aussi des timbres ?

▶ Dommage. Bon, alors... je voudrais aussi une carte routière et un guide de la région.

▶ Oui, c'est parfait, merci.

▶ C'est tout, je crois. Ça fait combien ?

▶ Oui. Oh, je suis désolé, mais je n'ai pas assez d'argent. Il me reste seulement 25... 27 euros ! Je peux payer par carte ?

La vendeuse

▲ Bonjour Monsieur. ... Un santon... joli, hein ? Quatre cartes postales, un stylo...

▲ Ah, non ! Je suis désolée, Monsieur, je ne vends pas de timbres. Il faut aller à la poste.

▲ Regardez, nous avons une carte avec des informations touristiques, elle fait aussi guide. Elle coûte 12 euros. Ça va ?

▲ Et avec ça ?

▲ Alors... ça fait... 28,75 euros, s'il vous plaît, Monsieur.

▲ Mais oui, Monsieur, bien sûr, sans problème !

A deux : Lisez le dialogue 6. Cherchez, soulignez et numérotez les expressions correspondantes.

7

Der Kunde ...
1. fragt, ob etwas vorrätig ist,
2. möchte etwas kaufen,
3. fragt nach dem Preis,
4. möchte mit Kreditkarte zahlen.

Die Verkäuferin ...
a) sagt, dass sie etwas nicht verkauft,
b) fragt, ob er noch etwas wünscht,
c) nennt den Preis,
d) antwortet, dass das problemlos möglich ist.

➤ *Ü B3*

A vous maintenant : Jouez un dialogue semblable dans un magasin.

8

B

9

Est-ce que vous comprenez ? Ecoutez la cassette et cochez ou notez la réponse essentielle.

Vous avez des violettes de Toulouse ?	réponse ☐ positive	☐ négative
Je voudrais un calendrier.	réponse ☐ positive	☐ négative
Il coûte combien ?	.... euros.	
Vous prenez les cartes de crédit ?	réponse ☐ positive	☐ négative

10

A deux : Choisissez une de ces situations et préparez un jeu de rôle. Ensuite vous jouez ce jeu de rôle. Les autres participants du cours devinent la situation représentée.

1. Le client n'a pas beaucoup d'argent, et il ne sait pas quoi acheter.
2. Le vendeur est content de son premier client.
3. Le vendeur n'aime pas les touristes.

➤ Ü B4-6

11

LE DÉPANNEUR

Ecoutez et remplissez la grille.

Notez les heures d'ouverture de ce dépanneur au Québec. Est-ce que quelque chose vous étonne ? Qu'est-ce que vous pensez des heures d'ouverture ?

	de...	à...
lundi		
mardi		
mercredi		
jeudi		
vendredi		
samedi		
dimanche		

12

Ecoutez le français "québécois" et le français *"de France"*. Choisissez un des deux accents, comme vous préférez, et répétez les phrases.

1. Est-ce que tu peux aller au dépanneur acheter du pain brun, s'il te plaît ?
   Est-ce que tu peux aller dans un magasin acheter du pain pour toasts, s'il te plaît ?
2. Demain je prends le train pour aller visiter grand-maman.
   Demain je prends le train pour aller voir grand-mère.
3. Je prends un grand verre de coke, s'il vous plaît !
   Je prends un grand verre de coca, s'il vous plaît !
4. J'adore le sirop d'érable et la tarte aux bleuets de Chicoutimi.
   J'adore le sirop d'érable et la tarte aux myrtilles de Chicoutimi.
5. C'est le fun ! – *C'est super !*

le dépanneur : Tante-Emma-Laden
grand-maman : Großmama
le coke : Cola
le sirop d'érable : Ahornsirup
la tarte aux bleuets : Heidelbeerkuchen

Einkaufsmöglichkeiten benennen

– Je fais les courses dans un supermarché, je prends du pain à la boulangerie et j'achète des vêtements dans une petite boutique.

Etwas Vergangenes berichten (I)

✳ Qu'est-ce qu'ils ont fait hier ?
▲ Ils ont préparé un bon repas, ils ont mangé, ils ont fini le vin et puis ils ont dormi.

Etwas vergleichen

✳ Un savon, c'est moins fragile qu'une bouteille de champagne.
▲ Oui, mais le champagne, c'est plus original.

In einem Geschäft einkaufen

– Vous avez des timbres ?

– Je voudrais acheter un stylo.
– Je prends ces cartes postales.

– C'est tout, merci. / C'est parfait, merci.

– Je suis désolé, je n'ai pas assez d'argent.
– Je peux payer par carte ?

Aussprache und Schreibweise

* Die Laute [u], [y] *und* [i]: vgl. S. 78

Ortspräpositionen ➤ *Gr 11.1.*

à	à la librairie
	au marché
dans	dans une librairie
sur	sur Internet

Das *passé composé* mit *avoir* ➤ *Gr 9.2.2.*

j'	**ai**	mangé
tu	**as**	mangé
il	**a**	mangé
elle	**a**	mangé
nous	**avons**	mangé
vous	**avez**	mangé
ils	**ont**	mangé
elles	**ont**	mangé

Das *participe passé* – Partizip der Vergangenheit ➤ *Gr 9.2.1.*

	Infinitiv-endung	*Beispiel*	*Partizip*	*Partizip-endung*
Gruppe I	**-er**	cherch**er**	cherch**é**	**-é**
Gruppe II	**-ir**	chois**ir**	chois**i**	**-i**
Gruppe III	**-dre**	ven**dre**	ven**du**	**-du**
	-ir	dorm**ir**	dorm**i**	**-i**
	...	...	...	...

⚠ Weitere Verben aus der 3. Gruppe lernen Sie in späteren Lektionen kennen. Merken Sie sich auch die unregelmäßigen Partizipien, z. B. **prendre – pris; faire – fait.** Lernen Sie jedes neue Verb mit seinem **participe passé.**

Die Steigerung des Adjektivs ➤ *Gr 7.3.*

–	**moins**	cher	**que**	*weniger teuer als*
=	**aussi**	cher	**que**	*(genau)so teuer wie*
+	**plus**	cher	**que**	*teurer als*

Wichtige Verben

| attendre | j'ai attendu | → *vgl.* vendre |
| finir | j'ai fini | → *vgl.* choisir |

Étape 3

LIRE POUR LE PLAISIR

1 a. Lisez ce texte et dites s'il s'agit

☐ d'un article de journal, ☐ d'un reportage sur une ville, ☐ d'une interview.

Les repas de quartier –
le retour d'une tradition

A Paris comme dans beaucoup de villes françaises, une tradition revient à la mode : on dresse la table dans la rue pour prendre tous ensemble un repas, avec les voisins et amis du quartier.

En été, quand il fait beau, les habitants organisent un repas le dimanche midi dans la rue ou dans un parc. Rue des Mûriers, par exemple, il y a une petite place avec des platanes et une fontaine. C'est l'endroit idéal. On a de l'eau, on a de l'ombre. Chacun fait une spécialité de chez lui, le vin coule à flot. On parle des vacances, on parle de la famille, on fait des projets. Pour mettre de l'ambiance, il y a de la musique.

On chante, on danse : « Les repas de quartier, c'est un peu la campagne à la ville. »

L'idée vient d'un chanteur du sud de la France, Claude Sicre. Il organise des repas depuis 1991 dans les rues de Toulouse. Le phénomène a fait son chemin, de Montpellier à Bordeaux, de Lyon à Nantes, et jusqu'à Paris. Les repas de quartier sont de plus en plus populaires. L'été et son soleil favorisent ces initiatives.

D'après *Aujourd'hui/Le Parisien* du lundi 13 juillet 1998, p. 25

b. **Quel est le bon résumé ?**

A Il y a des repas de quartier tous les jours, mais seulement dans le sud de la France. Il y a de la musique et on chante.

B Il y a des repas de quartier dans toute la France, mais seulement le dimanche. Il y a de la musique, du vin, et des spécialités internationales.

C Il y a des repas de quartier tous les jours et dans toute la France. Il n'y a pas de musique, mais on chante.

c. **Soulignez dans le deuxième paragraphe ce qu'il y a dans la rue des Mûriers et énumérez tout ce qu'il faut pour faire un bon repas de quartier.**

Par exemple : *Il y a de l'eau, il y a du...*
Par exemple : *Il faut...*

2 Ces "repas de quartier" existent peut-être aussi chez vous. En général, ils s'appellent *Stadtteilfest*. Est-ce qu'il y a des différences ? Est-ce que c'est pareil ? Est-ce que vous aimez aller à des *Stadtteilfeste* ? Discutez !

Étape 3

POUR LA PROFESSION

1. Quelle activité a lieu à quel moment de la fabrication d'un produit ? Classez les mots de la liste dans le tableau ci-dessous. *(Einige Begriffe passen durchaus in beide Spalten!)*

avant la fabrication (= *Planungsphase*)	après la fabrication (*Verkauf / Vertrieb ...*)
la planification	

Mots à retenir

la planification
la distribution
la comptabilité
la commande
l'expédition
la facture
le transport
le développement
la vente
l'achat
l'importation
l'exportation

2. De quoi s'occupent ces personnes ? Qu'est-ce qu'elles organisent ?

* le chef comptable
* le directeur marketing
* le chef des ateliers
* le chef des achats

Par exemple : *Le chef comptable s'occupe de la comptabilité.*

3. Trouvez-vous ensemble les verbes qui vont avec les noms ?

Par exemple : *la planification* ➜ *planifier*

Villa Fantasia

La brocante

1. La Villa Fantasia organise une brocante. Il faut maintenant préparer différentes choses :

   ❀ une liste des objets à vendre (avec leurs prix !),
   ❀ une petite annonce pour le journal local,
   ❀ des stands avec quelque chose à manger pour les visiteurs :
      a) Quels plats ? (Chauds ? Froids ?)
      b) Qui fait quoi ? (*Wer macht was?*) Ou est-ce que vous préférez commander chez un traiteur (*Partydienst, Feinschmeckerladen*) ?

2. Le journal "Les Echos locaux" voudrait publier un article sur La Villa Fantasia et sur votre brocante. Ecrivez quelques lignes pour ce journal.

Travailler à la maison

1 Regardez les photos et devinez...

- la région où se trouve la ferme des Brevet.
- la profession des deux personnes.

Les Brevet n'ont qu'un slogan : « Être leurs propres patrons. »

2 Vérifiez vos hypothèses et lisez le texte suivant.

Tous deux informaticiens, Nicole et Paul Brevet ont décidé de retourner dans le village natal de Nicole et de travailler à leur compte. Ils sont maintenant leurs propres patrons. Depuis deux ans, la famille habite dans un vieux village en Auvergne, à vingt-cinq kilomètres de Brioude.

« Voilà, nous sommes restés huit ans à Paris », dit Nicole, « et puis nous sommes revenus chez moi, dans mon village. Nous sommes partis de Paris le cœur léger après trois ans de chômage, de petits boulots. »

Paul est d'abord allé seul à Channat, et il a rénové la vieille ferme des grands-parents de Nicole. Puis Nicole est arrivée avec leurs quatre enfants. Avec les ordinateurs, le fax et le téléphone, ils peuvent travailler sans problème à la maison pour les entreprises de la région. Nicole a réalisé son rêve : un grand jardin avec des fleurs, tous les deux sont plus libres d'organiser leur emploi du temps, ils ont beaucoup de place et – plus important encore – ils ont le temps de faire des choses en famille.

« Nous pouvons enfin profiter de nos enfants. »

un vieux village
une vieille ferme

3 a) Complétez la grille.

le monde du travail	l'habitation
informaticiens, travailler...	*le village, rénover...*

b) Dites un des mots de la grille, votre partenaire cherche la partie de phrase correspondante dans le texte et la lit.

► Ü A1

Par exemple : *"patron"* → *Ils sont maintenant leurs propres patrons.*

Qu'est-ce que Nicole Brevet peut faire maintenant ?
Qu'est-ce que son mari Paul peut faire ?

Par exemple : *Elle peut jardiner.   Il peut...   Ils peuvent...*

pouvoir	
je peux	nous pouvons
tu peux	vous pouvez
elle peut	ils peuvent

4

➤ Ü A2

5

Quels mots indiquent que les Brevet sont contents de leur vie ? Est-ce qu'ils ont fait un bon choix ?

6

a) Lisez le texte 2 et soulignez les huit formes du *passé composé*. Il y a trois formes avec *avoir* et cinq formes avec *être*. Notez ces cinq formes avec *être* et entourez les marques du féminin et du pluriel.

1. *nous sommes resté$\boxed{s}$*

3. ....

5. ....

2. ....

4. ....

b) Regardez les formes du tableau. Est-ce que vous pouvez formuler une règle ?

je suis   allé
il est   allé

je suis   allée
elle est   allée

nous sommes   allés
ils sont   allés

nous sommes   allées
elles sont   allées

c) Comparez maintenant à la formation du *passé composé* avec *avoir*. Quelle est la différence ?

le passé composé : avec *être*					avec *avoir*		
masculin			*féminin*			*masculin / féminin*	
je	suis	resté	je	suis	restée	j'	ai	trouvé
tu	es	resté	tu	es	restée	tu	as	trouvé
il	est	resté	elle	est	restée	il / elle	a	trouvé
nous	sommes	restés	nous	sommes	restées	nous	avons	trouvé
vous	êtes	resté(s)	vous	êtes	restée(s)	vous	avez	trouvé
ils	sont	restés	elles	sont	restées	ils / elles	ont	trouvé

Nicole raconte sa vie. Ecoutez et complétez ensuite le texte avec les verbes à la forme correcte.

7

aller – **allé(e)**   venir – **venu(e)**   sortir – **sorti(e)** (2x)   rester – **resté(e)**   naître – **né(e)**

« Je suis .... à Brioude. Je suis .... à l'école primaire à Channat, dans le village de mes parents, puis au lycée à Brioude. Ensuite, je suis .... de mon cocon pour aller à l'université, à Clermont-Ferrand. Un jour, Paul, mon mari, est .... faire une visite dans mon bureau avec un groupe de collègues, et voilà... ! D'abord, nous sommes .... ensemble au cinéma, au théâtre, et puis nous sommes .... ensemble. Et nous sommes un couple heureux depuis 17 ans déjà. »

8 Racontez la vie de Paul.

acheter une première voiture   faire une formation en informatique   naître

aller à l'école primaire   rencontrer Nicole   aller au lycée

➤ Ü A3-5

Strasbourg   *Strasbourg*   *Colmar*   *Clermont- Ferrand*   *Clermont-Ferrand*   *Clermont-Ferrand*

9 Est-ce que vous avez envie de raconter votre vie à votre voisin/e ? Ou au groupe entier ? Essayez !

Bloc – notes

....

....

....

10 L'HEURE

a) Ecoutez et répétez.

Il est cinq heures...

12:00 = *midi*
24:00 = *minuit*

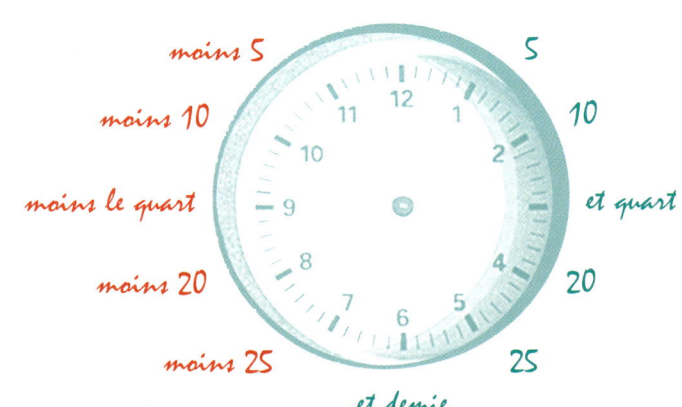

moins 5 — 5
moins 10 — 10
moins le quart — *et quart*
moins 20 — 20
moins 25 — 25
et demie

b) Quelle heure est-il ?

8:20   11:45   18:50   4:30   7:15   12:25   13:10

11 Quelle heure entendez-vous ?

- [ ] 13 h 20
- [ ] 12 h 40
- [ ] 17 h 30
- [ ] 18 h 30
- [ ] 12 h 15
- [ ] 0 h 15
- [ ] 6 h 05
- [ ] 10 h 05

a) A deux. Retrouvez l'emploi du temps de Charlotte Brevet, 14 ans. Elle va au lycée à Brioude.

5 mn   40 mn

La ferme est à 5 minutes à pied de l'arrêt du bus. Le bus met 40 minutes pour aller jusqu'au lycée. Il arrive 5 minutes avant le début des cours, et il part 5 minutes après la fin des cours. Les cours commencent à 8 heures, ils finissent à 5 heures.

"L'année prochaine, je voudrais être interne."

A ...., Charlotte sort de la maison.

A ...., le bus arrive à Channat.

A ...., les cours commencent.

A ...., Charlotte prend le bus pour rentrer à la maison.

A ...., elle arrive à la maison.

Le soir, elle travaille encore au moins deux heures pour le lendemain.

b) Posez des questions à vos partenaires pour vérifier vos réponses.

A quelle heure est-ce que Charlotte... ?   Elle...

à quelle heure ?
à huit heures

 Les petits Français vont à l'école le matin et l'après-midi (sauf le mercredi après-midi et le samedi après-midi). La pause de midi dure entre une et deux heures, et beaucoup d'enfants déjeunent à la cantine. L'école maternelle commence à 3 ans ou à 4 ans, l'école primaire à 6 ans, le collège à 11 ans, le lycée à 15 ans.

➤ Ü A6-7

Qu'est-ce que vous pensez de cet emploi du temps ?   **13**

Et vous ? Parlez de votre journée !   **14**

Ecrivez ces verbes sur deux cartons :   **15**
A – conjugués avec *être* ;
B – conjugués avec *avoir*.
Puis trouvez les participes passés et formez des phrases.

sortir   arriver   commencer
prendre   travailler   revenir
aller   venir

Racontez la journée de Charlotte.   **16**

Hier, à... , Charlotte...

Cadres de vie

1

a) Lisez et trouvez la réponse : Où habite la famille Poucet maintenant ? Dans une tour ? Dans un pavillon ?

Le Commandant Poucet a décidé de parler à sa femme et à son fils de leur nouvel appartement.

- Eh bien, voilà, dit-il au dessert : On déménage. Bièvres, le pavillon, le bout de jardin avec nos dix salades et nos trois lapins, c'est terminé !
- (Regardez), ici la chambre à coucher. Là, c'est la salle de bains, là, le living, là, la cuisine, et deux autres chambres s'il vous plaît. Soixante mètres carrés avec les placards, la moquette, les installations sanitaires et l'éclairage au néon. Un truc inespéré. Vingt-troisième étage de la tour Mercure. Vous vous rendez compte ?

D'après Michel Tournier, *La Fugue du petit Poucet.* © Editions Gallimard.

b) Soulignez dix mots importants, puis comparez et résumez le texte.

2   Imaginez la réaction de Madame Poucet et du fils. Comment trouvez-vous le commandant Poucet ?

 Michel Tournier, né en 1924, a écrit des romans, des nouvelles et des contes. Il a reçu le Prix Goncourt, un grand prix littéraire, pour son roman *Le Roi des Aulnes* (*Der Erlkönig*). Il connaît et il aime la culture allemande.

3

a) Etudiez le plan et écrivez le nom des pièces dans ce plan. Est-ce que c'est vraiment l'appartement des Poucet ?

le salon = le living

b) Est-ce que c'est un appartement agréable pour trois personnes ? Pourquoi ?

4

a) Ecoutez Claudine parler de son nouvel appartement. Soulignez les informations que vous entendez.

C'est un appartement d' / de	une pièce / deux pièces / trois pièces.
Il y a une fenêtre	dans la salle de bains / dans la cuisine.
Il y a des placards	dans le salon / dans la salle de bains / dans la chambre.
Il y a un petit problème :	c'est cher / c'est assez cher / c'est trop cher.

➤ Ü B1   **b)** Est-ce que vous avez compris d'autres éléments de la conversation téléphonique ?

Regardez ces deux photos. Quel salon préférez-vous ? Expliquez votre choix.

le salon des Brevet

le salon des Pisani

confortable   sympa   élégant/e
moderne   classique   original/e
clair/e   beau / belle

*un **beau** salon*
*une **belle** lampe*

➤ Ü B2

6

Quels meubles dans quels salons de l'activité 5 ?

Par exemple : *Dans le salon des Brevet, il y a une belle table, mais il n'y a pas d'étagère.*

un fauteuil

une glace

une cheminée

une statue

un canapé

une chaise

une table

un tapis

un bureau

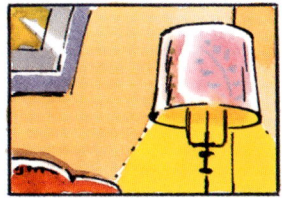

une lampe

une commode

une étagère

Et vous ? Quels meubles avez-vous dans votre salon ?

7

8 Complétez avec les éléments qui manquent. Ajoutez l'article !

Il y a une statue .... canapé, un chat .... table, une étagère .... canapé, une lampe .... table et une chaise .... table.

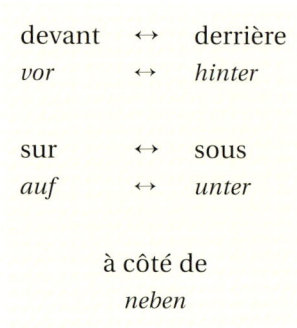

devant	↔	derrière
vor	↔	*hinter*
sur	↔	sous
auf	↔	*unter*

à côté de
neben

➤ *Ü B3-4*

9 Regardez encore les photos des deux salons. Une personne choisit un objet, les autres devinent à quel objet elle pense.

A C'est un objet dans le salon des Brevet. → **B** C'est à côté du fauteuil ? → **A** Non. → **C** C'est... ?

10 Ecoutez cette description. De quel salon de l'activité 5 est-il question ?

11 a) Ecoutez les mots suivants. Soulignez le son [k], entourez le son [s].

le canapé – clair – le confort – l'élégance – le placard – la cuisine – l'éclairage – la commode – la porcelaine – cette pièce – le balcon

b) Comment se prononcent ces mots ? Contrôlez avec la cassette, et trouvez d'autres mots.

le cabaret – le certificat – le climat – la crise – le cirque – le commentaire – le spectacle – le silence – le cyprès – l'accordéon – l'écrivain – la culture – le principe – acrylique

12 Faites un plan de votre appartement ou de votre maison, et parlez avec vos partenaires. Expliquez où vous habitez et quelles sont les pièces.

➤ *Ü B5-6*

Par exemple : *Nous avons... pièces : un salon... Derrière la maison, il y a...*

13 Lisez cette annonce.
Dans quel pays est-elle parue ?

> Maison mobile, 12 x 60 pieds, 2 grandes chambres à coucher, poêle, réfrigérateur et lave-vaisselle inclus. Située à Balmoral. Doit être déménagée. En très bon état. Prix réduit. (506) 826-2986.

Résumé

10

Eine Möglichkeit ausdrücken
- Elle peut travailler à la maison.
- Ils peuvent enfin profiter de leurs enfants.

pouvoir + Infinitiv ➤ Gr 1.1., 9.4.
Je peux réaliser mon rêve.
Ich kann meinen Traum verwirklichen.

⚠ Beachten Sie den Satzbau.
⚠ Adverbien stehen zwischen dem Modalverb und dem Infinitiv:
Je peux *enfin* réaliser mon rêve.

Etwas Vergangenes berichten (II)
- Je suis née à Domrémy. A 17 ans, je suis allée à Orléans, ensuite à Reims et à Rouen.

Das *passé composé* mit *être* ➤ Gr 9.2.3.

je	**suis**	venu(e)
tu	**es**	venu(e)
il	**est**	venu
elle	**est**	venue
nous	**sommes**	venu(e)s
vous	**êtes**	venu(e)(s)
ils	**sont**	venus
elles	**sont**	venues

⚠ Bei Verben, die mit dem Hilfsverb **être** konjugiert werden, richtet sich das **participe passé** nach dem Subjekt.

Mit *être* konjugierte Verben ➤ Gr 9.2.3.

regelmäßig		*unregelmäßig*	
arriver	arrivé	**aller**	allé
rester	resté	**naître**	né
retourner	retourné	**venir**	venu
sortir	sorti	**revenir**	revenu

⚠ Lernen Sie zu jedem neuen Verb, ob es mit **avoir** oder **être** konjugiert wird. Verben mit **être** sind in diesem Buch mit * in der Wortliste gekennzeichnet.

Die Uhrzeit angeben
✳ Quelle heure est-il ?
▲ Il est six heures moins vingt.

✳ A quelle heure ?
▲ A huit heures et quart.

Die Uhrzeit (II)

15:10	trois	heures	dix
15:15	trois	heures	et quart
15:20	trois	heures	vingt
15:30	trois	heures	et demie
15:40	quatre	heures	moins vingt
15:45	quatre	heures	moins le quart
15:50	quatre	heures	moins dix

Wohnverhältnisse beschreiben
- une vieille ferme, une belle maison
- un canapé confortable, une lampe originale

Adjektive ➤ Gr 7.1., 7.2.

männlich	beau	vieux
weiblich	belle	vieille

⚠ Kurze Adjektive: VOR dem Nomen; lange Adjektive: NACH dem Nomen (vgl. *Unité* 5).
⚠ Vor männlichen Nomen, die mit Vokal oder stummem h beginnen, wird **beau** zu **bel** und **vieux** zu **vieil**: **un bel appartement, un vieil appartement.**

Sagen, wo sich etwas befindet
✳ Où est ton livre ? Dans ta chambre ?
▲ Non, sur la petite table à côté du canapé.

Ortspräpositionen ➤ Gr 11.1.

devant	*vor*	**sur**	*auf*
derrière	*hinter*	**sous**	*unter*
à côté de	*neben*		

Aussprache und Schreibweise
Der Buchstabe c; die Laute [k] *und* [s]: *vgl. S. 92*

Wichtige Verben
pouvoir j'ai pu → S. 87

Faire du tourisme à Reims

Une cave de champagne

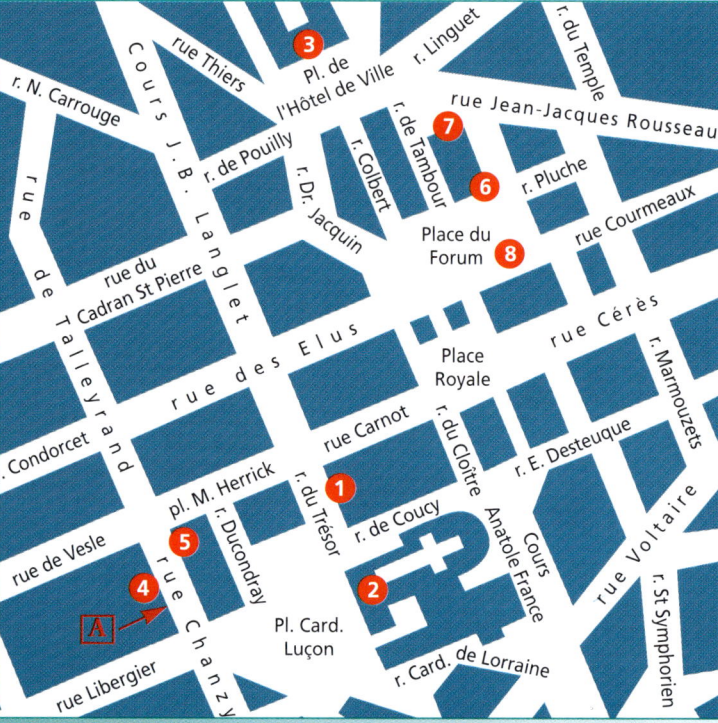

REIMS

1. l'Office de Tourisme
2. la Cathédrale Notre-Dame
3. l'Hôtel de Ville
4. le Musée des Beaux-Arts
5. le Grand Théâtre
6. le Musée-Hôtel Le Vergeur
7. la Maison des Comtes de Champagne
8. le Cryptoportique

La Cathédrale

1

Regardez une liste de monuments du centre de Reims. Cochez les réponses possibles.

Dans la liste, il y a des bâtiments ou des lieux...

- ☐ religieux ?
- ☐ culturels ?
- ☐ politiques ?
- ☐ historiques ?
- ☐ économiques ?
- ☐ sportifs ?

2

a) Est-ce que vous connaissez Reims ? Oui ? Racontez à vos partenaires.

b) Quels noms de rues comprenez-vous ? Quels personnages connaissez-vous ?

Visitez le centre de Reims ! Cherchez dans le plan où se trouvent les bâtiments et monuments de la liste 1.   **3**

Par exemple :   *Au numéro 1, il y a l'Office de Tourisme. Ce n'est pas loin de la cathédrale.*
Le Musée des Beaux-Arts est dans la rue Chanzy.

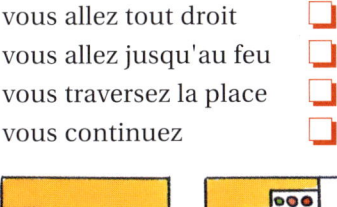

loin de...
pas loin de...
en face de... / presqu'en face de...
à côté de.... / presqu'à côté de...

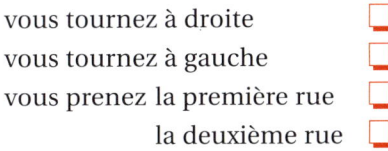

c'est   **dans**   *la rue...*
sur   *le boulevard...*
sur   *la place...*

a) M. Perdu (Point A sur le plan page 94) veut aller chez Madame Chézelle. Ecoutez et cochez. Quelles   **4**
expressions entendez-vous ?

vous allez tout droit ☐   vous tournez à droite ☐
vous allez jusqu'au feu ☐   vous tournez à gauche ☐
vous traversez la place ☐   vous prenez la première rue ☐
vous continuez ☐   la deuxième rue ☐

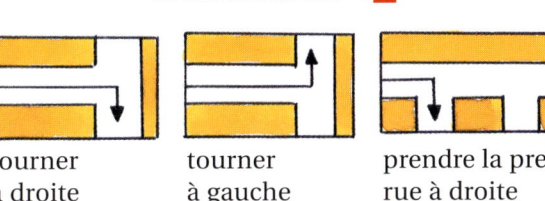

aller   aller   traverser   tourner   tourner   prendre la première
tout droit   jusqu'au feu   la place   à droite   à gauche   rue à droite

b) Ecoutez, regardez le plan de Reims et dessinez le chemin à prendre. Où habite Madame Chézelle ?

Expliquez à votre partenaire comment aller ci-dessous d'un point à un autre, par exemple de la banque   **5**
à la poste.

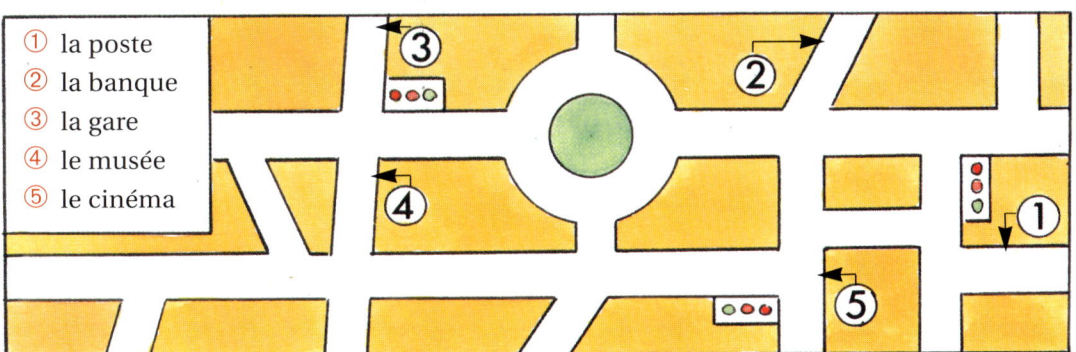

① la poste
② la banque
③ la gare
④ le musée
⑤ le cinéma

➤ Ü A1-2

Proposez un circuit touristique à Reims (trois monuments à visiter). Expliquez le chemin à prendre.   **6**

Dans votre ville. Un touriste français vous demande le chemin. Aidez-le !   **7**

– Pardon, Madame, l'église Martin Luther, s'il vous plaît ?
– Excusez-moi, Madame, je cherche la Schillerstraße.

8

LA BELLE BASILIQUE DANS LA VIEILLE VILLE

a) Cochez les mots que vous entendez.

☐ frais   ☐ vrai   ☐ beau   ☐ pot
☐ fin   ☐ vin   ☐ bain   ☐ pain
☐ fou   ☐ vous   ☐ boisson   ☐ poisson
☐ (ils) font ☐ (ils) vont ☐ (j'ai) bu ☐ (j'ai) pu

b) Ecoutez et répétez. Faites attention aux différences entre [f] **et** [v], [b] **et** [p].

La ville de Reims est fameuse pour son vin fin.

L'Office de Tourisme offre aux visiteurs des visites de la ville et des environs.

Beaucoup de personnes préfèrent la belle basilique au Palais épiscopal.

Le Cryptoportique n'est pas sur le boulevard Pasteur : il n'est pas loin de la rue Pluche, près de la banque.

époque romane	11ᵉ - 12ᵉ siècle
époque gothique	12ᵉ - 15ᵉ siècle
époque Renaissance	16ᵉ siècle
style Louis XV	18ᵉ siècle
style art déco	20ᵉ siècle

9

UN PEU DE CIVILISATION...

De quel siècle ou de quelle époque est quel bâtiment ?

Par exemple : *La cathédrale est du treizième siècle.*

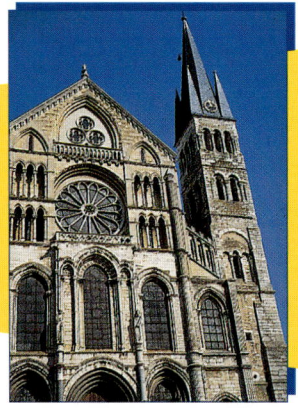

la Cathédrale Notre-Dame
(à partir de 1211)

la Basilique Saint-Rémi
(1049 - fin 12e s.)

le Café du Palais
(1930)

la Place Royale
(1760)

➤ Ü A3

10

a) Lisez et écoutez ces nombres.

11ᵉ onzième	14ᵉ quatorzième
12ᵉ douzième	....
13ᵉ treizième	20ᵉ vingtième

100 = cent   1000 = mille
101 = cent un   2000 = deux mille
150 = cent cinquante   4700 = quatre mille sept cents
300 = trois cents   3038 = trois mille trente-huit
550 = cinq cent cinquante   1000000 = un million

*un million **de** touristes*
*dix millions **de** bouteilles*

b) Cochez les nombres que vous entendez.

☐ 2015   ☐ 6723   ☐ 759   ☐ 8485   ☐ 10 000 615
☐ 20015   ☐ 7623   ☐ 559   ☐ 6495   ☐ 6 000 075

a) **Reims en chiffres :** Faites d'abord (en petits groupes) des hypothèses sur Reims et complétez la partie *estimation.* Ecoutez ensuite la cassette et complétez la partie *réalité.*

Reims est la 13e ville de France. La ville compte 185 000 habitants, 4715 entreprises, 1 université et aussi...

estimation	réalité	
		radios (locales et nationales)
		associations
		étudiants
		touristes par an
		bouteilles de champagne par an

b) **Quels chiffres trouvez-vous intéressants ? Pourquoi ?**

➤ Ü A4

UNE VILLE SOURIANTE

a) **Lisez le texte suivant. Dans quel paragraphe trouvez-vous des informations...**

☐ sur l'économie ?   ☐ sur le tourisme ?   ☐ sur les avantages pour les habitants ?

Le champagne, une valeur sûre

Attirés par une merveilleuse cathédrale gothique, un riche passé historique... et un vin mondialement connu, 2 000 000 de touristes visitent chaque année la ville de Reims, une ville en pleine expansion, dynamique et accueillante, et où il fait bon vivre.

Pour ses habitants, Reims a les avantages d'une grande ville universitaire et culturelle, sans être une grande métropole. Théâtres, terrains de sports, piscines : tout y est près. On peut facilement trouver un appartement grand, confortable et pas trop cher. Avoir une maison est un rêve à Paris. A Reims, cela peut devenir une réalité.

Reims est aussi un grand centre économique. Le savoir-faire est là : champagne, métallurgie, verre industriel, industrie chimique et pharmaceutique... Avec une production annuelle de 60 millions de bouteilles, le champagne est une valeur particulièrement sûre. Bien située géographiquement, la ville profite également de Paris (135 km) et de ses aéroports.

Plus que jamais, le Sourire de Reims est une réalité concrète.

D'après : *Chambre de Commerce et d'Industrie de Reims et d'Epernay*

b) **Ce texte est une publicité pour la ville de Reims. Notez plusieurs expressions ou mots positifs et des arguments favorables à la ville.**

Parlez de votre ville et utilisez des expressions du texte 12a. Est-ce une ville souriante ? Une métropole ? Un centre économique ?

Par exemple : *Düsseldorf est un centre économique, c'est...*

Vivre à Reims

1

a) Voici différentes possibilités de loisirs à Reims. Est-ce que vous comprenez la signification de toutes les expressions ?

faire du vélo
faire de la musique
faire du théâtre
faire de l'escrime
faire de la natation
faire de la randonnée

jouer au tennis
jouer aux échecs

chanter dans une chorale
apprendre l'espagnol
visiter des expositions
écouter des concerts

faire **de**	faire **du** théâtre	jouer **à**	jouer **au** tennis
	faire **de la** randonnée		jouer **aux** échecs

b) Discutez pour caractériser les activités (*culturelles, sportives, de groupe, dans la nature...*).

Par exemple : *Chanter dans une chorale, c'est une activité de groupe. On peut rencontrer des gens.*

c) Qu'est-ce que vous aimez faire dans vos moments de loisirs ?

Bloc-notes

 Savez-vous quels sont les sports les plus pratiqués par les Français ? Voici la réponse :
1. la natation, 2. le vélo, 3. les boules, 4. le tennis, 5. le ski alpin, 6. le jogging et 7. la randonnée.
Le football arrive en huitième place (pour les hommes... car seulement 0,9% des femmes le pratiquent !)

► Ü B1

a) Ce texte veut vous donner envie de visiter Reims. Quels mots reconnaissez-vous ?

> **Reims – le goût de l'été.**
> **Tous les temps forts de la saison :**
> **Prenez le temps de vibrer !**
>
> Pour revivre l'histoire de France, flâner, danser, visiter nos musées. Pour choisir un été à la carte : culture, sport, évasion, farniente, se préparer au marathon ou pique-niquer avec une star du jazz. L'été est à vous. Bonnes vacances dans la ville de tous les loisirs.
>
> *(Ville de Reims – Informations no. 150)*

b) Livres fermés : Qu'est-ce qu'on peut faire à Reims en été ?

➤ *Ü B2-3*

PROJETS D'ÉTUDIANTS

a) Ecoutez des étudiants de la faculté de médecine de Reims qui parlent de leurs projets pour l'année universitaire. Vérifiez si les listes sont correctes.

Nathalie, la bosseuse :
"Je vais travailler pour mes examens."

Annick et Loïc, les sportifs :
"On va faire du vélo en Champagne."

Thierry, l'homme du sens pratique :
"Je vais déménager."

Nathalie :
travailler pour les examens
visiter des expositions
rentrer chez moi
aider un peu mes parents
chanter dans une chorale
travailler au camping

Annick et Loïc :
finir nos études
continuer nos activités
faire du théâtre ensemble
aller au cinéma
faire du vélo
faire de l'escrime

Thierry :
déménager
apprendre l'espagnol
acheter une voiture
faire les vendanges
jouer aux échecs

b) Enumérez les projets des étudiant(e)s :
Qu'est-ce qu'ils / elles vont faire ?
Qu'est-ce qu'ils / elles ne vont pas faire ?

Par exemple :
Cette année, Nathalie va travailler, elle va...

le futur proche : aller + infinitif			
je	vais partir	nous	allons partir
tu	vas partir	vous	allez partir
elle	va partir	ils	vont partir

4 Quels sont vos projets ? Notez-les sur un papier et présentez-les au cours.

Demain, ...   Ce week-end, ...   Cette année, ...   L'année prochaine, ...

5 **a)** Lisez cette annonce. Quel est le problème d'Amélie ?

☐ Elle cherche du travail ?
☐ Elle cherche des amis ?
☐ Elle cherche des idées d'activités ?

> J.F., 32 ans, infirmière, sympa, pas compliquée, sportive (jogging, randonnée, tennis), aime nature et culture (cinéma, théâtre, cirque...), nouvelle à Reims, cherche contacts avec Rémois. Annonce sérieuse. tél.: 03 26 47 29 13

b) Amélie a rencontré des amis. Qu'est-ce qu'ils vont faire ensemble ? Faites des propositions.

➤ Ü B4-6

Par exemple :   *Ensemble, ils vont visiter la cathédrale de Reims. Ils vont aussi...*

6 **a)** Imaginez que vous êtes un nouveau Rémois / une nouvelle Rémoise. Lisez ces deux textes. Qu'est-ce que vous allez faire pour trouver des contacts, des activités ?

Association "Reims A.V.F. Accueil" :

Notre association aide les nouveaux arrivants dans notre ville à mieux s'y intégrer. Au programme du mois de juin, avant la pause des grandes vacances :

- Mardi 8 : dernier "Café Accueil" de l'année pour les jeunes femmes.
- Jeudi 18 : visite du CHU* (inscription obligatoire).
- Vendredi 19 : apéritif de fin d'année, rue Ponsardin.
- Vendredi 26 : visite guidée des cryptoportiques.
- Samedi 27 : Route du Vin, dégustation gratuite.
- Dimanche 28 : pique-nique familial.

Pour toutes les inscriptions ou renseignements, s'adresser à la permanence du lundi au vendredi de 14 h 30 à 16 h 30, 26, rue des Capucins, Reims (tél. : 03.26.47.16.52)

* CHU = centre hospitalier universitaire

Reims, une ville qui bouge à tous les âges :

1 000 associations, 30 000 étudiants, mais aussi 4 000 adhérents à l'IUTL : l'Institut Universitaire du Temps Libre. Ouvert à tous, il propose un programme varié de conférences, d'ateliers, de cours de langues (anglais, allemand, italien, espagnol, etc.) ou de voyages culturels (Florence, Dresde, Madrid ou New York...!). La moyenne d'âge est de 60 ans. Le plus jeune adhérent a 17 ans, le plus âgé 99 ans.

b) Est-ce que vous connaissez des institutions ou des associations semblables chez vous ? Qu'est-ce qu'on peut faire dans votre ville pour trouver des contacts ?

Den Weg erfragen / beschreiben

– Excusez-moi, Monsieur, où est l'office de tourisme, s'il vous plaît ?

✳ Pardon, Madame, je cherche la poste.
▲ Vous traversez la place, vous prenez la première rue à gauche, et c'est là.

Richtungsangaben

Vous allez tout droit, vous prenez...

⚠ Das Präsens kann für Empfehlungen verwendet werden.

tout droit	**jusqu'à :**	jusqu'au feu
à droite		jusqu'à la place
à gauche		

Sagen, wo sich ein Gebäude befindet

– L'office de tourisme ? Ce n'est pas loin d'ici : C'est sur la place de la République, en face de la gare.

Ortspräpositionen   ➤ *Gr 11.1.*

| (pas) loin de | (nicht) weit von |
| (presqu') en face de | (fast) gegenüber von |

dans la rue...
sur le boulevard...

Zählen und einordnen

– Reims compte 185 000 habitants, c'est la 13ᵉ ville de France.

Die Zahlen ab 100   ➤ *Gr 13.1.*

Die Ordnungszahlen: ➤ *Gr 13.2.*
le premier, le deuxième...

un, une	le **premier**, la **première**
deux	le / la deux**ième**
trois	le / la trois**ième**
quat**r**e	le / la quat**rième**
cinq	le / la cinq**uième**
six	le / la six**ième**
etc.	

Über Freizeitbeschäftigungen sprechen

✳ Je fais du cheval, du vélo, de l'escrime et du théâtre, et je joue aux échecs. Et toi ?
▲ Moi, je fais la sieste !

faire de, jouer à

faire de + Beschäftigung (Musik, Sport ...)
jouer à + *Spiel*

Über seine Pläne sprechen

– L'année prochaine, je vais apprendre l'italien.

Das *futur proche*:   ➤ *Gr 9.3.*
aller + Infinitiv

je	**vais**	partir
tu	**vas**	déménager
il / elle	**va**	comprendre
nous	**allons**	rentrer
vous	**allez**	chanter
ils / elles	**vont**	rester

Zeitangaben

ce week-end	*dieses Wochenende, an diesem Wochenende*
cette année	*dieses Jahr, in diesem Jahr*
l'année prochaine	*nächstes Jahr, im nächsten Jahr*

Aussprache und Schreibweise

* *Die Laute* [b], [p], [f] *und* [v]: vgl. S. 96

En voyage

Choisir une destination

COULEURS DE FRANCE

| 1 | **A deux ou en petits groupes. Reliez les légendes et les photos.** |

- les Alpes : le massif du Mont-Blanc
- Paris, la nuit
- sur les bords de la Loire : le château de Chenonceaux
- de la lavande à vendre...
- drapeaux tricolores à Strasbourg

- un face à face au Louvre
- les tours de la Défense
- coucher de soleil en Corse
- les Ardennes vertes
- en bateau sur la Côte d'Azur

6

7

8

10

9

Quelles photos symbolisent la France pour vous ?
2

Quelles couleurs de France voyez-vous sur ces photos ?
3

bleu   blanc   rouge   jaune   vert   gris   lilas / violet   ocre   marron   noir

Le bleu, en France, c'est la mer de la photo...

Quelle est votre photo préférée ? Quelle est la photo que vous n'aimez pas tellement ? Pourquoi ?
4

Est-ce qu'il y a à votre avis des choses moins positives, des aspects moins agréables en France ?
5

6

COULEURS DU MONDE

a) **Où passer ses vacances ? Ecoutez Patrick, réceptionniste à l'hôtel Westminster près de Monaco, et repérez les mois cités dans l'interview suivante.**

> ▸ Je suis saisonnier. D'avril à septembre, je suis ici, sur la côte, et de décembre à mars à Chamonix, dans les Alpes. Mais toujours dans les mêmes hôtels.
>
> ▲ Et quand est-ce que vous partez en vacances ?
>
> ▸ Normalement, en novembre et puis aussi une semaine ou deux en mars ou en avril. A la basse saison.
>
> ▲ Où est-ce que vous aimez aller ?
>
> ▸ Ça dépend. J'aime plutôt les vacances sportives, mais ma femme pas tellement. L'année dernière, on a visité la Réunion, dans l'Océan indien, c'est une île merveilleuse. Il y a des volcans, des montagnes, la mer, des plages avec des lagunes, mmmh ! Du sport pour moi, du calme pour elle.
>
> ▲ Et qu'est-ce que vous allez faire l'année prochaine ?
>
> ▸ Je ne sais pas encore. On va peut-être aller en Amérique du Sud : au Chili, ou en Argentine, ou peut-être faire du trekking au Pérou, on va voir. Vous savez, en novembre, sur la côte, il fait froid, il pleut, et en montagne, il n'y
> a pas de neige... ce n'est vraiment pas une très bonne période pour passer des vacances en Europe !

les mois de l'année	
janvier	juillet
février	août
mars	septembre
avril	octobre
mai	novembre
juin	décembre

b) **Quand est-ce que Patrick part en vacances ? Quand est-ce qu'il travaille ?**

c) **Quels sont les avantages de la Réunion ? Qu'est-ce qu'on peut faire sur cette île ?**

en montagne　　　　　　　　　　　　　　　　*à la mer*

➤ Ü A1-2

7

a) **Cherchez les expressions qui montrent que les projets de Patrick ne sont pas encore fixés.**

b) **Un jeu à deux : Votre partenaire vous pose des questions, vous évitez de lui donner une réponse directe.**

> Je ne sais pas.　　　Ça dépend.　　　Peut-être.　　　On va voir.

Par exemple :　*A : Vous aimez partir en vacances à la mer ?　B : Ça dépend.*

8

Pour les globe-trotters : Classez à deux les pays en continents, puis faites un circuit à travers les pays qui vous intéressent. Aidez-vous de votre dictionnaire !

le Chili   le Danemark   l'Uruguay   la Pologne   le Canada   la Norvège   le Maroc
l'Iran   le Sénégal   l'Algérie   la Turquie   la Tasmanie   la Grèce

Les continents : *Le Chili, c'est en Amérique, ...*

Le circuit : *De Hambourg, je vais en... puis au..., ensuite... et...*

| en Europe |
| en Asie |
| en Amérique |
| en Afrique |
| en Australie |

m	le	Chili	au	Chili
	l'	Iran	en	Iran
f	la	Suisse	en	Suisse
	l'	Allemagne	en	Allemagne
pl	les	Etats-Unis	aux	Etats-Unis

9

Quels sont les pays francophones de la liste ?

10

Et vous ? Aimez-vous les pays lointains ? Lesquels ? Où êtes-vous déjà allé(e) ?

Bloc-notes

....

11

L'année idéale. Où voulez-vous aller à quel moment de l'année ? Inventez aussi d'autres destinations.

des destinations
→ New York
→ le Chili
→ Paris
→ la Belgique
→ la Norvège
→ Chamonix
→ l'Australie
→ le Sénégal
→ Pékin
→ Rügen
→ ....

des raisons
✗ vouloir découvrir une autre culture
✗ bronzer au soleil
✗ faire du ski
✗ parler la langue de ce pays
✗ vouloir passer des vacances sportives
✗ aimer le calme / l'exotisme
✗ vouloir faire des rencontres
✗ adorer visiter des villes étrangères

✗ Il fait chaud.
✗ Il y a des boîtes de nuit.
✗ ....

vouloir	
je	veux
tu	veux
elle	veut
nous	voulons
vous	voulez
ils	veulent

il ne *veut* pas *voyager*

Par exemple : *En janvier, je veux / nous voulons aller au Sénégal parce que nous voulons découvrir une autre culture.*

➤ Ü A3-4

12

Discutez entre vous. Est-ce qu'il y a des points communs ?

Par exemple : *Monsieur Huber et Madame Schiener veulent aussi...*

Partir

1 Préparez un voyage en France. Il faut réserver une chambre d'hôtel ! Lisez cette lettre et cochez ce que propose l'hôtel Westminster dans la liste de symboles ci-dessous.

Hôtel Westminster✦✦

Un calme absolu
Une vue exceptionnelle

Roquebrune-Cap-Martin, le 1er février ...

 http://www.imagine.net.fr/~westmins
E mail : westmins@imaginet.fr

Madame,

Merci beaucoup de votre e-mail. Veuillez trouver ci-joint notre liste de prix. Pour la période du 25 mai au 9 juin, nous faisons aussi demi-pension (petit déjeuner et repas du soir).

Nous sommes situés dans une petite rue tranquille, juste sous la route du bord de mer. 15 parkings et trois garages sont à votre disposition, ainsi qu'un grand jardin en terrasses.

Chaque chambre face à la mer a tout le confort (douche, W.-C., téléphone direct, TV, air conditionné) et possède un balcon avec une vue exceptionnelle. Nous avons aussi 6 chambres avec vue sur la montagne.

De nombreuses promenades à pied sont possibles au départ de l'hôtel, et vous pouvez pratiquer tous les sports nautiques. Nous sommes à 5 minutes par la route de Monaco et de toutes ses distractions : casino de Monte Carlo, jardin exotique, musée, cinémas, discothèques. Un service de bus et le train vous permettent de vous déplacer très facilement.

A l'hôtel, vous pouvez jouer au ping-pong, au billard ou à la pétanque. Des chaises longues vous attendent aussi dans le jardin. Le soir, nous organisons des soirées pour le plaisir de tous.

Au plaisir de vous lire, nous vous prions d'agréer, Madame, nos plus sincères salutations.

Maurice PEREGRINI

Logis de France

14, Impasse Louis-Laurens - 06190 Roquebrune-Cap-Martin - ☏ 04.93.35.00.68 - Fax 04.93.28.88.50
✉ mail westmins@imaginet.fr

| Téléphone direct | TV | Ascenseur | Chambre pour handicapés | Parking privé | Garage privé | Chiens admis | Jardin | Terrasse ou balcon | Piscine | Ping-pong |

2 Quelles offres de la lettre vous intéressent personnellement le plus ? Soulignez-les.

Regardez la photo. Elle vous donne envie de partir?

Est-ce que cet hôtel vous plaît ? Oui ? Non ? Pourquoi ?
Parlez de ses avantages, discutez et analysez...

- le confort
- les activités possibles
- la situation géographique

C'est joli.   On peut faire du sport.

C'est tranquille.   L'hôtel est bien situé.

Il y a une vue exceptionnelle.

*Un calme absolu,
une vue exceptionnelle*

Vous voulez réserver une chambre. Complétez d'abord
ces phrases ou soulignez ce que vous désirez.

Je voudrais...

    réserver une chambre / deux chambres

c'est   pour la période du... au...

    pour la nuit du... au...

    une chambre

    pour une personne /

    pour deux personnes /

    pour deux adultes et un enfant

    avec un grand lit / à deux lits

    avec douche et W.-C. /

    avec salle de bains

    pour deux nuits / trois nuits, ...

    avec balcon / avec vue sur...

    tranquille / sur la rue

La date :

    1/8 le premier août

    2/8 le deux août

    3/8 le trois août...

    du trente août **au** cinq septembre

Zum Wohlklang der französichen Sprache:
Manche sagen, das Französische perle wie
Champagner und fließe leicht dahin. In der
Tat werden zwischen einzelnen Wörtern
„Brücken" gebaut, v. a. vor Vokalen und
stummem h, z. B. durch die *liaison (C'est_à
quel_étage ?)* oder das Apostrophieren des
bestimmten Artikels (*l'aventure*) oder auch
mit anderen Sonderformen wie *cet* (zu *ce*),
bel (zu *beau*), *vieil* (zu *vieux*) usw. : *ils ont
pris un bel appartement dans un vieil hôtel
du 18e siècle.* Versuchen Sie es doch auch!
Bauen Sie Ihre „Brücken" und sprechen Sie
schnell. Sie werden sehen: Es klappt!

Des questions importantes :

    Est-ce que vous_avez (encore) des chambres ?

    La chambre fait combien, s'il vous plaît ?

    Je pourrais voir la chambre, s'il vous plaît ?

    C'est_à quel_étage ?

    Le petit déjeuner est_à quelle heure ?

➤ *Ü B1*

6

Ecoutez maintenant des phrases typiques d'un réceptionniste et numérotez les phrases.

☐ Il dit que ce n'est pas possible.   ☐ Il demande le nombre de personnes.

☐ Il demande la date.   ☐ Il propose une autre chambre.

7

Et maintenant, vous êtes à la réception. Réagissez aux phrases du réceptionniste !

Bonsoir, Madame.

Sie fragen nach einem Zimmer mit Balkon und mit Blick zum Meer.

....

....

C'est pour combien de nuits, s'il vous plaît?

Für ... Nächte.

....

Et pour combien de personnes ?

Für ... Personen.

....

Je regrette, Madame, ce n'est pas possible, les chambres avec vue sur la mer sont occupées, mais vous pouvez avoir une belle chambre avec vue sur le jardin, une grande salle de bains et une terrasse.

Sie fragen nach dem Preis.

....

110 euros, plus le petit déjeuner, bien sûr.

Sie bedanken sich und möchten das Zimmer sehen.

....

....

➤ Ü B2-3

8

Prêts à partir ? *Fit für die Reise?*

Regardez cette photo. Où vont ces personnes à votre avis ? Qu'est-ce qu'elles vont faire pendant leurs vacances ?

Et vous ? Où voulez-vous bientôt aller ? Mettez-vous d'accord sur des buts communs.

Vacances blanches – en montagne, vacances bleues – à la mer, ou vacances vertes – à la campagne : les Français passent leurs vacances... en France ! Environ 25% des Français seulement partent à l'étranger, et les séjours à l'étranger ne représentent que 12% de l'ensemble des séjours (contre 65% pour l'Allemagne et 56% pour l'Autriche). La France est la première destination de vacances au monde.

Also: Auf nach Frankreich!

Bon voyage !

Über Reisen sprechen

Wann?

– Patrick travaille d'avril à septembre, et il part en vacances en novembre.

Wie ist das Wetter?

– A la Réunion, il fait beau et chaud, mais il pleut l'après-midi.

Wohin?

– Passer ses vacances en montagne ou à la mer, c'est la question.

– Les Français aiment passer leurs vacances en France. Ils vont aussi assez souvent en Italie, en Espagne et aux Etats-Unis.

Eine Absicht äußern

– Je veux partir en Italie, mais ma femme ne veut pas rester en Europe.

Zögern ausdrücken

– Je ne sais pas.
– On va voir.
– Ça dépend.
– Peut-être.

Ein Zimmer reservieren

– Je voudrais réserver une chambre tranquille et avec salle de bains.
– La chambre fait combien ?
– C'est pour quatre nuits, du quatre au huit mars.

Aussprache und Schreibweise

* Der "Wohlklang" der französischen Sprache: vgl. S. 107

Die Monate ➤ *Gr 11.2.*

en janvier, en février	im Januar, im Februar
de mars à juin	von März bis Juni

Unpersönliche Verben ➤ *Gr 9.5.*

il pleut
il fait beau
il fait chaud

Ortspräpositionen ➤ *Gr 11.1.*

sur la côte, **sur** une île
à la mer
en montagne

Ländernamen, Kontinente ➤ *Gr 2.1., 11.1.*

männlich	**le** Sénégal	**au** Sénégal
	l'Iran	**en** Iran
weiblich	**la** Tunisie	**en** Tunisie
	l'Europe	**en** Europe
Mehrzahl	**les** Etats-Unis	**aux** Etats-Unis

vouloir + Infinitiv ➤ *Gr 1.1., 9.4.*

Vous voulez visiter des villes étrangères ?
Ils ne veulent pas partir.

⚠ Beachten Sie den Satzbau! Vgl. auch **pouvoir**, *Unité* 10.

Das Datum ➤ *Gr 11.2.*

le premier mai	*der 1. Mai, am 1. Mai*
le quatorze juillet	*der 14. Juli, am 14. Juli*
le onze novembre	*der 11. November, am 11. November*
du vingt-cinq décembre au premier janvier	*von 25. Dezember bis 1. Januar*

Wichtige Verben

vouloir	j'ai voulu	→ *S. 105*
partir *	je suis parti(e)	→ *vgl.* sortir

LIRE POUR LE PLAISIR

① a. Lisez le texte et cochez ensuite les bonnes réponses.

Arrêtez-vous à l'essentiel !

ETAP HÔTEL c'est un réseau de plus de 150 hôtels très économiques, de conception variée, sachant conjuguer efficacement diversité des styles et prix compétitifs.

Vous y découvrirez des chambres confortables et spacieuses, pouvant accueillir jusqu'à trois personnes, toutes équipées d'une salle de bains avec douche et toilette et d'un téléviseur.

Accueil en réception de 6h30 à 11h et de 17h à 22h ou en dehors de ces heures de réception, vente automatique de chambres 24h/24. Petit déjeuner buffet en libre service, à volonté.

Conditions préférentielles pour les familles : gratuité de l'hébergement et du petit déjeuner pour les enfants de moins de douze ans accompagnés de leurs parents.

© Accor

		vrai	faux	on ne sait pas
a	Les chambres sont agréables.			
b	Elles ont de la place pour quatre personnes.			
c	Il y a le téléphone dans la chambre.			
d	Les chambres sont vendues encore à minuit.			
e	Le petit déjeuner n'est pas compris dans le prix.			
f	Les hôtels ETAP sont intéressants pour des parents avec un enfant de 8 ans : l'enfant ne paie pas.			

b. Allez-vous dormir dans un hôtel ETAP pendant votre prochain voyage en France ?

② METTEZ DE LA COULEUR DANS VOTRE VIE.
Lisez ce poème.
Avez-vous d'autres propositions ?

Par exemple :

Bleu, c'est   *la liberté*
....   *la solitude*
....   *le risque*
....   *la monotonie*
....   *l'aventure...*

Les couleurs de la vie

Blanc   –   *c'est la lumière*
Jaune   –   *c'est le soleil*
Bleu   –   *c'est la mer*
Vert   –   *c'est la nature*
Rouge   –   *c'est l'amour*
Rose   –   *c'est la vie.*

Etape 4

1. Au téléphone : Est-ce que Madame Belloy est là ?

■ Allô, entreprise Léault, bonjour.

▲ Bonjour, est-ce que je pourrais parler à Madame Belloy, s'il vous plaît ?

■ Je suis désolée, Monsieur, elle est en réunion.

▲ Quand est-ce que je pourrais la joindre ?

■ Pas avant demain après-midi, malheureusement. C'est de la part de qui ?

▲ De Monsieur Marchais, de la société Bougeron. C'est urgent !

■ Je regrette, Monsieur, mais elle est aussi absente demain matin : elle a un rendez-vous à l'extérieur.
Vous pouvez peut-être envoyer un fax ? Ou un e-mail ?

▲ Bon d'accord, alors je rappelle demain après-midi. Merci.

■ Attendez, Monsieur, je peux prendre un message ? ...
Mmmh... Au revoir.

> **Mots à retenir**
> Est-ce que je pourrais parler à... ?
> C'est urgent.
> C'est de la part de qui ?
> il/elle est absent/e, en réunion, en stage
> il/elle a un rendez-vous
> demain après 14 h, plus tard
> rappeler
> prendre un message
> envoyer un fax / un e-mail

2. Avant votre prochain appel en France :
Cherchez dans la conversation ci-dessus les mots et expressions qui peuvent vous être utiles.
Préparez une petite liste, mettez-la sur votre bureau... et bon courage !

Villa Fantasia

Les visiteurs

Un groupe de huit journalistes étrangers a annoncé sa visite à La Villa Fantasia ! Vous êtes très contents, mais il faut tout préparer. Partagez-vous le travail !

1. Est-ce que la maison va être assez grande pour tout le monde ? Dans quelles chambres est-ce que les visiteurs vont dormir ? (Faites un plan de la maison !) Ou est-ce qu'ils vont dormir à l'hôtel ?

2. Les visiteurs viennent pour la première fois. Préparez une feuille pour décrire le chemin à prendre jusqu'à La Villa Fantasia.

3. Qu'est-ce que vous allez faire avec ces journalistes ? Préparez un programme touristique et culturel.

FIN !

Die Besucher/innen sind zufrieden abgereist. Auch Ihr Aufenthalt in der Villa neigt sich dem Ende zu. Zeit für eine Rückschau: Was haben Sie in *La Villa Fantasia* erlebt? Wie hat es Ihnen gefallen? Hat Ihnen etwas nicht gefallen? Wollen Sie sich für nächstes Jahr wieder hier verabreden?

Und überhaupt ... Sind Sie bei der nächsten Etappe unserer Reise
durch die französische Sprache wieder dabei?

Alors, rendez-vous avec *Blanc*, le deuxième livre de *Couleurs de France !*

A 1 *Bienvenue !* Willkommen! Verbinden Sie die folgenden Satzteile sinnvoll miteinander.

Je   tu es bien Fabien ?

Vous   et toi ?

Et toi,   suis Henri Barrot.

Salut Marc,   je m'appelle Luc Lorrain.

Moi, c'est Valérie,   ça va ?

Bonjour,   êtes Madame Legrand ?

A 2 Ergänzen Sie die folgenden Dialoge.
a) *Je, tu* oder *vous*?

1. ● .... êtes Madame... ?
   ■ Lise Farré. Bonjour.
   ● Et moi, ... m'appelle Jean Martin.

2. ▲ .... es bien Marie ?
   ◆ Oui, c'est ça.
   ▲ Salut. .... suis Michel.

b) *Suis, es, est* oder *êtes*?

1. ◆ Catherine, c'.............. bien ça ?
   ▲ Oui. Et toi, tu .... Patricia ?
   ◆ Oui. C'.............. ça !

2. ■ Vous .... bien Adèle Rolin ?
   ● Oui, et vous .... Monsieur... ?
   ■ Je .... Olivier Monnet.

c) *Moi, toi* oder *vous*?

1. ▲ C'est ...., Monsieur Duval ?
   ■ Oui, c'est ça. Et .... ?
   ▲ ...., je suis Robert Gouves.

2. ● ...., tu es Jacques. C'est ça ?
   ◆ Non, ..., c'est Michel.
       Et .... ? Lise ?
   ● Lise. Oui, c'est ça.

A 3 a) Pascal Orlan und Françoise Prisot treffen sich zum ersten Mal. Vervollständigen Sie den Dialog zwischen den beiden mit den folgenden Wörtern und Wendungen.

Je suis	vous êtes	c'est ça	Enchanté	Monsieur	Bonsoir	Je m'appelle

● Bonsoir, ...

■ ...., Madame. .... Pascal Orlan. Et vous, ... Madame Prisot ?

● Oui, ... ! Françoise Prisot. .... de Sud-Commerce.

■ ....

b) Überprüfen Sie nun mithilfe der Kassette, ob Sie den Dialog richtig vervollständigt haben.

Auch im Himmel geht es höflich zu. Wie stellt Petrus *(saint Pierre)* Edith Piaf und Beethoven einander vor? Wie begrüßen sie sich?

a) Erstellen Sie vier "Mini-Dialoge", indem Sie die jeweils passende Antwort ankreuzen.

A) Et toi, Marie, ça va ?
1. Enchanté !
2. Oui, ça va.
3. Oui, c'est moi.

C) Ç'est un collègue ?
1. Oui, je te présente Marc Duval.
2. Non, merci.
3. Bonsoir. C'est moi ! Claire !

B) Bonjour, Madame Rolin. Comment allez-vous ?
1. Ça va toi ?
2. Très bien, merci. Et vous ?
3. Merci et salut !

D) Je vous présente Monsieur Martin.
1. C'est bien.
2. Enchanté !
3. Moi, c'est Paul.

b) In welchem der "Mini-Dialoge" duzen sich die Personen, in welchem siezen sie sich?

Welche Fragen entsprechen diesen Antworten? Kontrollieren Sie anschließend mit der Kassette.

a) ● .... ?
   ▪ Très bien, merci. Et vous ?

c) ▪ .... Rose Dupont ?
   ▲ Oui, c'est ça. Et toi ?

b) ▲ .... Madame... ?
   ◆ Jolie. Brigitte Jolie !

d) ◆ Salut Jean ! .... ?
   ● Oui, merci. Et toi ?

Buchstabenwirrwarr: Finden Sie die versteckten Städte heraus. Als Hilfe ist jeweils der Anfangsbuchstabe angegeben. Außerdem kann Ihnen auch die Kassette nützen.

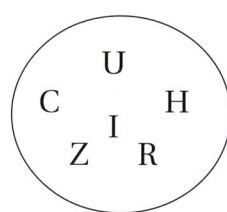

PARIS   B............................   S............................   Z............................

B 1 Diese Wörter, die alle für etwas Ess- oder Trinkbares stehen, kennen Sie ganz bestimmt. Ergänzen Sie die fehlenden Vokale.

1. une b __ n __ ne
2. une s __ l __ de
3. un __ n __ n __ s
4. un ch __ c __ l __ t
5. une __ r __ nge
6. un c __ gn __ c
7. un cr __ __ ss __ nt
8. une t __ m __ te

B 2 Ordnen Sie die Wörter in die richtige Spalte ein: *un*, *une* oder *des*.

	un	une	des
hôtels			*hôtels*
restaurant			
adresse			
cinéma			
bibliothèque			
chocolats			
bar			
radio			
baguettes			
cigarettes			

Un oder *une*? Ein Gedächtnisproblem! In der Grammatik behält man – wie im Leben – am besten die Dinge, die auffällig und phantasievoll "verpackt" sind. Wörter und ihr Geschlecht können Sie sich z. B. leichter merken, wenn Sie sich selbst ein Bild davon machen. Erinnern Sie sich an das sonderbare Straßenbild der Aktivität 4? Versuchen Sie doch etwas Ähnliches: Zeichnen Sie jetzt ein Bild, das einige männliche Wörter darstellt, ein anderes Mal ein Bild für weibliche Wörter. Sprechen Sie die Wörter laut aus. Schreiben Sie nach einer kleinen Pause von ca. 20 Minuten alle Wörter mit Artikel auf, ohne die Zeichnung anzuschauen. Wie viele haben Sie behalten? Sicherlich alle: bravo!

B 3 Was haben Sie heute eingekauft? Ergänzen Sie die Liste mit *un*, *une* oder *des*. Dann lesen Sie sie laut vor.

____ camembert
____ salade
____ cigarettes
____ bonbons
____ parfum

____ croissants
____ baguette
____ tomates
____ banane
____ rose

B 4

Welche Bedeutung haben diese Gruß- und Abschiedsausdrücke? Verbinden Sie.

Bonjour !   Bis nächste Woche!
Bonsoir !   Auf Wiedersehen!
Au revoir !   Bis bald!
A demain !   Guten Tag!
A bientôt !   Guten Abend!
A la semaine prochaine ! Bis morgen!

B 5

a) *A comme alphabet !* A wie Alphabet! Am Ende dieser ersten Lektion haben Sie schon sehr viele Wörter gelernt. Versuchen Sie doch jeweils mindestens drei Nomen zu finden, die mit den folgenden Buchstaben beginnen, und tragen Sie diese zusammen.

A comme alphabet, adresse, ananas.

B comme ....

C ....

P ....

R ....

T ....

b) Sortieren Sie diese Wörter in einem zweiten Schritt nach ihrem Geschlecht.

Un : *alphabet, ananas* ....

....

....

Une : *adresse* ....

....

....

B 6

Ein kurzer Plausch im Büro, Ihnen wird ein neuer Kollege vorgestellt. Wie würden Sie sich in dieser Situation auf Französisch ausdrücken?

1. Sie begrüßen Ihren Kollegen Bernard und fragen ihn, wie es ihm geht.

....

2. Bernard stellt Ihnen einen Kollegen, Max Jankélévitch, vor.

....

3. Sie wissen nicht genau, wie man den Namen des Kollegen schreibt.

....

4. Sie bitten ihn darum, seinen Namen zu wiederholen.

....

5. Sie verabschieden sich bis zum nächsten Tag.

....

A 1

Buchstabensalat! Finden Sie zunächst im Raster sechs weitere männliche Nationalitätsadjektive. Tragen Sie dann die Adjektive in die Tabelle ein und ergänzen Sie die weibliche Form.

a	r	b	e	l	a	a	d
s	u	i	s	s	e	n	a
p	s	c	p	a	n	g	n
a	s	u	a	p	l	l	o
g	e	l	g	i	g	a	i
f	r	a	n	ç	a	i	s
o	ç	a	o	s	i	s	a
i	t	a	l	i	e	n	i

männlich	weiblich
français	

A 2

Elle oder *il*? Bilden Sie Sätze wie im Beispiel angegeben.

BEISPIEL: française : *elle est française.*

1. danois : ....

2. allemand : ....

3. autrichienne : ....

4. tunisien : ....

5. belge : ....

6. espagnol : ....

A 3

a) Finden Sie die passende Definition.

1. El País
2. Plum-pudding
3. Berne
4. Lego®
5. Alain Suied
6. « Das Parfüm »

a. C'est une entreprise danoise.
b. C'est un poète tunisien.
c. C'est un roman allemand.
d. C'est un journal espagnol.
e. C'est un canton suisse.
f. C'est une spécialité anglaise.

b) Formulieren Sie Definitionen, indem Sie die Sätze aus a) als Modell nehmen.

Tiramisu : ....

Die Süddeutsche Zeitung : ....

Peugeot : ....

c) Jetzt können Sie sicherlich ähnliche Definitionen selbst erfinden, z. B. mit den Angaben ..., *c'est un parfum;* ..., *c'est un ministre* usw.

....

....

....

Die Konjugation des Verbs *être* ist unregelmäßig und will daher gut gelernt sein! Tragen Sie zunächst die fehlenden Verbformen ein. Bilden Sie dann sechs sinnvolle Sätze. Lesen Sie diese laut.

A 4

Je	*suis*	italien ?
Gianni, tu	*es*	à Paris.
Anastasia	....	Monsieur et Madame Lopez ?
Emile et moi, nous	...sommes..............	des parfums.
Vous	...vous êtes...............	Luc Lorrain.
Poison et Trésor	...sont...................	russe.

Je suis Luc Lorrain. Gianni, tu ..en italien ? Anastasia en russe.
...Je et ... ent sommes... E.........
.........tu n...

Das stimmt alles nicht! Beantworten Sie die Fragen mit *non* und stellen Sie anschließend die Aussagen mithilfe der Zeichnungen richtig.

A 5

1. M. Bührer est belge ?   *Non, il n'est pas belge. Il est suisse.*

2. Marianne parle anglais ?   ....

3. Ute et Isabelle sont à Madrid ?   ....

4. Roberto est espagnol ?   ....

5. Et vous ? Vous êtes russe ?   ....

Ergänzen Sie das Verb *parler* mit den richtigen Endungen. Achtung: Zwei der angegebenen Möglichkeiten sind falsch!

A 6

e
ons   ent
es
t   ez
s   e

je parl..............
tu parl.............
elle parl............
nous parl.........
vous parl..........
ils parl.............

A 7 a) Bilden Sie aus den angegebenen Wörtern Sätze. Sie müssen je eine Verbform von *parler* ergänzen. Achten Sie auf die Stellung des Adverbs.

BEISPIEL: un peu / anglais / Marie : *Marie parle un peu anglais.*

1. français / bien / je : ....

2. et Jim / ne / allemand / pas / Jules : ....

3. bien / russe / vous / très : ....

4. ne / nous / très / danois / pas / bien : ....

b) Kontrollieren Sie Ihre Ergebnisse mit der Kassette.

A 8 Wie heißen diese Städte auf Französisch? Finden Sie die richtige Entsprechung und geben Sie an, in welchem Land sich diese Städte befinden.

Nice	Londres	Marrakech	Naples	Montréal	Aix-la-Chapelle

London:	*Londres,*	*c'est en Angleterre.*
Aachen:	....	....
Marrakesch:	....	....
Nizza:	....	....
Montreal:	....	....
Neapel:	....	....

B 1 a) Luc Perot und Carol Smith begegnen sich auf einem Kongress in Paris. Lesen Sie ihr Gespräch und bringen Sie es in die richtige Reihenfolge.

1	Je m'appelle Luc Perot, et vous ?		Non, je suis de Bordeaux.
	Et vous habitez à Bordeaux ?		J'habite à Londres.
	Et vous habitez où ?	2	Carol Smith. Vous êtes de Paris ?
	Je suis de Cambridge.		Ah non ! J'habite à Brest. Et vous, vous êtes d'où ?

b) Hören Sie den Dialog zur Kontrolle von der Kassette.

B 2 Luc Perot ist wirklich sehr neugierig. Er möchte auch noch die Herkunft bzw. den Wohnort weiterer Kongressteilnehmer wissen. Wählen Sie die jeweils passende Frage aus.

1. a) Elle est où ?
   b) Elle est d'où ?
   Hanna ? Elle est de Vienne.

2. a) Et vous, vous êtes où ?
   b) Et vous, vous habitez où ?
   J'habite à Bruxelles.

3. a) Vous habitez à Marrakech ?
   b) Vous habitez où ?
   Non, nous habitons à Tunis.

4. a) Vous aussi, vous êtes de New York ?
   b) Vous êtes de Cologne ?
   Non, nous sommes de Cologne.

Janine möchte ein paar Freunde und Bekannte zu einem Fest einladen. Bei zwei Personen ist sie nicht ganz sicher, ob die Adresse und Telefonnummer stimmen. Geben Sie ihr mithilfe der Visitenkarten die nötigen Informationen. Oder hören Sie das Telefonat von der Kassette und ergänzen Sie so die Lücken.

Alice et Bernard Dumarey
1, rue Gambetta
08200 Sedan
Tél. : 03 12 05 15 03

Paul Becquart
Informaticien
9, rue Lebleu
02200 Soissons
Tél. : 03 18 20 11 02

○ Alors, Paul, il habite où ?

❑ Il ....

○ Ah oui ! Numéro de téléphone : zéro trois... dix-neuf... vingt... douze... zéro deux. C'est ça ?

❑ Hum ! Non ! ....

○ Bien ! Et Alice et Bernard Dumarey ? Sarrebourg ou... ?

❑ Ils .... Numéro de téléphone ?

○ Oui, s'il te plaît.

❑ ....

○ Merci. C'est sympa. Salut et à bientôt.

> Wortschatz können Sie leicht behalten, indem Sie die gelernten Wörter unter Oberbegriffen zusammenfassen. Trainieren Sie diese Technik mit der nächsten Übung!

Was fällt Ihnen zu dem Begriff *pays* ein?

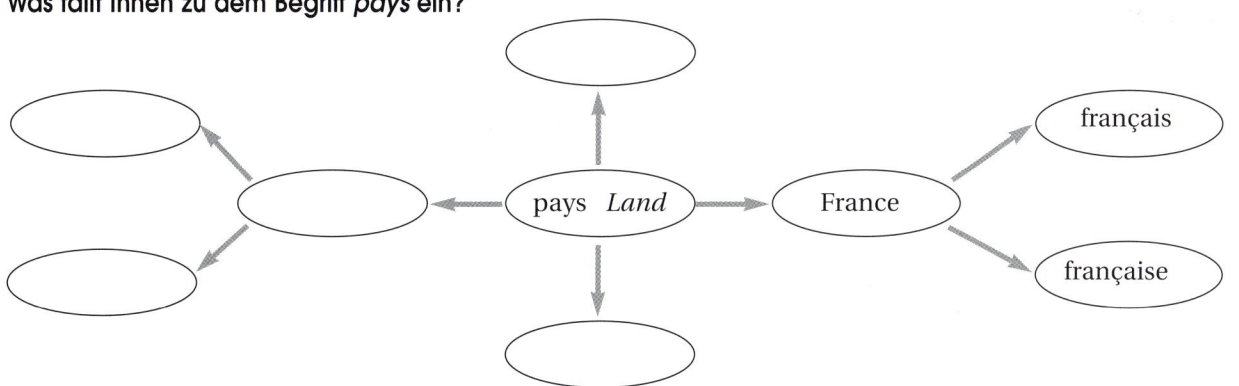

Sie stellen sich in einer Arbeitsgruppe vor. Was können Sie schon über sich selbst sagen? Schreiben Sie auf,

1. wie Sie heißen, ...

2. welche Staatsangehörigkeit Sie haben, ...

3. woher Sie kommen, ...

4. wo Sie wohnen, ...

5. welche Sprachen Sie (sehr) gut oder nur wenig sprechen. ....

A 1 **Finden Sie den Eindringling. Jeweils ein Wort passt inhaltlich nicht in die Reihe.**

le chocolat – la tomate – la rose – l'orange
l'élégance – le luxe – l'argent – le camping
la femme – le chat – l'enfant – l'homme
le voyage – l'aventure – la jalousie – le risque

A 2 **a) Einzahl oder Mehrzahl? Unterstreichen Sie die Wörter in der Einzahl und kreisen Sie die in der Mehrzahl ein.**

chat   roses   enfants   jalousie   voyages   orange
problème   hommes   poésie   familles   hôtel   femmes

b) Ordnen Sie jetzt die Wörter mit dem bestimmten Artikel in die folgende Tabelle ein.

männlich		weiblich	
Einzahl	**Mehrzahl**	**Einzahl**	**Mehrzahl**
le chat			*les roses*

Sie wissen ja schon: Phantasievolle Bilder helfen Ihnen beim Wörterlernen. Sie können aber auch Ihre anderen Sinne einsetzen: Versuchen Sie, verschiedene Wörter oder Ausdrücke vor Ihrem inneren Auge zu einem Bild zusammenzufassen, verbinden Sie damit Geräusche oder auch Düfte: Sie arbeiten im Garten *(jardiner)* und riechen den Duft der Rose *(la rose)* und der Orange *(l'orange)*.

A 3 **Der Interviewer ist nicht gut vorbereitet, er liegt mit seinen Fragen immer falsch ... Vervollständigen Sie das Interview, indem Sie Fragen mit *est-ce que* bilden. Hören Sie es dann von der Kassette.**

....?

Non, je ne suis pas Madame Lempereur, mais Madame Leroy !

....?

Française ? Non. Je suis belge.

....?

Non. Je ne suis pas de Bruxelles. Je suis d'Anvers.

....?

A Anvers ? Non. J'habite à Liège.

Mögen oder nicht mögen? Geben Sie eine Antwort, die die Ausdrücke *moi aussi*, *moi si*, *moi non* oder *moi non plus* enthält. Kontrollieren Sie anschließend mit der Kassette.

J'adore le champagne. Et toi ?   - ...., j'adore ça.

Je déteste le camping. Et toi ?   - ...., j'aime beaucoup ça.

Je n'aime pas beaucoup le jazz. Et vous ?   - ...., je n'aime pas ça.

Je n'aime pas les voyages. Et vous ?   - ...., j'adore ça.

J'adore la poésie. Et toi ?   - ...., je n'aime pas ça.

Erinnern Sie sich an die Endungen der Verben *parler*, *habiter* und *aimer*? *Discuter*, *contacter*, *adorer* und *détester* werden auch so konjugiert. Ergänzen Sie die Tabelle mit den fehlenden Verbformen.

	discuter	contacter	adorer	détester
je / j'	discu*te*	contact*e*	ador*e*	déteste
tu	discutes	contact*es*	ador*es*	dét*estes*
il / elle	discu*te*	contacte	ador*e*	dé*teste*
nous	discut*ons*	co*ntactons*	adorons	dét*estons*
vous	discut*ez*	cont*actez*	ador*ez*	détestez
ils / elles	discutent	contac*tent*	adorent	dé*testent*

Wie finden Sie Maxime und Delphine? Begründen Sie Ihre Meinung, indem Sie mindestens zwei Sätze pro Person mit *parce que* bilden.

moderne
sympathique
classique
dynamique

aimer Bach et Mozart   adorer le rock et le sport   détester le travail

parler anglais et russe   discuter sur Internet   aimer les voyages

Maxime : Il est .... parce qu'il ....

....

....

Delphine : Elle est ....

....

....

B 1

a) In dieser Familie macht jeder, was ihm gefällt! Ergänzen Sie die Sätze mit den folgenden Infinitiven (jeder kommt nur einmal vor!): *manger, discuter, faire, habiter, parler, écouter, regarder* und *jardiner*.

Marie adore .... des chansons. Catherine et Marc aiment beaucoup ......*manger*...... des frites. Sylvie et Rüdiger adorent .....*habiter*......... à Paris. Jacqueline déteste ......*discuter*... sur Internet. Pauline et Paul aiment ......*faire*............... les courses ensemble. Raphaël n'aime pas ...*parler*............... anglais. Jacques et Thérèse détestent ...*regarder*........... la télévision. Madeleine n'aime pas beaucoup .....*jardiner*....... .

b) *Et vous ?* Und Sie? Was machen Sie gern bzw. ungern? Was mögen Sie, was mögen Sie nicht? Nennen Sie jeweils drei Tätigkeiten und drei Dinge.

J'aime ....
....
....
Je déteste ....
....
....

B 2

Faire, lire, rire: Ordnen Sie die Verbformen den entsprechenden Personen zu. Denken Sie daran, dass eine Form für zwei Personen gilt.

| faites | lit | lisent | rit | lis | rient | ris | rions | fait |
| lisons | riez | lis | fais | font | ris | lisez | faisons | fais |

je	tu	il / elle	nous	vous	ils / elles
				faites	

B 3

Diese Sätze sind durcheinander geraten. Ordnen Sie sie wieder. Vergessen Sie nicht, das Verb zu konjugieren, und achten Sie auf die Stellung des Adverbs. Kontrollieren Sie mit der Kassette.

1. souvent / regarder / est-ce que / tu / la / télévision

....

2. faire / ne / souvent / je / pas / les / très / courses

....

3. une / nous / quelquefois / promenade / faire

....

4. vous / la / est-ce que / quelquefois / radio / écouter

....

a) Vervollständigen Sie das folgende Liebesgedicht. In jeder Strophe fehlt eine Verbform von *préférer* und eines der folgenden Adjektive, das sich auf die Vornamen reimt. Als Hilfe ist die erste Strophe vorgegeben.

| ~~chic~~ | élégant | sympathique | parisien | moderne |

J'aime Loïc
Mais je *préfère* Eric
Parce qu'il est *chic.*

Tu aimes Véronique
Mais tu .... Angélique
Parce qu'elle est ....

Il aime Madeleine
Mais il .... Marlène
Parce qu'elle est ....

Vous aimez Jean
Mais vous .... Vincent
Parce qu'il est ....

Elles aiment Valentin
Mais elles .... Sébastien
Parce qu'il est ....

....
....
....

b) Hören Sie das Gedicht von der Kassette und sprechen Sie laut nach!

c) Wenn Sie Lust haben, dichten Sie eine ähnliche Strophe.

Welche Zahl versteckt sich hier? Sie bekommen es heraus, indem Sie alle Zahlen in das Gitter eintragen!

| 4 | 14 | 16 | 30 | 50 | 60 | 80 | 100 |

		X								
				—						
			T							
			Z							

Sie sind zu Gast bei französischen Freunden und möchten gerne etwas über deren Gewohnheiten wissen. Stellen Sie Fragen, um zu erfahren, ob sie

1. oft einkaufen, ...
2. gerne im Garten arbeiten, ...
3. gerne mit der Familie *(en famille)* essen, ...
4. sehr oft fernsehen oder Radio hören. ....

A 1 **Silbensalat! Finden Sie die Berufe heraus und schreiben Sie den passenden unbestimmten Artikel dazu.**

BEISPIEL: decinmé : *un médecin*

1. langerbou : ....
2. intimacienfor : ....
3. seserveu : ....

4. emyéplo : ....
5. recditeur : ....
6. nieurgéin : ....

A 2 **Ergänzen Sie *il est / elle est* und die weibliche oder die männliche Form der Berufsbezeichnung.**

BEISPIEL: Il est épicier : *Elle est épicière.*

1. Il est serveur : ....
2. .... : Elle est boulangère.
3. Il est employé : ....

4. Il est secrétaire : ....
5. .... : Elle est coiffeuse.
6. Il est ouvrier : ....

A 3 **a) Definieren Sie die folgenden Berufe, indem Sie *faire + le / la / les / des* benutzen.**
Die Zeichnungen können Ihnen dabei helfen.

BEISPIEL: le poète : *il fait des poèmes.*

1. les parfumeurs : ....
2. la femme au foyer : .... et ....
3. la journaliste : .... interviews.
4. les cuisiniers : ....
5. le boulanger : ....

b) Hören Sie die Kassette. Haben Sie die Berufe richtig definiert?

A 4 **Der Traumberuf?** *La profession de rêve ?*

Pour Claire, c'est être commissaire de police.
Pour Jean, c'est être pilote.
Pour Daniel, c'est être champion de boxe.
Pour Chantal, c'est être pianiste.
Pour Elisabeth, c'est être ministre de l'éducation.

Et pour vous ? ....

Sie kennen Madame Richard. Wer aber ist Monsieur Richard? Er erzählt zuerst, was er macht, dann warum er gerne in Chabeuil wohnt und schließlich, was er mag und was nicht. Leider sind die Sätze durcheinander geraten. Bringen Sie seine Aussagen wieder in die richtige Reihenfolge. Kontrollieren Sie dann mithilfe der Kassette.

☐ Alors, je parle bien espagnol.	1 Je m'appelle Guy Richard.
☐ J'aime jardiner et faire la cuisine.	5 J'aime vivre à Chabeuil,
☐ Etre ingénieur, c'est un travail stressant mais intéressant.	☐ Je suis ingénieur dans une entreprise espagnole.
☐ Mais je déteste faire les courses.	☐ parce que c'est un village tranquille.

Julie zeigt Christine ein Photo von einem Freund. Christine ist neugierig. Sie möchte einiges über ihn erfahren. Formulieren Sie ihre Fragen.

a) als Intonationsfragen.

Julie : *C'est Stefan ?*
Christine : Oui, c'est Stefan.
Julie : ....
Christine : Il est de Vienne, en Autriche.
Julie : ....
Christine : A Salzbourg.
Julie : ....
Christine : Dans une entreprise anglaise.
Julie : ....
Christine : Oh oui ! Très sympathique !

b) als *est-ce que*-Fragen.

Julie : *Est-ce que c'est Stefan ?*
Christine : Oui, c'est Stefan.
....
Christine : Il est de Vienne, en Autriche.
....
Christine : A Salzbourg.
....
Christine : Dans une entreprise anglaise.
....
Christine : Oh oui ! Très sympathique !

Beaucoup ? Assez ? Pas du tout ? Möchten Sie noch mehr über Julie wissen? Was gefällt ihr? Lesen Sie zuerst den Text oder hören Sie ihn von der Kassette. Stellen Sie dann Fragen zu ihren Vorlieben wie im Beispiel angegeben und beantworten Sie diese aus dem Text.

Je m'appelle Julie. Je suis employée. Je travaille beaucoup : j'adore ça. Je déteste la solitude. Discuter, pour moi, c'est passionnant. Je lis quelquefois des poèmes : je ne déteste pas ça. J'écoute très souvent des concerts de jazz. La musique classique ? Ah non ! C'est monotone.

Le travail, ça vous plaît ?
....
....
....
....

Oui, beaucoup.
....
....
....
....

B 1 **a)** *Prendre*, *comprendre* (verstehen) und *apprendre* (lernen, erfahren) werden nach demselben Muster konjugiert. Für Sie also kein Problem, die Tabelle auszufüllen!

	prendre	comprendre	apprendre
je / j'		*comprends*	
tu	*prends*		
il / elle			*apprend*
nous		*comprenons*	
vous			*apprenez*
ils / elles	*prennent*		

b) Ergänzen Sie die kurzen Dialoge mit diesen drei Verben.

1. ▶ Stéphanie, tu .... le TGV ou l'avion ?
   ● Je .... le TGV.
2. ▶ Où est-ce que vous .... le français ?
   ● Nous .... le français à l'université.

3. ▶ Vous comprenez le problème ?
   ● Non, on ne .... pas du tout.
4. ▶ Apprendre, ça s'écrit avec un p ou deux p ?
   ● Eh bien ! Tu .... le dictionnaire et tu regardes !

B 2 Kreisen Sie die richtige Form des Verbs *aller* ein.

1. Nous *allons / va* à la maison.
2. Tu *vas / va* à la bibliothèque.
3. Je *allez / vais* à la fête de la musique.
4. Elles *vont / allons* au concert.
5. Il *vont / va* au café.
6. Vous *vais / allez* au cinéma.

B 3 Bilden Sie aus den angegebenen Elementen mindestens fünf sinnvolle Sätze.

| Pour aller | de
de la
du
de l' | bureau
bibliothèque
hôtel
Munich
théâtre | à
à la
au
à l' | aéroport
Casablanca
maison
restaurant
gare | je prends
tu prends
on prend
nous prenons
vous prenez
ils prennent |

BEISPIEL: *Pour aller de Munich à Casablanca, nous prenons l'avion.*

....
....
....
....
....

a) Üben Sie noch einmal die Konjugation des Verbs *aller* zusammen mit den Präpositionen *dans, de la – du* und *à la – à l' – au*. Was passt?

Dans les rues de Paris,
Nous allons, amis,
De la Sorbonne *au* café Mimi,
Parce que nous aimons discuter poésie.

.... les rues de Nice,
Vous ...., Madame Miss,
.... gare .... hôtel Riss :
Vous voulez faire la bise à Monsieur Vice.

.... les rues d'Angers,
Je .... marché.
Et aussi chez André,
Parce que j'aime jardiner.

.... les rues de Java,
Ils .... cinéma
.... Place d'Alésia
Et ils achètent un chat.

b) Überprüfen Sie Ihr Ergebnis mit der Kassette.

c) *A vous !* Versuchen Sie, einen ähnlichen Text zu schreiben.

.... les rues ....

Je ....

....

Parce que ....

> Machen Sie sich das Wörterlernen leichter:
> Lassen Sie Ihren Gedanken freien Lauf und bilden Sie Assoziationsketten.

Welche Wörter dieser Lektion haben Sie behalten? Erweitern Sie nach Möglichkeit auch mit Altbekanntem.

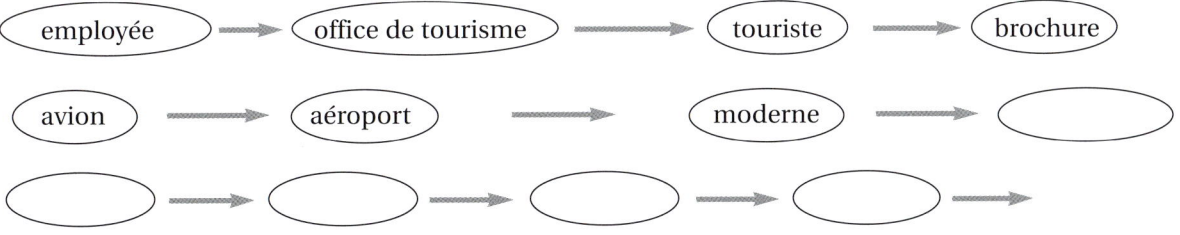

Im Zug kommen Sie mit einer Französin ins Gespräch. Sie unterhalten sich über die Arbeit. Wie würden Sie ihre Fragen beantworten? Sie möchte wissen,

1. welchen Beruf Sie ausüben, ...

2. wo Sie arbeiten, ...

3. wie Sie zur Arbeit gehen / fahren, ...

4. wie Ihre Arbeit ist (stressig, interessant ...), ...

5. ob Sie etwa gerne in der Kantine *(à la cantine)* essen. ....

A 1

Wer hat die Adresse? In dem folgenden Dialog fehlen die Verbformen von *avoir*. Hören Sie den Dialog anschließend von der Kassette.

Henriette : Claudine ! Le restaurant Boluse, c'est où ? Tu .... l'adresse ?

Claudine : Ah non ! Je n'.................... pas l'adresse. Mais Julien et Christine .... une liste de restaurants avec les adresses.

Henriette : Alors, Julien et Christine, vous, vous .... la liste ?

Julien : Oui, nous .... une liste, mais où ?

A 2

a) Buchstabensalat! Finden Sie sechs weitere Verben (links) und sieben weitere Nomen (rechts) zum Thema Freizeit. Notieren Sie auch den passenden unbestimmten Artikel zu den Nomen.

i	d	a	n	s	e	r	l
l	i	d	u	o	v	a	i
r	e	g	a	r	d	e	r
é	c	o	u	t	e	r	e
a	b	f	a	i	r	e	s
a	l	l	e	r	a	l	e

a	t	r	f	i	l	m	u	r	e
c	h	o	c	o	n	c	e	r	t
a	é	m	i	m	u	s	é	e	r
f	â	n	a	v	t	e	m	o
é	t	n	é	m	u	s	d	a	n
p	r	o	m	e	n	a	d	e	r
r	e	u	a	v	a	i	s	n	p

aller, ...   *un musée,* ....

....

b) Bilden Sie aus diesen Verben und Nomen so viele Kombinationen wie möglich.

Verb + *à:*   *aller au musée,* ....

Verb + *un / une:* ....

A 3

Wozu haben diese Freunde Lust? Schreiben Sie es anhand der Zeichnungen auf, wie im Beispiel angegeben.

Martine   Luc et Gilles   Jérôme   Patricia et Louise

BEISPIEL: Martine : *Elle a envie d'aller au théâtre avec Pierre.*

Luc et Gilles ....

Jérôme ....

Patricia et Louise ....

Sie haben Lust, mit einem Freund etwas zu unternehmen. Machen Sie einige Vorschläge. Denken Sie daran, die fehlenden Artikel und Präpositionen zu ergänzen und die Verben zu konjugieren. Hören Sie anschließend die Kassette und achten Sie auf die Intonation.

A 4

BEISPIEL: visiter / musée Picasso / on : *On visite le musée Picasso ?*

1. promenade à vélo / on / faire ....

2. envie / tu / danser / avoir ....

3. ensemble / aller / on / cinéma ....

4. manger / ensemble / on / restaurant ....

5. discuter / sur Internet / on ....

6. ne / aller / théâtre / envie / pas / tu / avoir ....

a) Julien trifft seine Kollegin Danièle. Er möchte gerne mit ihr ausgehen. Ergänzen Sie ihre Unterhaltung. Achtung: Die beiden siezen sich aber noch. Dann überprüfen Sie mit der Kassette.

A 5

Julien :   Ah, Danièle ! Bonjour. **Comment ....-.................... ?**

Danièle : Très .... Merci. **Et .... ?**

Julien :   Bien, merci. Ce soir, je .... à une conférence sur les parcs nationaux au Québec.
            Vous .... avec moi ?

Danièle : Pourquoi pas !

Julien :   Et .... , on mange .... restaurant Amourette ?
            Vous êtes .... ?

Danièle : Oui. C'est une bonne .... Alors à ce .... !

b) Wie würden die in a) fett gedruckten Sätze lauten, wenn Danièle und Julien sich duzen würden?

....

....

....

....

Die Verben *sortir* und *venir* sehen sich sehr ähnlich, werden aber ganz unterschiedlich konjugiert. Also aufgepasst beim Ausfüllen der Tabelle!

A 6

	sortir	venir
je	*sors*	
tu		
il / elle		*vient*
nous		*venons*
vous	*sortez*	
ils / elles		

B 1

Un petit cours de géographie. C'est où ? Au nord, au sud, à l'est ou à l'ouest de Paris ?
Lokalisieren Sie folgende Städte.

Nord ▲
Nanterre
St Denis
Bobigny
St Germain
PARIS
Créteil
Versailles
Evry

Saint-Denis : *c'est au nord de Paris.*

Versailles : ....

Bobigny : ....

Créteil : ....

Saint-Germain : ....

Evry : ....

B 2

a) *Je voudrais...* Was für Wünsche! Hier haben Sie eine Liste von außergewöhnlichen Wünschen, die Sie mit Ihren eigenen Wünschen ergänzen können. In welcher Reihenfolge würden Sie sie gerne verwirklichen?

d'abord · vivre dans un musée · danser avec un singe
après · habiter dans un moulin · faire un film
ensuite · visiter Tokyo · dormir dans une grotte
enfin · ....

D'abord, je voudrais ....

....

....

b) Was würden Sie auf keinen Fall machen wollen? Schreiben Sie mindestens vier Sätze.

Je ne voudrais pas...

B 3

Il y a, on peut ou je voudrais ? Ergänzen Sie die kurzen Dialoge mit den passenden Ausdrücken. Überprüfen Sie dann mithilfe der Kassette.

○ Bonjour, Monsieur, ... une brochure sur le château de Versailles.

▲ .... des brochures en français, en allemand et en anglais.

○ .... une brochure en allemand, s'il vous plaît.

○ .... prendre le vélo pour aller au moulin ?

▲ Oui. Mais c'est à dix kilomètres d'ici !

○ .... visiter la grotte, et toi ?

● Oui. Bonne idée. Et après .... faire une promenade dans la forêt.

.... un parc avec des singes.

B

a) An welchen Tagen und von wann bis wann sind diese Einrichtungen geöffnet bzw. geschlossen?

LA MARINE
11ʰ-15ʰ
17ʰ-22ʰ
Fermé le dimanche

BOULANGERIE
7ʰ-19ʰ
FERMETURE:
lundi.

SUPERMARCHÉ
9ʰ-19ʰ
le dimanche:
9ʰ-13ʰ

GALERIE D'ART
14ʰ-20ʰ
FERMÉ
DIMANCHE x
MARDI

Le restaurant La Marine : *Il est ouvert du lundi au samedi, de 11 heures à 15 heures et de 17 heures à 22 heures. Il est fermé le dimanche.*

La boulangerie : ....

Le supermarché : ....

La galerie d'art : ....

b) Und in Ihrem Wohnort? Wann sind diese oder ähnliche Einrichtungen geöffnet bzw. geschlossen?

A propos Wochentage: Übung macht den Meister / die Meisterin. Am besten üben Sie Französisch *du lundi au samedi,* jeden Tag ein bisschen. 15 Minuten pro Tag genügen vollkommen. Und einen Tag Pause können Sie sich dann gönnen.

Ulrike ist in Sète (Südfrankreich). Sie schreibt einen kurzen Brief an ihre Freundin Giselle, in dem die Adjektive fehlen. Jedes Adjektiv kommt nur einmal vor.

passionnantes	grand	magnifique		dynamique		
exceptionnels	sympathique	petite		géniale		grande

Chère Giselle,

Un très .... bonjour de Sète ! C'est une ville ....
.... Il y a des panoramas ....
La plage est très .... C'est super ! J'habite dans une
famille très .... J'apprends le français. Le professeur ?
C'est une .... femme .... et
.... J'ai cours de 9 heures à 13 heures et après on fait
des choses .... (sport, théâtre etc.) Et toi, ça va bien ?
A bientôt.

Ulrike

Cher /
Chère :
*Lieber /
Liebe*

la chose :
die Sache

Vous êtes dans un office de tourisme. Sie möchten wissen, ob

1. es interessante Sehenswürdigkeiten gibt. ....

2. die Kapelle samstags offen ist. ....

3. man das Schloss montags besichtigen kann. ....

4. es heute Abend ein Jazzkonzert gibt. ....

A 1 Eine multinationale Gruppe: Listen sie auf, welche Nationalitäten vertreten sind.

John et Jim de New York	Edith de Stuttgart	Claudia, Bruno et Mario de Rome
Ingrid de Copenhague	Juan et Olga de Barcelone	Ole de Stockholm

Il y a deux Américains, ...

....

A 2 Ein Journalist macht Interviews während des Kellnerrennens in Paris. Er befragt eine Touristin. Formulieren Sie seine Fragen mit *est-ce que*. Hören Sie dann das Interview.

regarder / pourquoi / la course / vous	● .... ? ■ Parce que je visite Paris. Et moi aussi, je suis serveuse.
travailler / où / vous	● .... ? ■ Dans un restaurant à Leipzig.
au travail / comment / vous / aller	● .... ? ■ A pied.
vous / par jour / travailler / combien d'heures	● .... ? ■ Par jour ? Souvent neuf heures.
vous plaît / la course / comment	● .... ? ■ Oh, la course est super ! J'adore les garçons sportifs !

A 3 Fragen Sie weiter! Ergänzen Sie diese Minidialoge mit *est-ce que* oder *qu'est-ce que*.

1. .... tu fais demain ?   - Je ne sais pas.

2. .... tu as envie de regarder la course ?   - Oui, pourquoi pas !

3. .... tu fais pour être aussi dynamique ?   - Beaucoup de sport.

4. .... tu prends ?   - Une tasse de café.

A 4 *Apprendre le français !* Welche Fragen wurden Ihnen gestellt? Bilden Sie Fragen mit einem Fragewort + *est-ce que*. Die fett gedruckten Satzteile beziehen sich auf die Fragewörter. Überprüfen Sie dann mit der Kassette.

1. ....

J'apprends le français **parce que j'ai des amis français.**

2. ....

Je vais au cours de français **le lundi.**

3. ....

Le cours de français commence **à 18 heures.**

4. ....

J'ai **deux heures de français** par semaine.

Boire : ein unregelmäßiges Verb! Bilden Sie mithilfe der Buchstaben im Glas die Formen dieses Verbs.

je ....   nous ....

tu ....   vous ....

il / elle ....   ils / elles ....

Was machen diese Personen? Bringen Sie die angegebenen Stichwörter mit den Zeichnungen in Verbindung. Bilden Sie dann Sätze mit *beaucoup de*.

BEISPIEL: faire + sport : *Il fait beaucoup de sport.*

1. lire + roman : ....

2. boire + café : ....

3. visiter + musée : ....

Marius macht genau das Gegenteil von Marielle. Schreiben Sie es auf.

	Marielle	**Marius**
fumer des cigares	Oui, *elle fume des cigares.*	Non, *il ne fume pas de cigares.*
lire des romans d'amour	Non, ...	....
acheter des objets d'art	Oui, ...	....
avoir des problèmes	Non, ...	....

a) Welche Zahlen fehlen noch? Schreiben Sie alle Zahlen aus.

17   45   69   75   *dix-sept, quarante-cinq, soixante-neuf,* ....

99   26   88   ....

33   51   80   92   ....

....

b) Welche Zahlen hören Sie nicht auf der Kassette?

....

B 1 Lesen oder hören Sie die Unterhaltung im *café* (B2, S. 53) noch einmal. Stellen Sie sich vor, dass Sie wie Patrick oder Cécile im *café* sitzen (unter Platanen, es ist warm ...). Lesen Sie den Text noch einmal laut. Dann ergänzen Sie die folgenden Sätze, ohne den Text anzusehen.

Je .... à la .... d'un café, sous les ....

Il fait .... Il ....

Ici, c'est ....

J'ai .... de boire ....

B 2 Was passt zusammen? Verbinden Sie.

1. Vous désirez ?   a) Non. Un jus de citron !

2. Vous prenez aussi un demi ?   b) Oui, bien sûr, Monsieur.

3. Et pour Madame ?   c) 6,50 euros.

4. Un café décaféiné, c'est possible ?   d) Une pression, s'il vous plaît.

5. Ça fait combien ?   e) Pour moi, un chocolat chaud.

B 3 Bilden Sie fünf Sätze mit den Wörtern aus der Flasche. Sie können diese Sätze im *café* brauchen.

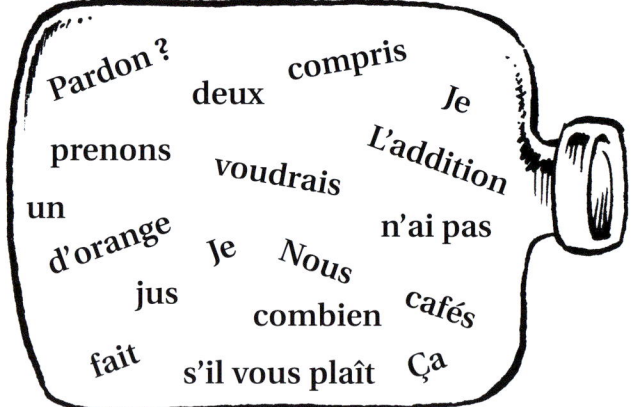

....
....
....
....
....
....
....
....

B 4 Zehn Getränke verstecken sich in diesem Kasten. Mit den verbleibenden Buchstaben können Sie ein Adjektiv bilden, das mit einem dieser Getränke zu tun hat.

d	b	i	è	r	e	i	c
é	t	s	o	d	a	l	i
c	h	o	c	o	l	a	t
a	é	e	a	u	f	i	r
f	a	s	u	z	e	t	o
é	c	é	n	é	v	i	n

Lösung: ....

a) *Le week-end.* Sie haben Gäste. Was bieten Sie am Morgen und was am Abend zu trinken an?

1. Le matin : *deux tasses* ....
....
....
....

2. Le soir : ....
....
....
....

b) Was unternehmen Sie mit den Gästen? Bilden Sie aus den angegebenen Elementen für jede Tageszeit mindestens einen Satz.

| le matin
à midi
l'après-midi
le soir | nous
on | aller
visiter
écouter
prendre
faire | un apéritif
un musée
au marché
une promenade
une galerie d'art
un concert | sous les platanes
à la campagne
dans la forêt |

BEISPIEL: *Le matin, nous allons au marché.*

....
....
....
....

Sie sitzen in einem *café.* Was sagen Sie?

1. Sie rufen den Kellner. ....
2. Sie bestellen ein Bier vom Fass. ....
3. Sie fragen nach den Toiletten. ....
4. Sie möchten die Rechnung. ....
5. Sie haben den Kellner nicht verstanden. ....

Jetzt haben Sie schon die erste Hälfte des Bandes *Bleu* hinter sich: Gratulation! Zusätzlich können Sie im Alltag nebenbei ohne große Konzentration Französisch lernen. Gehen Sie mit offenen Augen durch die Welt und versuchen Sie, so viele Gegenstände wie möglich auf Französisch zu benennen. Woche für Woche werden Sie auf diese Weise neue Wörter dazulernen, die Ihnen wichtig sind. Oder wiederholen Sie die verflixten Zahlen, indem Sie vor dem Einschlafen die Schafe zählen – auf Französisch!

A 1 *Cherchez l'intrus.* Jeweils ein Wort passt inhaltlich nicht in die Reihe.

1. vélo – voiture – chat – métro
2. vendre – chercher – acheter – dormir
3. table – bouteille – lampe – bibliothèque
4. salon – livre – roman – journal
5. disque – cassette – CD – marbre
6. débattre – discuter – boire – parler

A 2 Ordnen Sie die angegebenen Adjektive der jeweils richtigen Spalte zu.

ancien   neuve   variable   bizarre   grand   neuf
gentille   magnifique   ancienne   grande   gentil   tranquille

männlich	weiblich	männlich oder weiblich
ancien	*neuve*	*variable*

A 3 Bilden Sie mit diesen Wörtern korrekte Sätze. Überprüfen Sie dann mit der Kassette.

1. la / vendre / table / tu / est-ce que : ....
2. neuve / j' / une / acheter / cuisine : ....
3. persans / des / elle / vendre / chats : ....
4. entreprise / acheter / grande / ils / une : ....
5. des / anciens / nous / disques / acheter : ....

A 4 a) Welche Farben passen zu Monsieur Coloris? Hören Sie den Text von der Kassette und setzen Sie die richtige Form der entsprechenden Farbadjektive ein.

Pour Monsieur Coloris, la vie est r ⬜ _ _ . Il adore les plantes v _ _ ⬜ _ _ , les roses r _ _ _ _ ⬜ et les tulipes j ⬜ _ _ _ _ . Il a une voiture b ⬜ _ _ _ . Il achète toujours des cravates a ⬜ _ _ ⬜ _ _ _ ⬜ ou c ⬜ _ _ _ ⬜ .

b) Wenn Sie die unterlegten Buchstaben in die richtige Reihenfolge bringen, erfahren Sie seinen Beruf.

Monsieur Coloris est j.............................. de mode.

Apprendre en couleurs ! Bringen Sie Farbe in Ihre Lerngewohnheiten! Hier ein paar Anregungen: Wenn Ihre Lieblingsfarbe Grün ist, schreiben Sie mit einem grünen Stift oder auf ein grünes Blatt, z. B. die unregelmäßigen Verben oder Adjektivbildungen, die Sie sich schlecht merken können. Ebenso können Sie unterschiedliche Farben für männliche und für weibliche Nomen wählen und diese z. B. ganz traditionell auf rosa und blauen Kärtchen notieren. Ihrer Phantasie sind keine Grenzen gesetzt!

Erinnern Sie sich? Ergänzen Sie die Fragen mit *quel, quels, quelle* oder *quelles.* Wenn Ihnen die Antwort nicht mehr einfällt, schauen Sie einfach in den angegebenen Lektionen nach.

1. .... sont les couleurs du drapeau belge ? Le drapeau belge est .... **(U2)**

2. .... est la Capitale Européenne ? .... **(U2)**

3. Le poème "Les belles familles" est de .... poète ? .... **(U2)**

4. Le château de Castelnau est dans .... département ? .... **(U5)**

5. .... sont les jours de la semaine ? .... **(U5)**

a) Was soll Catherine eigentlich kaufen: *un vélo ou une bicyclette* ? Das ist nicht genau dasselbe! Der folgende Text wird Ihnen die Unterschiede zeigen. Ergänzen Sie die fehlenden Wörter. Jedes kommt nur einmal vor. Hören Sie dann den Text von der Kassette.

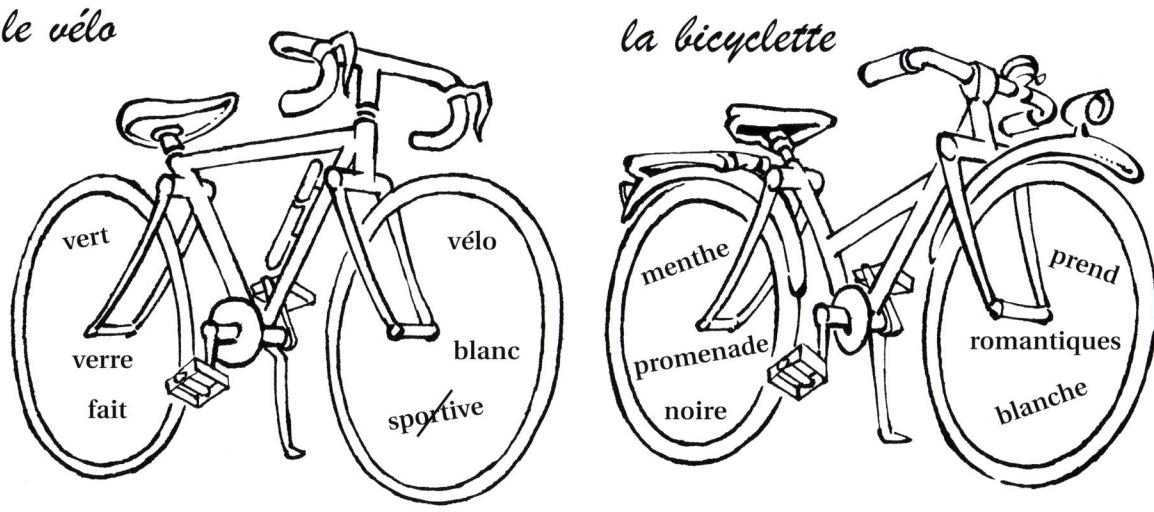

Une silhouette *sportive* à 50 km à l'heure : c'est du vélo. Deux jeunes femmes .... à 5 km à l'heure : c'est de la bicyclette. Un homme en fluo .... une pause dans un bistrot pour prendre un .... de vin .... : c'est du vélo. Un adolescent en jeans avec un journal prend une .... à l'eau à la terrasse : c'est de la bicyclette. On est pour la perfection d'une bicyclette hollandaise ou pour un .... de course. A bicyclette, on fait une .... A vélo, on fait une course. Quelle différence encore ? La couleur : un vélo est orange, ... ou rose, une bicyclette est marron, ... ou .... Et quand on est amoureux (*verliebt*), on .... la bicyclette.

b) Und Sie, was fahren Sie lieber: *un vélo ou une bicyclette* ?

....
....
....

B 1   *Pablo Picasso (1881-1973) : un peintre célèbre !* Unterstreichen Sie die Verben im *passé composé*.

Picasso est l'auteur de Guernica. A 12 ans, il a commencé à peindre. A 19 ans, il a fait route pour Paris. Il a habité à Montmartre. La vie de bohème a été un moment important de sa vie. Les femmes ont inspiré sa création. Pour Picasso, les couleurs sont des symboles. Il y a la période bleue, la période rose, ensuite le cubisme et le surréalisme. Picasso a fait beaucoup de tableaux mais aussi des sculptures. Il a beaucoup travaillé, mais il a toujours gardé le bonheur de vivre.

B 2   *Picasso et sa famille.* Finden Sie heraus, wer gemeint ist.

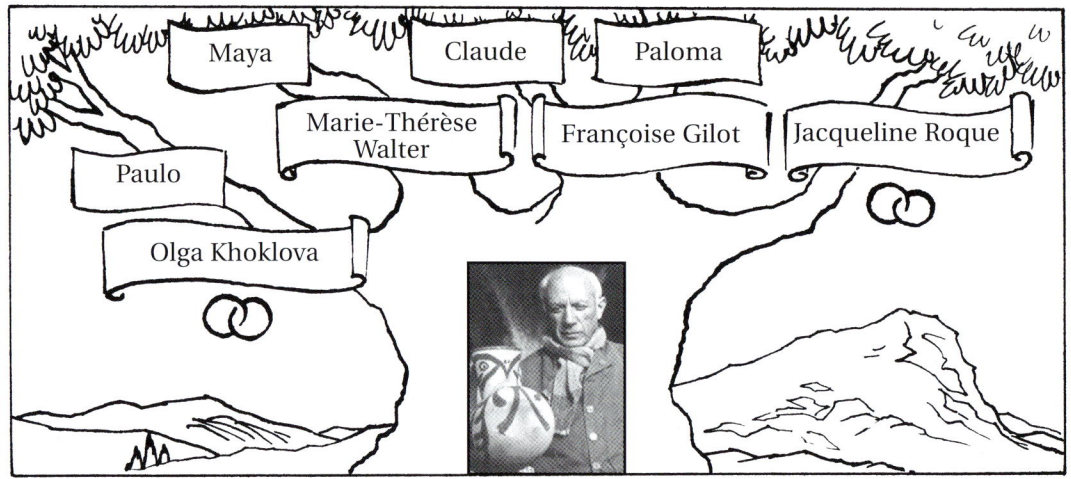

BEISPIEL: Picasso → ses femmes : *Olga et Jacqueline.*

1. Olga → son mari : .... 2. Claude → sa sœur : ....

3. Picasso et Françoise → leurs enfants : ....

4. Picasso et Olga → leur fils : .... 5. Maya → ses parents : ....

B 3   Robert fragt zwei Französinnen, die in Deutschland leben, wie sie Kontakt zu ihrer Familie halten. Welche Possessivbegleiter fehlen in der Unterhaltung? Überprüfen Sie anschließend mit der Kassette.

● Alors, Madame Martin, vous allez souvent en France pour voir .... famille ?

■ Oh non ! Je ne vais pas souvent dans .... famille parce qu' il y a toujours des problèmes. .... père et .... mère sont encore ensemble mais .... relation est très compliquée.

● Et vous n'avez pas de contact avec .... frères ?

■ Si. .... deux frères sont gentils et amusants. .... femmes et .... enfants sont charmants et .... relations sont bonnes. Ils viennent chez moi deux ou trois fois par an.

● Et toi, Sylvie, ... famille, c'est important ?

▲ Très important. Je téléphone tous les dimanches à .... parents et à .... petite sœur.

● Tu as des contacts avec .... oncles ou .... tantes ?

▲ Oui, surtout avec .... oncle Emile et .... amie Yvonne. Et aussi avec .... cousins et cousines. Nous passons .... vacances ensemble, dans .... maison familiale à La Baule.

Bilden Sie aus den angegebenen Elementen sechs sinnvolle Sätze.

je		de	notre ami Jacques un album de Bach
tu	parler		la course des serveurs à Paris
ma cousine			sa collègue suisse
nous	choisir		Monique un appareil photo
vous		pour	leurs vacances en Autriche
mes parents			mon amie un sac à dos

Je choisis pour mon amie un sac à dos. Tu ....

....

....

....

....

a) *Pluriels bizarres !* Michèle macht eine Geschenkeliste. Die Buchstaben von fünf Wörtern in der Mehrzahl sind durcheinander geraten. Welche Gegenstände entdecken Sie? Notieren Sie dann diese fünf Wörter in der Einzahl.

Michèle fait une liste de c*adeaux* (daecxua) :   *le cadeau*

● trois j.................. (rouujxan) italiens pour son fils, ...

● deux t.................. (tbeaaxul) imitation Picasso pour ses sœurs, ...

● deux p.................. (lpuxatea) à fromage pour ses cousines, ...

● deux a.................. (mniauxa) en peluche (*Plüsch*) pour sa fille.   ....

b) *Et vous ?* Was hätten Sie gern? Schreiben Sie einen „Wunschzettel".

Sie sind auf einem Trödelmarkt und haben eine schöne Vase entdeckt. Wie würden Sie sich in dieser Situation auf Französisch ausdrücken?

1. Sie möchten die blaue Vase. ....

2. Sie fragen nach dem Preis. ....

3. Sie finden den Preis viel zu hoch. ....

4. Sie fragen, ob der Preis Verhandlungssache ist. ....

5. Sie sind einverstanden und kaufen die Vase. ....

A 1

a) *Menus de la semaine.* Ergänzen Sie diese Menüvorschläge mit *à, à l', au, aux* oder *des.* Bei einigen Wörtern kennen Sie den Artikel vielleicht noch nicht. Suchen Sie ihn in Ihrem Wörterbuch.

> **Lundi**
> Tarte .... tomates
> Steak .... beurre de roquefort
> Mousse .... chocolat blanc
>
> **Mardi**
> Soupe .... oignon
> Tagliatelles vertes .... crème fraîche
> Sorbet .... citron
>
> **Mercredi**
> Omelette .... champignons
> Crêpes .... confiture
>
> **Jeudi**
> Canard .... orange
> Salade verte
> Ananas .... îles*
>
> **Vendredi**
> Truite .... amandes
> Riz blanc
> Melon .... fruits
>
> **Samedi**
> Tomates .... mayonnaise
> Poulet .... vin
> Charlotte .... fraises .... bois
>
> *(l'île : Insel)

> aux = aus, mit
> (Zutaten)
>
> des = von, aus
> (Herkunft)

b) *Et pour dimanche ?* Schlagen Sie doch ein Menü vor.

....

A 2

Connaître ou ne pas connaître ? Bilden Sie die Sätze mit den angegebenen Wörtern und einer Form des Verbs *connaître*. Kontrollieren Sie anschließend mit der Kassette.

1. la recette / tu / du canard à l'orange / est-ce que : ....

2. le chef / très bien / nous / de cuisine : ....

3. japonais / vous / est-ce que / un restaurant : ....

4. de cuisine / je / de Bocuse / les livres : ....

5. ne / les spécialités / pas / elle / allemandes : ....

A 3

Erinnern Sie sich an den Dialog 4a der Lektion? Lesen Sie ihn erneut durch und ergänzen Sie dann die folgenden Sätze.

Madame Loiseau .... souvent à l' « Hôtel de France » parce que le restaurant est .... et la .... est bonne. Sa collègue, Madame Landermann, ... comme .... principal un cassoulet. Elle ne .... pas encore cette spécialité. En ...., elle choisit une salade parce que c'est .... et .... Comme boisson, elle .... boire une eau minérale parce qu'elle ....

Manches gefällt Ihnen an diesem Lokal, manches nicht. Ergänzen Sie die fehlenden Adjektive (zwei bleiben übrig). Denken Sie dabei an deren Angleichung. Überprüfen Sie anschließend mit der Kassette.

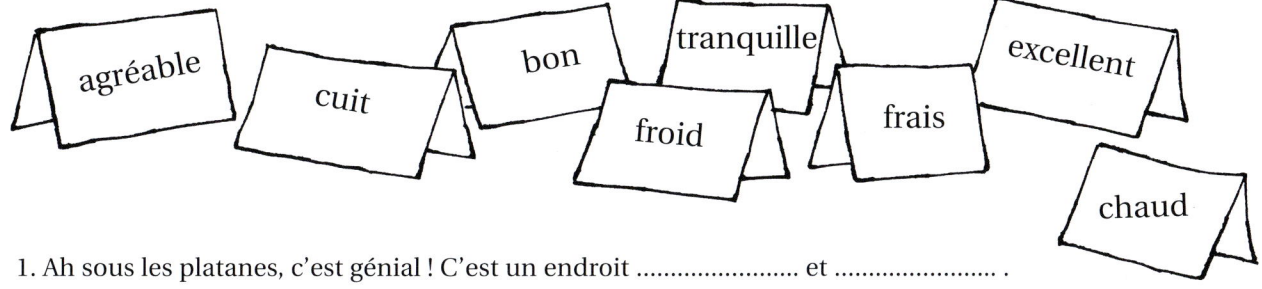

1. Ah sous les platanes, c'est génial ! C'est un endroit .... et ....

2. Hum, cette quiche ! J'adore ! Elle est ....

3. Mais ces entrées ont une couleur un peu bizarre ! Elles ne sont pas ....

4. Ces steaks sont encore rouges ! Ils ne sont pas assez ....

5. J'aime beaucoup ces fraises à la crème. Elles sont très ....

a) *Votre opinion ?* Vervollständigen Sie die Fragen mit den Demonstrativbegleitern *ce*, *cet*, *cette* oder *ces* und suchen Sie dann die passenden Antworten. Diese müssen Sie auch noch vervollständigen. Kontrollieren Sie anschließend mit der Kassette.

1. *Cette* mousse au chocolat ?

2. .... steak ?

3. .... melons ?

4. .... endroit ?

5. .... soupe ?

6. .... hôtel-restaurant ?

7. .... spécialités provençales ?

a) .... idéal pour nous.

b) .... trop froide.

c) .... très bonnes.

d) *Elle est*   trop sucrée.

e) .... bien trop cuit.

f) .... très agréable.

g) .... excellents.

b) Und jetzt Ihre wirkliche Meinung! Drücken Sie sie aus, wie im Modell angegeben.

BEISPIEL: La chanson "Plaisir d'amour" : *Cette chanson est un peu mélancolique.*

1. Les spécialités anglaises : pudding au riz et muffins : ....

2. Mon livre "Couleurs de France" : ....

3. La phrase du chanteur Jacques Brel : "La vie ne fait pas de cadeaux." : ....

Il faut... Was braucht man wozu? Verbinden Sie und bilden Sie vier Sätze, wie im Modell angegeben.

BEISPIEL: *Pour faire un plat régional, il faut des produits typiques.*

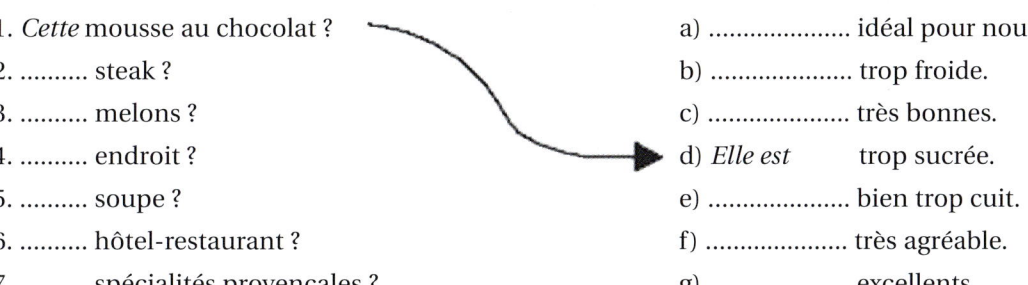

un plat régional
un menu de fête pas cher
des sorbets et des glaces
une cuisine rapide
des bons plats

un bon livre de recettes
des produits typiques
un stock de conserves
un congélateur
un peu d'imagination

B 2

Quel chef de cuisine êtes-vous ? Kreuzen Sie die für Sie zutreffende Antwort an.

1. Aimez-vous faire la cuisine ?
A. Je déteste ça. Je ne connais pas de recettes.
B. Je cuisine des plats rapides.
C. J'adore cuisiner mais souvent, je n'ai pas assez de temps.

2. Quel stock de recettes avez-vous ?
A. Des surgelés, des conserves : ce sont mes recettes.
B. J'ai un énorme stock mais c'est pour le plaisir.
C. J'ai peut-être 20 ou 30 recettes. J'aime les recettes faciles mais originales.

3. Comment faites-vous vos courses ?
A. Je fais les courses. Mais je n'aime pas ça.
B. Pour moi, faire les courses, c'est toujours un problème.
C. J'ai une liste. Je fais les courses une fois par semaine.

4. Les vins ?
A. Mes amis viennent toujours avec du vin.
B. C'est le problème de mon mari / ma femme.
C. J'ai un stock de vins de grande qualité.

Vous avez
3 ou 4 A : Il faut apprendre à faire la cuisine pour faire plaisir à votre famille ou à vos amis.
3 ou 4 B : Vous avez toujours le projet de faire une bonne cuisine. Mais il faut une bonne organisation !
3 ou 4 C : Bravo ! Vous êtes un très bon chef de cuisine !

B 3

Ihre französischen Freunde möchten unbedingt für Weihnachten Butterplätzchen backen. Sie übersetzen Ihnen, was sie dafür brauchen.

500 g Mehl
250 g Zucker
2 Eier
250 g Butter
150 g Puderzucker
2-3 El Wasser

Il faut :

500 grammes de ....
....
....
....
.... *en poudre*
....

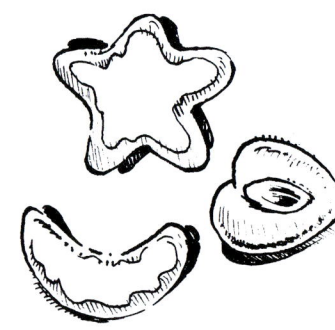

Lernen Sie mithilfe von Reimen. Bilden Sie phantasievolle Sätze mit ähnlich klingenden Wörtern und sagen Sie diese mehrmals auf. Sie werden sich die Wörter leichter merken können, als wenn Sie sie einzeln lernen. Außerdem trainieren Sie so auch Ihre Aussprache, z. B.:
Quelle oie boit ce thé froid chinois ?

B 4

Crêpes farcies. Du, de la, de l' ou des ? Welche Artikel fehlen in dieser Aufzählung ?

Il faut .... farine, ... sel, ... œufs, ... lait, ... huile ou .... beurre, ... confiture ou .... amandes grillées ou encore .... fromage.

Verraten Sie es!

Quel est votre plat préféré ? ....

Faire ce plat prend combien de temps ? ....

Qu'est-ce qu'il faut pour faire ce plat ? ....

Lesen Sie diesen Werbetext für das Kochbuch *Un million de menus à la carte*. Viele Wörter, die Sie noch nicht auf Französisch gelernt haben, sind Ihnen aus dem Deutschen bekannt. Unterstreichen Sie sie.

> **Un million de menus à la carte :** la bible des gourmets. Voilà un livre de cuisine bien intéressant et bien pratique pour les amoureux de l'art culinaire. Ce livre magnifique donne des idées et des trucs simples pour préparer et présenter des menus appétissants. Terrines de poisson ou de viande, tartes aux fruits de mer, avocats aux œufs, sorbets, biscuits à la crème... 300 recettes : 100 entrées, 100 plats et 100 desserts. Combinez ces recettes et réalisez un million de menus. Un livre de cuisine superbe, tout en couleurs, avec des recettes originales et gastronomiques !

Lesen Sie zuerst die drei Restaurantanzeigen und beantworten Sie dann die folgenden Fragen.

Hôtel-Restaurant **LE BALMAIN***** Ouvert toute l'année Cuisine régionale Table de qualité Repas d'affaires et séminaires Réservation 04 99 79 18 15	Restaurant *La Belle Mer* Carte brasserie le midi Carte de poissons variés Carte gastronomique midi/soir Ouvert à partir de 12h Fermé le lundi **Tél. 03 79 86 75 45**	**Café Restaurant Crêperie** **La Montagne** *Le service restauration est assuré de 12h à 23h non-stop Grand choix de grillades et salades Pour groupes sur réservation* **Tél. 05 06 43 96 43**

1. Vous aimez le poisson. Où allez-vous ?..

2. Est-ce que le restaurant *La Montagne* est ouvert le dimanche ? ....

3. Où est-ce que vous allez pour un repas d'affaires ? ....

4. Nous sommes lundi, vous cherchez un restaurant pas cher.

   Où allez-vous ? ....

***Au restaurant.* Wie sagen Sie es dem Ober?**

1. Sie möchten gerne eine regionale Spezialität ....

2. Sie fragen ihn, was er Ihnen empfiehlt. ....

3. Sie möchten wissen, was *une truite à la bretonne* ist. ....

4. Sie bestellen als Vorspeise eine Zwiebelsuppe. ....

5. Sie sagen ihm, dass die Obsttorte hervorragend ist. ....

A

A 1

Famille de mots. Erinnern Sie sich an die Berufe und die Arbeitsorte? Hier werden drei neue Berufe genannt, doch die weibliche bzw. männliche Form ist ganz leicht zu finden. Ergänzen Sie die Tabelle.

profession		lieu de travail
masculin	**féminin**	
le boulanger	....	la boulangerie
....	la pâtissière	....
le boucher	....	....
....	la charcutière	....
....	....	l'épicerie

> Ein weiterer Tipp zu Strukturierung Ihres Wortschatzes: Außer nach inhaltlichen Kriterien (Oberbegriffe, Themen, Assoziationen etc.) können Sie auch nach Wortfamilien gliedern. Alle Wörter einer Wortfamilie haben einen gemeinsamen "Stamm", z. B.: *consommer, le consommateur, la consommatrice, la consommation.* Die Bildung von Wortfamilien kann Ihnen auch helfen, Ihren Wortschatz zu erweitern (vgl. Übung A1).

A 2

Was will Pierre diese Woche kaufen? Finden Sie zunächst in dem Buchstabenrätsel die Produkte, die auf seiner Einkaufsliste stehen. Ergänzen Sie dann das Geschäft, wo er etwas kaufen kann. Achten Sie dabei auf die richtige Präposition.

l	i	v	r	e	v	t	r	v	v
v	m	i	l	x	i	e	m	i	ê
m	é	d	i	c	a	m	e	n	t
e	o	r	i	n	n	u	r	v	e
u	i	a	v	r	d	p	e	o	m
b	u	p	v	o	e	a	v	r	e
l	e	n	f	r	u	i	t	p	n
e	o	d	u	r	r	n	t	r	t

Il achète...

1. du *pain* (baguettes) *à la boulangerie.*

2. des .... (pullover, cravates) ....

3. des .... (aspirine) ....

4. de la .... (steaks, poulet) ....

5. des .... (kiwis, oranges) ....

6. du .... (Bordeaux) ....

7. des .... (table, bibliothèque) ....

a) Erinnern Sie sich an den Lesetext A8 der Lektion? Sind die folgenden Aussagen zu diesem Text falsch oder richtig? Kreuzen Sie an.

A 3

1. Les Français adorent les surgelés. (vrai / faux)
2. Ils font assez souvent leurs courses. (vrai / faux)
3. Le dimanche, les magasins sont fermés. (vrai / faux)
4. Le dimanche matin, les Français font la queue surtout devant l'épicerie. (vrai / faux)
5. Comme dessert, ils aiment manger des gâteaux. (vrai / faux)

b) Berichtigen Sie die falschen Aussagen.

....

....

a) Bilden Sie zu jedem Infinitiv die entsprechende Form des *participe passé*.

A 4

faire, parler, manger, dormir, prendre, préparer, finir, danser

fait

b) *Quelle belle fête !* Nadia erzählt, wie schön das gestrige Fest war. Ergänzen Sie ihre Erzählung im *passé composé* mit den Verben der Übung 4a. Hören Sie dann die Kassette.

Hier, nous .... la fête. La fête des vins primeurs ! Bien sûr, nous .... des vins du Roussillon etc. Nous .... des charcuteries, du fromage et des gâteaux. Ensuite, Maurice .... son accordéon et les gens .... A minuit, Norbert .... une soupe à l'oignon délicieuse. Et nous .... les bouteilles jusqu'à (*bis*) 4 heures du matin. Aujourd'hui j' .... jusqu'à midi. Et c'est bizarre, j'ai très soif !

Setzen Sie die folgenden Sätze ins *passé composé*.

A 5

1. Après le travail, nous prenons un apéritif au Café des Sports.

....

2. Puis ils mangent au restaurant. Comme dessert, ils choisissent des petites tartes aux fraises.

....

3. Moi, dans l'après-midi, je vends ma voiture et j'achète un vélo.

....

4. Annette attend deux heures chez le médecin.

....

B 1   *Des objets qui riment.* Objekte, die sich reimen. Welche Souvenirs hat Jean gekauft? Hören Sie anschließend die Kassette.

Jean a acheté pour Robert

Un c _ _ _ _ _ _ _ _

Il a pris pour Marion

Trois s _ _ _ _ _

Et dix s _ _ _ _ _ _

Il a acheté pour Paul

Un s _ _ à dos et un b _ _

Pour Mariette

Un f _ _ _ _ _ de v _ _ _ _ _ _ _

Et pour Madame Gallimarde

Cinq p _ _ _ de m _ _ _ _ _ _ _

B 2   Ordnen Sie den Paaren eine oder mehrere der Eigenschaften zu und stellen Sie dann Vergleiche an.

BEISPIEL: *La vie à Hongkong est plus stressante que la vie à Vesdun.*

la vie à Honkong – la vie à Vesdun

le métro parisien (1896) – le métro anglais (1863)

le vin de table – le champagne

la Réunion (2512 km^2) – la Martinique (1100 km^2)

le chat – l'éléphant

la Normandie – la Bretagne

cher

stressant

grand

petit

joli

ancien

....

....

....

....

....

B 3   Manche Dinge kann man auf zwei Arten ausdrücken. Verbinden Sie die Sätze, die die gleiche Bedeutung haben.

1. Ce n'est pas vrai.
2. Je voudrais un guide.
3. Je n'aime pas du tout ça.
4. Ce n'est pas fermé.
5. Je regrette.
6. On peut payer par carte ?
7. Il fait quel prix ?
8. J'ai encore deux billets.

a. Il me reste deux billets.
b. C'est ouvert.
c. Je suis désolé.
d. C'est faux.
e. Je désire un guide.
f. Il coûte combien ?
g. Je déteste ça.
h. Payer par carte, c'est possible ?

Qu'est-ce qu'il faut ? Was braucht man hier unbedingt? Erraten Sie, was gemeint ist.

B 4

1. Pour envoyer (*zuschicken*) une carte postale ou une lettre : *il faut un timbre.*

2. Pour écrire une carte ou une lettre : ....

3. Pour trouver les musées ou les monuments de la région : ....

4. Pour payer sans argent : ....

5. Pour connaître la date d'aujourd'hui : ....

Le pain quotidien. Das tägliche Brot. Lesen Sie die drei folgenden Abschnitte und finden Sie deren logische Abfolge heraus.

B 5

Le pain quotidien

Aujourd'hui, le pain est de retour sur la table des Français. Il est de nouveau le produit préféré des consommateurs. L'objectif des boulangers est de faire remonter* la consommation à 250 grammes par jour. C'est-à-dire une baguette par personne.

①

Mais peu à peu, les boulangers ont décidé de refaire du vrai pain traditionnel. Les Français sont enchantés de ce pain de qualité. Et depuis quelques années, le marché du pain explose :

②

900 grammes de pain par jour et par habitant en 1900, 160 grammes en 1998. Conséquence : Beaucoup de petites boulangeries ont fermé, ou elles ont fabriqué à la va-vite* des baguettes trop blanches, élastiques, en un mot sans goût*. Les hypermarchés ont fait la même chose.

③

remonter – *erhöhen*
à la va-vite – *auf die Schnelle*
sans goût – *ohne Geschmack*

Nach L'EXPRESS, Nr. 2484, S. 25

Dans une librairie-papeterie. Sie sind in einem Schreibwarengeschäft, das auch Bücher verkauft. Wie würden Sie sich in dieser Situation auf Französisch ausdrücken?

B 6

1. Sie fragen den Verkäufer, ob er deutsche Zeitungen hat. ....

2. Sie fragen, ob es Reiseführer über die Region gibt. ....

3. Sie möchten einen Stift und fünf Postkarten. ....

4. Sie sagen, dass Sie keinen Wunsch mehr haben. ....

5. Sie fragen, ob Sie mit einer Kreditkarte bezahlen können. ....

A 1

La vie de Nicole et de Paul Brevet. In jedem Satz ist ein inhaltlicher Fehler, berichtigen Sie die Aussagen.

1. Paul est informaticien, Nicole est professeur. ....

2. Maintenant, ils habitent à Paris. ....

3. Ils ont acheté un appartement. ....

4. Ils ont un petit balcon. ....

A 2

Pendre la crémaillère ! Den Einzug feiern! Marie und Bruno haben für den 10. Januar Freunde eingeladen. Abends hören sie ihren Anrufbeantworter ab. Ergänzen Sie die Nachrichten mit einer Form des Verbs *pouvoir.* Wie viele Leute sind eingeladen, wie viele können kommen?

1. Bonjour. Ici Chantal et Michel. Vraiment désolés mais le dix, nous ne .... pas venir. C'est l'anniversaire *(Geburtstag)* de grand-mère : 90 ans alors...

2. Euh, oui... C'est Micheline. Alors le dix, je ne .... pas. C'est un peu compliqué. Marie, tu .... me téléphoner ce soir ?

3. Pascal et Lise au téléphone ! Merci pour le dix. Pas de problème : les parents .... garder les enfants. C'est super !

4. Merci pour votre carte. Le dix, je viens, mais Gaspard, il ne .... pas. Il est encore en voyage d'affaires. Bonne journée.

A 3

a) **Buchstabensalat.** Suchen Sie die Partizipien (männliche Form) der aufgeführten Verben. Die restlichen Buchstaben ergeben, von links nach rechts gelesen, eine Redewendung.

rester	r	f	a	r	i	p	r
partir	e	e	r	e	d	a	e
sortir	v	s	e	t	c	r	h
revenir	e	â	s	o	r	t	i
aller	n	t	t	u	e	i	a
venir	u	u	é	r	x	e	s
retourner	p	v	e	n	u	a	g
	a	l	l	é	n	e	–

— — — — —   — — —

— — — — — — — — en

— — — — — — — = faire des

projets impossibles à réaliser

b) **Niemand im Büro?** Vervollständigen Sie die folgenden Sätze im *passé composé* mit den Verben aus der Übung 3a. Jedes Verb kommt nur einmal vor. Vergleichen Sie mit der Kassette.

1. Désolée, mais Corinne et Sylvie .... en voyages d'affaires pour Rome ou Madrid.

2. Madame Louvain ? Elle .... avec Monsieur Léopold. Ah, un instant, s'il vous plaît. Ils ....

3. Les clients allemands ? Oui, ils .... ce matin. Ils .... deux heures dans le bureau du directeur. Et maintenant ? Je ne sais pas du tout où ils sont.

4. Léon .... à la cantine. Pascale aussi.

5. Je regrette, Madame Smith est encore là, mais Monsieur Smith .... dans son pays natal.

Ergänzen Sie die Tabelle. Zwei Verben werden im *passé composé* mit *être* konjugiert!

Infinitif	Présent	Passé composé
avoir	j'ai	*j'ai eu*
choisir	tu	tu ....
....	elle naît	*elle est née*
rencontrer	nous	nous ....
décider	vous	vous ....
....	ils partent	ils ....

Marguerite Duras (1914-1996) : notes biographiques. Setzen Sie die in Klammern angegebenen Verben ins *passé composé*. Achten Sie dabei auf das richtige Hilfsverb, *être* oder *avoir*! Hören Sie dann den Lebenslauf von der Kassette.

Marguerite Duras .... *(naître)* en Indochine. En 1932, elle .... *(aller)* à Paris pour étudier le droit *(Jura studieren)*. De 1935 à 1941, elle .... *(travailler)* au ministère des Colonies. En 1942, elle .... *(rencontrer)* le philosophe Dionys Mascolo. Ils .... *(avoir)* un fils, Jean. En 1943, elle .... *(décider)* de vivre de ses romans et elle .... *(commencer)* à écrire. Elle .... *(réaliser)* aussi des films, par exemple « Hiroshima, mon amour ». En 1984, elle .... *(avoir)* le prix Goncourt, un grand prix littéraire, pour son roman « L'Amant ». Des millions de personnes .... *(acheter)* ses livres. Marguerite Duras, c'est une "star mondiale".

MARGUERITE DURAS

L'AMANT

☆
m

LES ÉDITIONS DE MINUIT

Für die Leseratten unter Ihnen: *Courage !* Sie können sich jetzt schon an literarische Texte heran-wagen. Sie müssen ja nicht gleich mit einem *prix Goncourt* anfangen. Suchen Sie sich z. B. eine zweisprachige Ausgabe, bei der Sie notfalls ein bisschen in der deutschen Übersetzung nachlesen können. Außerdem gibt es auch vereinfachte Texte in verschiedenen Schwierigkeitsgraden. In Ihrer Buchhandlung wird man Ihnen sicher helfen können, die für Sie richtige Lektüre zu finden.

Programme de télévision. Schreiben Sie in Worten auf, um wie viel Uhr diese Sendungen beginnen. Wenn Sie möchten, üben Sie auch mit den anderen Sendungen.

1. Arrêt sur images : *à onze heures moins cinq*

2. Qu'est-ce qu'on mange ? : ....
   ....

3. Le rendez-vous : ....
   ....

8.15 Modes de vie, modes d'emploi. 8.45 Les écrans du savoir. 10.55 Arrêt sur images. 11.50 Le monde des animaux. 12.20 Le rendez-vous. 12.50 100% question. 13.15 Qu'est-ce qu'on mange ? 13.25 Le journal de la santé.

Programm des Senders *La 5*, aus *Midi Libre*, 8. Oktober 1998

A 7 Gehen Sie im Geist Ihre Woche durch. Was machen Sie an den verschiedenen Tagen zu den angegebenen Uhrzeiten?

le lundi, 7 h	le mardi, 14 h 30	le mercredi, 11 h 05	le jeudi, 16 h 45
le vendredi, 20 h 15	le samedi, 12 h 50	le dimanche, 10 h 35	

Le lundi, à sept heures, je prends mon café. ....
....
....
....

B 1 *Sophie, 10 ans, écrit une lettre à sa tante Chantal.* Mit Grammatik und Orthographie hat sie aber noch Schwierigkeiten. Streichen Sie die falsche Form.

> *Chère Tata Chantal,*
> *Nous* avons / sommes *déménagé dans un* appartement / apartement *tout neuf. J'ai*
> *une* grand / grande *chambre pour moi. Dans ma chambre, il y a un grand* placart /
> placard *pour mes poupées et une* moquete / moquette *verte. Je suis contente mais*
> *triste aussi parce que je n'ai plus* mais / mes *copines. Pour mon anniversaire, j'ai*
> eu / eue *deux chats presque* noir / noirs. *Hier, ils* sont / ont *fait pipi dans la* cuizine /
> cuisine *et après ils sont* allés / allé *dans la salle de bains pour dormir. Bon,* s'est / c'est
> *tout !*
> *Bisous.*
> *Sophie*

B 2 Ergänzen Sie die folgenden Sätze mit den entsprechenden Formen von *beau* und *vieux*.

1. Elle a 60 ans, mais c'est encore une .... femme !
2. Oui, j'ai acheté une .... ferme. Mais elle a du charme !
3. J'ai vendu mon .... ordinateur et mon .... fax parce que j'ai décidé
   d'acheter du .... matériel hypermoderne !
4. Quel .... homme ! Sportif, intelligent... C'est l'homme de ma vie !

B 3 *Quels objets dans quelles pièces ?* Welche Gegenstände gehören in welchen Raum? Erstellen Sie eine Tabelle, wie unten angedeutet, und tragen Sie die Gegenstände (mit dem richtigen Artikel) ein. Einige Objekte passen in mehrere Räume.

fax	réfrigérateur	ordinateur	commode	canapé	étagère
placard	bibliothèque	micro-ondes	table	chaise	tapis

dans la cuisine	dans le salon	dans le bureau

Was ist im Bild rechts anders? Schreiben Sie die sechs Unterschiede auf.

1. *La lampe est à côté de* ....
2. ....
3. ....
4. ....
5. ....
6. ....

La maison de mes rêves. Beschreiben Sie Ihr Traumhaus. Hier einige Stichwörter als Hilfe.

un chalet dans le Jura	un petit château de la Loire	un appartement à New York
une ferme	3 étages	10 pièces
4 salles de bains	un grand jardin	un salon bleu

....

....

....

....

In der Zeitung haben Sie eine Anzeige über eine Ferienwohnung in der Normandie gelesen. Der Preis ist interessant. Sie rufen an.

1. Sie sagen, dass Sie wegen der Wohnung anrufen. ....
2. Sie fragen, wie viele Schlafzimmer diese Wohnung hat, ...
3. ob es einen Garten hinter dem Haus gibt, ...
4. ob es auf der Terrasse einen Tisch und Stühle gibt. ....
5. Sie fragen, ob Sie Dienstag um 16 Uhr zurückrufen *(rappeler)* können.

....

A 1

a) In dieser Wegbeschreibung stimmt etwas nicht. Unterstreichen Sie die zwei falschen Aussagen und berichtigen Sie sie.

1. le musée des Beaux-Arts
2. l'office de tourisme
3. l'hôtel de ville
4. l'église Sainte-Marie
5. la poste
6. la bibliothèque
7. le théâtre

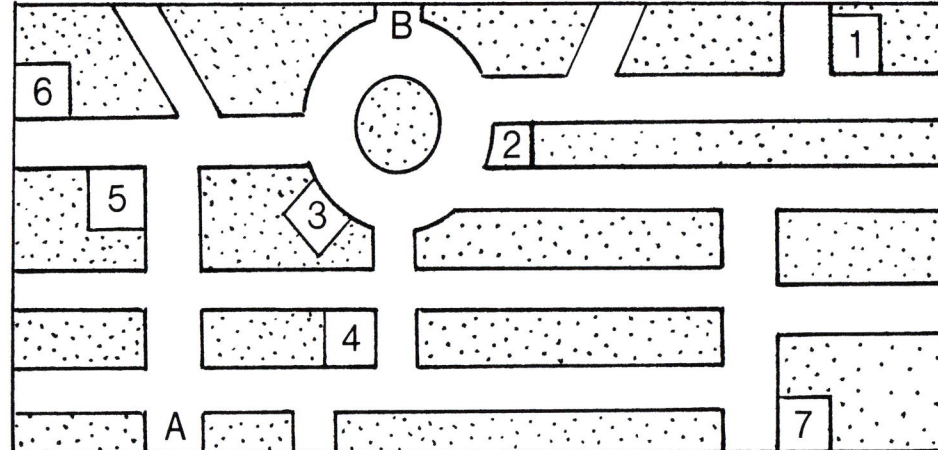

Vous êtes au point A. Pour aller au musée des Beaux-Arts, vous allez tout droit. Vous prenez la troisième rue à gauche. Vous continuez tout droit. Vous traversez la place. A l'office de tourisme, vous tournez à gauche. Vous continuez tout droit. Vous prenez la quatrième rue à gauche. Le musée est sur votre droite.

Corrections :

1. ....

2. ....

b) Sie sind am Punkt B und wollen zum Theater. Beschreiben Sie den Ihrer Meinung nach kürzesten Weg bis dahin. Hören Sie dann die Wegbeschreibung auf der Kassette. Sind Sie den gleichen Weg gegangen?

Je ....

....

....

c) Schauen Sie den Stadtplan noch einmal an. Welche Aussagen treffen zu?

	vrai	faux
1. La bibliothèque est loin du théâtre.		
2. La bibliothèque est presqu'à côté de la poste.		
3. L'hôtel de ville est presqu'en face de l'office de tourisme.		
4. L'office de tourisme n'est pas loin de la place.		
5. L'église Sainte-Marie est à côté de l'hôtel de ville.		

d) Berichtigen Sie die falschen Aussagen.

....

....

....

a) *Continuer, tourner, traverser* **? Diese Verben können auch in anderen Zusammenhängen benutzt werden, als Sie bisher kennen. Vervollständigen Sie mit diesen drei Verben im *passé composé* (mit *avoir*) die Erzählung von Edouard über den Anfang seiner Karriere. Hören Sie dann die Kassette.**

A 2

Deux ans à l'université, des petits boulots, le chômage. Alors j' .... mes études de cinéma. Et après ? Eh bien, encore des jobs : j' .... des moments très difficiles. Mais ensuite la chance .... ! J'ai trouvé un travail intéressant. J' .... un film avec Gabon. Avec ce film, nous .... le dos aux films politiques. Nous .... la tradition des films comiques. Pour faire ce film, nous .... l'Italie du nord au sud. Ah, un film formidable, un titre génial : « La traversée du désert ».

b) Wie würden Sie diesen Text übersetzen?

> Aufgepasst bei Übersetzungen: Ein Wort kann in verschiedenen Zusammenhängen unterschiedliche Bedeutungen haben. Lernen Sie daher die Bedeutung eines Worts immer in festen Wendungen, z. B.: *tourner à droite, tourner le dos, tourner un film*.

Un petit cours d'histoire française. **Geschichtsunterricht. Schreiben Sie auf, welches Jahrhundert oder welche Jahrhunderte Sie mit diesen Persönlichkeiten verbinden. Ordnen Sie zuerst die Daten zu.**

A 3

Charlemagne	1769 – 1821	....
Jeanne d'Arc	1638 – 1715	....
Charles de Gaulle	742 – 814	*le huitième et le neuvième siècle*
Napoléon 1er	1890 – 1970	....
Louis XIV	1412 – 1431	....

Un peu de mathématique. **Lösen Sie die Rechnungen, wie im Modell angegeben. Oder lassen Sie sich das Ergebnis von der Kassette diktieren.**

A 4

BEISPIEL: cent cinquante-deux + sept cent vingt-quatre = *152 + 724 = 876 (huit cent soixante-seize)*

1. quatre-vingt-quatorze + soixante et onze =

....

2. quatre cent soixante-dix-huit + mille huit cent trente-trois =

....

3. trois mille quatre cent quatre-vingt dix-neuf – deux mille deux cent soixante-dix-sept =

....

4. dix mille sept cent trois – mille neuf cent trois =

....

B 1

a) *Non au farniente, oui à la vie active !* Finden Sie sieben weitere Aktivitäten und notieren Sie sie mit dem passenden Artikel bei dem richtigen Verb.

x	n	c	a	r	n	k	n	g
r	a	n	d	o	n	n	é	e
a	t	e	n	n	i	s	c	s
b	a	c	v	o	n	n	h	c
l	t	h	é	â	t	r	e	r
m	i	i	l	g	f	e	c	i
e	o	s	o	r	i	n	s	m
e	n	m	u	s	i	q	u	e

faire   jouer

du vélo   ....

....

....

....

....

....

b) Mit *faire* kann man viel machen! Welche Ausdrücke mit dem Verb *faire* kennen Sie noch?

Faire les courses, faire une course de vélo, ...

....

B 2

Welche Wörter fehlen in diesen Schlagzeilen?

marathon   évasion   été   loisirs   histoire

Vacances : adieu à la monotonie et vive l' .... !

Le .... : un sport trop rapide ?

Un roman fantastique de Luc Souris « L' .... de mes chats »

Ciné, télé : les .... de vos enfants ?

Social : un .... chaud en perspective !

B 3

Welches Verb entspricht welchem Satz? Schreiben Sie die Sätze um, wie im Beispiel angegeben.

aider   sortir   pique-niquer   visiter   flâner   ~~apprendre~~   déménager

BEISPIEL: Je lis les textes de russe, je fais les exercices, j'écoute la cassette etc.   *J'apprends le russe.*

1. Je ne reste pas chez moi ce soir.   ....

2. Quand il fait beau, nous aimons manger dans la nature.   ....

3. Ils ne sont pas pressés.   ....

4. Tu regardes une exposition sur Matisse.   ....

5. C'est décidé ! Je n'habite plus ici.   ....

6. Elle est chez ses parents : elle fait le ménage, les courses etc. ....

a) Was haben Colette und Julien diese Woche vor?

B 4

lundi *mardi* (ich lerne du lernst) *mercredi* *jeudi* *vendredi* *samedi* FIN *dimanche*

1. *Lundi, Julien va jouer au tennis.*
2. ....
3. ....
4. ....
5. ....
6. ....
7. ....

b) *Et vous ?* Was haben Sie diese Woche vor?

....
....
....

Der 1. Juli in Montreal. Setzen Sie den Text in das *futur proche*.

B 5

Montréal : le grand déménagement.

A Montréal, à la question "Qu'est-ce que vous faites le 1er juillet ?", on répond : "Je déménage." Pourquoi le 1er juillet ? A cause (*wegen*) du beau temps. Louise et Marco vendent leur appartement pour acheter plus petit parce que leurs deux filles continuent leurs études à Cologne. "Bien sûr, nous regardons les petites annonces. Nous visitons beaucoup d'appartements. Trouver un appartement à Montréal, c'est très facile." Une semaine avant le déménagement, Louise informe des amis. Par exemple Yves, avec son petit camion (*Lastwagen*), aide Louise et Marco à transporter leurs meubles. Louise : "Je garde mes cartons pour le déménagement d'une amie." Pour les Montréalais, le 1er juillet : le grand jour !

(Nach Le français dans le monde, Nr. 302, S. 122)

Da Sie Ihren Stadtplan in Ihrem Hotelzimmer vergessen und die Orientierung verloren haben, sprechen Sie eine Passantin an.

B 6

1. Sie sagen, dass Sie das Kunstmuseum suchen ....
2. Sie erklären ihr, dass es in der *rue Gambetta* ist. ....
3. Sie fragen nach, ob Sie die zweite oder dritte Straße nehmen. ....
4. Sie fragen, ob das Museum weit von der Kathedrale entfernt ist ....

A 1 *L'île de la Réunion.* Mit diesem Text können Sie noch einiges mehr über diese Insel erfahren. Ergänzen Sie die passenden Präpositionen: *à, avec, dans, de ... à, de, en, sur.* Kontrollieren Sie anschließend mit der Kassette.

1. **L'île de la Réunion,** département français depuis 1946 et région depuis 1973, se trouve .... l'Océan indien .... 9180 km .... Paris.

2. **Un climat tropical.** La température .... la côte varie entre 18 et 31 degrés et .... montagne entre 4 et 25 degrés. La saison chaude va .... décembre .... avril et la saison fraîche .... mai .... novembre. La période des cyclones est en principe .... janvier .... mars.

3. **La population** (675 000 habitants) est très mélangée : des Européens, des Indiens, des Chinois etc. Les religions sont donc très différentes. C'est pourquoi on peut voir .... les villes, ... les villages ou .... les bords des routes des églises, des temples ou des mosquées.

4. **Le paradis de la randonnée.** Pour découvrir l'île, on peut faire des randonnées .... montagne ou .... les forêts. On découvre alors des vues magnifiques, par exemple .... la côte ou .... les volcans.

5. **La cuisine.** Le plat traditionnel est le cari. On trouve ce plat .... les tables réunionnaises ou .... les restaurants créoles. Le cari est fait .... de la viande ou du poisson et des tomates, des épices et des oignons. On sert le cari .... du riz et du rougail, une sauce très piquante.

6. **La langue créole.** Bien sûr, le français est la langue officielle mais beaucoup de Réunionnais parlent le créole, pas facile à comprendre. On peut apprendre cette langue .... l'université de Saint-Denis. La Réunion est une île souriante et charmante.

A 2 **a)** *Quel temps fait-il ?* Wie ist das Wetter in den angegebenen Städten?

1. A Paris, ...
2. A Strasbourg, ...
3. A Grenoble, ...
4. A Marseille, ...
5. A Bordeaux, ...
6. A Brest, ...

b) Und wie ist das Wetter heute bei Ihnen?

....

A 3

Les 15 à 17 ans et les vacances. Was möchten diese jungen Leute in den Ferien machen? Vervollständigen Sie die Sätze mit einer Form des Verbs *vouloir*.

▓ Est-ce vous .... partir en vacances avec vos parents cette année ?

● *Noémie (15 ans)* : Alors moi, je .... partir avec des copains. On .... faire du camping dans le Sud. Bien sûr, mes parents ne sont pas d'accord. Mais ça m'est égal ! Je ne suis plus un bébé.

▲ *Laurent (16 ans)* : Passer des vacances avec les parents ? Non merci ! "Pourquoi est-ce que tu ne .... pas venir avec nous ?" C'est leur question préférée. Je .... ma liberté. Mais ils ne .... pas comprendre. Ils sont trop vieux !

◆ *Delphine (17 ans)* : Cette année, je vais avec une amie en Angleterre, dans une école de langue parce que nous .... avoir une bonne note en anglais au baccalauréat *(Abitur)*.

A 4

Partir dans des pays francophones. Gesucht sind acht Länder und eine Stadt. Wenn Sie diese in das Rätsel eintragen, ergibt sich der Name eines berühmten Autors. Die Frankophonie-Karte im Umschlag des Buches kann Ihnen bei der Lösung des Rätsels helfen.

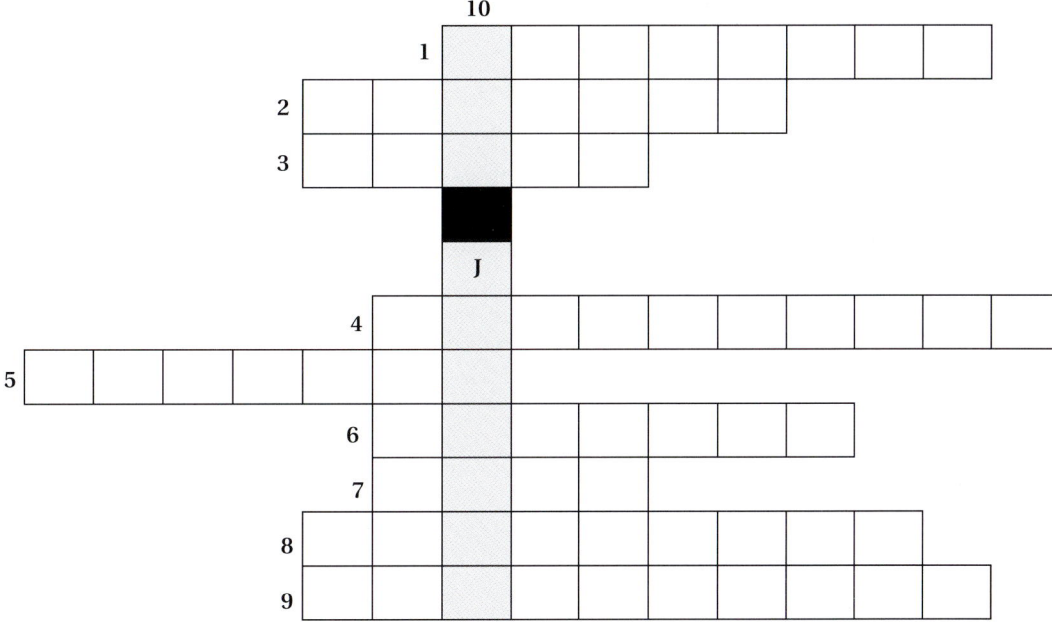

1. Dans ce pays de 9 provinces, on parle français, flamand et allemand.
2. La France a joué un grand rôle dans ce pays d'Asie du sud-est.
3. Le français est la langue officielle de ce pays d'Afrique équatoriale.
4. Des îles dans l'Océan indien au nord-est de Madagascar.
5. Dakar est la capitale de ce pays africain.
6. Dans ce pays d'Afrique du nord, le français est utilisé en partie à l'école.
7. Ce pays de l'Afrique de l'ouest a quatre lettres avec deux o.
8. C'est dans le sud des Etats-Unis. Là, les cajuns parlent encore français.
9. C'est une ville en Inde. Ancienne capitale des *Etablissements (Niederlassung) français d'Inde.*
10. C'est un écrivain marocain célèbre. Il a eu le prix Goncourt en 1987 pour son livre "La nuit sacrée".

B 1

Réservation. Sie haben einen Brief und einen Prospekt des *Hôtel Ermitage* erhalten. Sie möchten in diesem Hotel mit Ihrer Frau / Ihrem Mann eine Woche (1. bis 7. Juni) verbringen. Sie reservieren ein Zimmer (2 Betten, Dusche/WC, Meeresblick). Für Ihre Vorauszahlung *(les arrhes)* geben Sie die Nummer Ihrer Kreditkarte an. Ergänzen Sie diesen Musterbrief.

(1)

_____

_____

_____

(2)

Hôtel Ermitage

3, boulevard Montpellier

F - 66700 Argelès/Mer

(3) _____ , le _____

Madame, Monsieur,

.... beaucoup de .... réponse et de .... informations.

Je voudrais .... (4) _____ chambre(s) à deux .... , avec ....

et .... et avec .... sur la mer pour la .... du (5) _____

au (5) _____ à (6) _____ par jour.

Je vous communique, pour les arrhes, les coordonnées de ma .... de crédit :

(7) _____ .

Dans l'attente de votre confirmation, je vous prie d'agréer, Madame, Monsieur, ...
salutations distinguées.

(8) _____

(1) Ihre Anschrift	(5) Anreise-/Abreisedatum
(2) Anschrift des Hotels	(6) Preis
(3) Datum	(7) Ihre Kreditkartennummer
(4) Anzahl der Zimmer	(8) Ihre Unterschrift

Welche Sehenswürdigkeiten befinden sich in welchem Land? Bilden Sie Sätze, wie im Beispiel angegeben.

| la place Rouge | l'Acropole | le Pentagone | le Vatican | le Kremlin | Sainte-Sophie |

La place Rouge est en Russie. ....
....
....

Paris, die Weltstadt. Die Sehenswürdigkeiten der Übung 2 sind auch alle in Paris anzutreffen! Lesen Sie das Gedicht *Conseil aux touristes* (Ratschläge an die Touristen) und ergänzen Sie die Lücken mit den passenden Wörtern. Die Reime helfen Ihnen dabei. Hören Sie anschließend die Kassette.

| Café du Commerce | place Rouge | Acropole | Beaux-Arts | Pentagone |
| Chapelle | Vatican | Kremlin | Sainte-Sophie |

CONSEILS AUX TOURISTES

Sur le boulevard Sébastopol
vous pourrez voir* l' ....
boulevard de la ....
le quartier de Whitechapel
boulevard Jourdan
le ....
porte de Pantin
le ....
quai* de la Mégisserie
Istamboul et ....
dans la rue de Beaune
le ....
rue Saint-Marc
Saint-Marc
rue de Traktir
le pont des Soupirs*
rue des ....
Time Square
avenue de la porte de Montrouge
la ....
et si l'averse se déverse*
vous trouverez* refuge* au ....
(Raymond Queneau, *Courir les rues,* © Editions Gallimard)

vous pourrez voir - *Sie werden sehen können*; le quai - *der Kai*; le pont des Soupirs - *die Seufzerbrücke*; si l'averse se déverse - *wenn der Regenschauer kommt*; vous trouverez - *Sie werden finden*; le refuge - *die Zuflucht*

Ganz gleich, welcher Lerntyp Sie sind und welche Lernerfahrung Sie bisher gemacht haben: Mit Spaß lernen Sie besser! Versuchen Sie etwas, das Sie interessiert oder das Sie gerne machen, doch einmal auf Französisch: fernsehen (Nachrichten, Filme), Radio hören, Briefe schreiben, lesen, diskutieren, spielen, singen ...

VOCABULAIRE ET EXPRESSIONS

Bravo ! Sie haben *Bleu* abgeschlossen! Dann können Sie sich jetzt problemlos an den folgenden kleinen Test heranwagen, der Ihnen Fragen aus dem Bereich Wortschatz, Grammatik und Landeskunde stellt. Viel Spaß!

❶ Vervollständigen Sie die Zeile mit mindestens zwei weiteren Elementen.

1. bleu, blanc, ...
2. le train, le vélo, ...
3. le salon, les W.-C., ...

4. mon père, mon frère, ...
5. de la viande, du lait, ...
6. un paquet de sel, un verre d'eau, ...

❷ Finden Sie das Gegenteil.

grand ....   monotone ....   banal ....
acheter ....   donner ....   froid ....

❸ Was passt nicht in die Reihe?

1. adorer - préférer - vendre - aimer
2. la Normandie - la Seine - la Bretagne - l'Alsace - l'Auvergne
3. employé - directrice - bureau - professeur - vendeuse
4. carte - stylo - timbre - solitude
5. à droite - à demain - à côté - à gauche
6. sandwich - café - vin - eau minérale - lait

❹ Wie muss der Satz ergänzt werden? Unterstreichen Sie das Wort, das passt.

Le cinéma est $\begin{array}{c}\text{dans}\\\text{sur}\end{array}$ la place Mirabeau. Dans $\begin{array}{c}\text{ce}\\\text{cette}\end{array}$ cinéma, il y a souvent des $\begin{array}{c}\text{jeux}\\\text{films}\end{array}$ américains.

En face $\begin{array}{c}\text{au}\\\text{du}\end{array}$ cinéma, on peut $\begin{array}{c}\text{prendre}\\\text{vendre}\end{array}$ un verre sur la terrasse d'un café très agréable. Le week-end :

le $\begin{array}{c}\text{lundi}\\\text{samedi}\end{array}$ et le dimanche, il y a toujours beaucoup de clients dans ce café à l'heure de

l'apéritif, $\begin{array}{c}\text{à minuit.}\\\text{à midi.}\end{array}$

❺ Machen Sie Listen mit Wörtern, die mit den einzelnen Buchstaben des Alphabets beginnen. Sie sollten natürlich nicht ins alphabetische Vokabular ab Seite 221 schauen, sonst ist diese Übung ja sinnlos! Und ein Tipp: Daraus können Sie ein „Stadt-Land-Fluss"-Spiel machen!

A: ....   B: ....   C: ....   D: ...

GRAMMAIRE

6 Ergänzen Sie den Text mit den angegebenen Verben im Präsens.

faire - manger - boire - aller - prendre - regarder - passer

Pour rester en forme, je .... beaucoup de sport, je .... beaucoup de salade et de légumes, je .... deux verres de lait par jour, je .... au travail à pied et je ne .... pas ma voiture, je ne .... pas trop la télé, et enfin, je .... beaucoup de temps dans la nature.

7 Setzen Sie folgende Sätze ins *passé composé.*

A 60 ans, nous prenons notre retraite, nous achetons une belle petite villa en Bretagne. Nous rénovons la maison, nous achetons des meubles et des tableaux. Nous allons vivre au soleil. Les enfants viennent souvent avec des amis, puis avec leurs enfants. Nous voyageons et visitons l'Europe et l'Asie.

8 Setzen Sie die Adjektive mit der richtigen Endung ein. (Die Reihenfolge stimmt bereits!)

clair   agréable   vieux   grand   bon   exceptionnel   beau   petit   gris

J'habite depuis un mois dans le sud de la France, en Provence. Nous avons des chambres .... et ...., dans une .... maison du 19e siècle. Derrière la maison, il y a un .... jardin. Il y a aussi un restaurant dans le village et le chef fait de la .... cuisine. Nous avons une vue .... sur la montagne Sainte-Victoire et un .... village avec ses .... maisons .... C'est vraiment très agréable !

LES LIEUX DE COULEURS DE FRANCE

9 Welcher Ort, welches Wort ist jeweils gemeint? Die markierten Buchstaben ergeben, in die richtige Reihenfolge gebracht, ein Lösungswort. (Die Antwort befindet sich in der in Klammern angegebenen *Unité*).

1. la spécialité de Castelnaudary (U 8)
2. petit village au centre géographique de la France (U 9)
3. un vin célèbre produit à Reims (U 11)
4. la course des serveuses et ... de café (U 6)
5. cette ville porte le nom de "capitale européenne" (U 2)
6. un joli village dans le département du Lot (U 5)
7. un musée parisien très célèbre (U 4)
8. une île dans l'Océan indien (U 12)

Lösungswort: $\overline{}_1 \overline{}_4 \overline{}_8 \overline{}_7 \overline{}_3 \overline{}_2 \overline{}_5 \overline{}_6$

Lernstrategien

Jeder lernt auf seine eigene Weise. Wie sieht das bei Ihnen aus? Was ist Ihnen wichtig und wie lernen Sie am leichtesten?

Behalten Sie das am besten, was Sie einmal geschrieben oder als Bild gesehen haben? Prägen Sie sich Lernstoff besonders gut ein, wenn Sie ihn gehört haben, z. B. vom Kursleiter / von der Kursleiterin oder von der Kassette? Fällt es Ihnen leichter, sich etwas zu merken, das Sie angewandt oder ausprobiert haben? Oder haben Sie von jedem ein bisschen?

Zu jeder *Unité* im Übungsteil ab Seite 112 finden Sie Anregungen, wie Sie Ihr Lernen organisieren können, um effektiv und mit Spaß voranzukommen. Suchen Sie sich die Vorschläge aus, die Ihnen zusagen. Sie werden sicher schnell herausfinden, wie Sie persönlich am besten lernen und welche Tipps daher für Sie geeignet sind.

Falls Sie doch einmal einen „Durchhänger" haben, rufen Sie sich in Erinnerung, warum Sie Französisch lernen: Sie wollen doch Ihre Geschäftspartner in deren Muttersprache begrüßen, eine Reise quer durch Frankreich machen oder sicher besser mit Ihrer französischen Schwiegertochter unterhalten können ... Das motiviert Sie sicher zum Weitermachen!

Stellen Sie sich Ihr individuelles Lernprogramm zusammen.
Hier eine Übersicht über die Lerntipps, die Sie in *Couleurs de France - Bleu* finden:

Unité 1	Zeichen Sie (phantasievolle) Bilder für Ihren Lernwortschatz.
Unité 2	Suchen Sie für neue Wörter einen Oberbegriff: *la rose - une fleur*.
Unité 3	Lernen Sie mit allen Sinnen (Verbindungen zu Gerüchen, Gefühlen usw.).
Unité 4	Wandern Sie im Geiste von einem Wort zum anderen: *le voyage - le Maroc - le soleil - il fait chaud*.
Unité 5	Immer wieder gilt die Grundregel: Jeden Tag ein bisschen!
Unité 6	Auch unterwegs können Sie mühelos Wörter lernen: Benennen Sie alle Gegenstände, die Sie sehen: *la voiture - le vélo - le magasin*. Oder zählen Sie sie.
Unité 7	Benutzen Sie Farbstifte oder farbiges Papier, z. B. die Verben immer in Grün, die Adjektive in Rot. Markieren Sie die verschiedenen Wortarten in Texten mit unterschiedlichen Farben.
Unité 8	Spielen Sie mit den Wörtern: Bilden Sie Ketten oder Reime aus Wörtern mit gleichlautenden Silben: *rire - lire - dire ; C'est français, c'est vrai ?*
Unité 9	Bilden Sie Wortfamilien zur Strukturieren und Erweiterung Ihres Wortschatzes: *coiffer, le coiffeur, la coiffeuse, la coiffure*.
Unité 10	Seien Sie neugierig! Wagen Sie sich auch an literarische Texte heran. Jede eigene Entdeckung freut Sie umso mehr.
Unité 11	Lernen Sie Wörter immer im Zusammenhang, um für die jeweilige Situation den richtigen Ausdruck parat zu haben: *il fait chaud, le chocolat est chaud*.
Unité 12	Versuchen Sie das, was Ihnen Spaß macht auch auf Französisch, z. B. Tagebuch schreiben, Rezepte aussuchen und danach kochen ...

Lösungen der Übungen

Unité 1

A1 Je suis Henri Barrot. - Vous êtes Madame Legrand ? - Et toi, tu es bien Fabien ? - Salut, Marc, ça va ? - Moi, c'est Valérie, et toi ? - Bonjour, je m'appelle Luc Lorrain.

A2a) 1. Vous, je - 2. Tu, Je

A2b) 1. est, es, est - 2. êtes, êtes, suis

A2c) 1. vous, vous, Moi - 2. Toi, moi, toi

A3 Monsieur - Bonsoir - Je m'appelle - vous êtes - c'est ça - Je suis - Enchanté

A4 *Saint-Pierre :* Monsieur Beethoven, je vous présente Edith Piaf.
Beethoven : Enchanté.
E. Piaf : Enchantée.
Beethoven : Comment allez-vous ?
E. Piaf : Très bien, merci. Et vous ?

A5a) A2 - B2 - C1 - D2

A5b) *duzen*: A, C - *siezen*: B, D

A6 a) Comment allez-vous - b) Vous êtes - c) Tu es (bien) - d) Ça va

A7 BERLIN - SALZBOURG - ZURICH

B1 1. une banane - 2. une salade - 3. un ananas - 4. un chocolat - 5. une orange - 6. un cognac - 7. un croissant - 8. une tomate

B2 un restaurant, un cinéma, un bar - une adresse, une bibliothèque, une radio - des hôtels, des chocolats, des baguettes, des cigarettes

B3 un camembert, une salade, des cigarettes, des bonbons, un parfum, des croissants, une baguette, des tomates, une banane et une rose

B4 Bonjour ! - Guten Tag!, Bonsoir ! - Guten Abend!, Au revoir ! - Auf Wiedersehen!, A demain ! - Bis morgen!, A bientôt ! - Bis bald!, A la semaine prochaine ! - Bis nächste Woche!

B5 *Lösungsvorschlag:* **B** : un bonbon, une bibliothèque, un bar; **C** : un/une collègue, une cigarette, un camembert; **P** : une photo, un passeport, un porte-monnaie; **R** : une rose, un restaurant, une radio; **T** : un taxi, une tomate, un théâtre

B6 1. Salut, Bernard. Ça va ? -
2. Enchanté(e). -
3. Jankélévitch, ça s'écrit comment ? -
4. Vous pouvez répéter, s'il vous plaît ? -
5. Au revoir et à demain !

Unité 2

A1 *männlich:* français / suisse / italien / russe / espagnol / danois;
weiblich: française / suisse / italienne / russe / espagnole / danoise

A2 1. il est danois - 2. il est allemand - 3. elle est autrichienne - 4. il est tunisien - 5. il / elle est belge - 6. il est espagnol

A3a) 2.f - 3.e - 4.a - 5.b - 6.c

A3b) *Tiramisu :* C'est une spécialité italienne. - *Die Süddeutsche Zeitung :* C'est un journal allemand. - *Peugeot :* C'est une entreprise française.

A3c) *Lösungsvorschlag:* Roma : C'est un parfum italien. - Fischer : C'est un ministre allemand.

A4 Gianni, tu es italien ? - Anastasia est russe. - Emile et moi, nous sommes à Paris. - Vous êtes Monsieur et Madame Lopez ? - Poison et Trésor sont des parfums.

A5 2. Elle ne parle pas anglais. Elle parle français. - 3. Elles ne sont pas à Madrid. Elles sont à Paris. - 4. Il n'est pas espagnol. Il est italien.

A6 je parle - tu parles - elle parle - nous parlons - vous parlez - ils parlent; *falsch:* t - s

A7a) 1. Je parle bien français. - 2. Jules et Jim ne parlent pas allemand. - 3. Vous parlez très bien russe. - 4. Nous ne parlons pas très bien danois.

A8 *Aachen:* Aix-la-Chapelle, c'est en Allemagne.
Marrakesch: Marrakech, c'est au Maroc.
Nizza: Nice, c'est en France.
Montreal: Montréal, c'est au Canada.
Neapel: Naples, c'est en Italie.

B1a) 3. Non, je suis de Bordeaux. - 4. Et vous habitez à Bordeaux ? - 5. Ah non ! J'habite... - 6. Je suis de Cambridge. - 7. Et vous habitez où ? - 8. J'habite à Londres.

B2 1.b - 2.b - 3.a - 4.a

B3 Il habite à Soissons, 9 (neuf), rue Lebleu. - Hum ! Non ! Zéro trois... dix-huit... vingt... onze... zéro deux. - Ils habitent à Sedan, 1 (un), rue Gambetta. - Zéro trois... douze... zéro cinq... quinze... zéro trois.

B5 1. Je m'appelle... - 2. Je suis... - 3. Je suis de / d'... - 4. J'habite à... - 5. Je parle (très) bien / un peu...

Unité 3

A1 la rose - le camping - le chat - la jalousie

A2a) *Einzahl:* chat - jalousie - orange - problème - poésie - hôtel;
Mehrzahl: roses - enfants - voyages - hommes - familles - femmes

A2b) *weiblich / Einzahl:* la jalousie - l'orange - la poésie; *weiblich / Mehrzahl:* les familles - les femmes; *männlich / Einzahl:* le problème - l'hôtel; *männlich / Mehrzahl:* les enfants - les voyages - les hommes

A3 Est-ce que vous êtes Madame Lempereur ? - Est-ce que vous êtes française ? - Est-ce que vous êtes de Bruxelles ? - Est-ce que vous habitez à Anvers ?

A4 Moi aussi, j'adore ça. - Moi non, j'aime beaucoup ça. - Moi non plus, je n'aime pas ça. - Moi si, j'adore ça. - Moi non, je n'aime pas ça.

A5 je discute, il / elle discute, nous discutons, vous discutez - je contacte, tu contactes, nous contactons, vous contactez, ils / elles contactent - j'adore, tu adores, il / elle adore, vous adorez, ils / elles adorent - tu détestes, il / elle déteste, nous détestons, ils / elles détestent

A6 *Lösungsvorschlag:* Il est moderne parce qu'il discute sur Internet. Il est sympathique parce qu'il déteste le travail. - Elle est classique parce qu'elle aime Bach et Mozart. Elle est dynamique parce qu'elle aime les voyages.

B1a) écouter - manger - habiter - discuter - faire - parler - regarder - jardiner

B2 *faire :* je fais, tu fais, il / elle fait, nous faisons, vous faites, ils / elles font - *lire :* je lis, tu lis, il / elle lit, nous lisons, vous lisez, ils / elles lisent - *rire :* je ris, tu ris, il / elle rit, nous rions, vous riez, ils / elles rient

B3 Est-ce que tu regardes souvent la télévision ? - Je ne fais pas très souvent les courses. - Nous faisons quelquefois une promenade. - Est-ce que vous écoutez quelquefois la radio ?

B4a) tu préfères, sympathique - il préfère, moderne - vous préférez, élégant - elles préfèrent, parisien

B5 quatre - cinquante - soixante - quatre-vingts - quatorze - trente - cent - seize; *Lösung:* quarante

B6 1. (Est-ce que) Vous faites souvent les courses ? - 2. (Est-ce que) Vous aimez jardiner ? - 3. (Est-ce que) Vous aimez manger en famille ? - 4. (Est-ce que) Vous regardez très souvent la télévision ou (est-ce que) vous écoutez très souvent la radio ?

Unité 4

A1 1. un boulanger - 2. un informaticien - 3. une serveuse - 4. un employé - 5. un directeur - 6. un ingénieur

A2 1. Elle est serveuse. - 2. Il est boulanger. - 3. Elle est employée. - 4. Elle est secrétaire. - 5. Il est coiffeur. - 6. Elle est ouvrière.

A3a) 1. ils font des parfums. - 2. elle fait les courses et le ménage. - 3. elle fait des interviews. - 4. ils font la cuisine. - 5. il fait des baguettes.

A5 2. Je suis ingénieur... - 3. Alors, je parle... - 4. Etre ingénieur, c'est... - 5. J'aime vivre à Chabeuil... - 6. parce que c'est... - 7. J'aime jardiner... - 8. Mais je déteste...

A6a) Il est d'où ? - Il habite où ? - Il travaille où ? - Il est sympathique ?

A6b) D'où est-ce qu'il est ? - Où est-ce qu'il habite ? - Où est-ce qu'il travaille ? - Est-ce qu'il est sympathique ?

A7 La solitude, ça vous plaît ? Non, pas du tout. - Les poèmes, ça vous plaît ? Oui, assez. - Les concerts de jazz, ça vous plaît ? Oui, beaucoup. - La musique classique, ça vous plaît ? Non, pas du tout.

B1a) je prends, il / elle prend, nous prenons, vous prenez - tu comprends, il / elle comprend, vous comprenez, ils / elles comprennent - j'apprends, tu apprends, nous apprenons, ils / elles apprennent

B1b) 1. prends, prends - 2. apprenez, apprenons - 3. comprend - 4. prends

B2 1. nous allons - 2. tu vas - 3. je vais - 4. elles vont - 5. il va - 6. vous allez

B3 *Lösungsvorschlag:* Pour aller du bureau à la gare, on prend le bus. Pour aller de la bibliothèque à la maison, je prends la voiture. Pour aller du théâtre au restaurant, vous prenez le taxi / un taxi. Pour aller de la gare à l'aéroport, ils prennent le train.

B4a) Dans les rues d'Angers je vais au marché... - Dans les rues de Nice, vous allez, Madame Miss, de la gare à l'hôtel... - Dans les rues de Java, ils vont du cinéma à la Place d'Alésia...

B6 *Lösungsvorschlag:* 1. Je suis... - 2. Je travaille à... / dans... / chez... / Je ne travaille pas - 3. Je prends... - 4. Le travail est intéressant, quelquefois stressant... - 5. J'aime / Je n'aime pas manger à la cantine.

Unité 5

A1 as - ai - ont - avez - avons

A2a) danser - regarder - écouter - faire - sortir - lire; un film - un concert - une promenade - un café - un théâtre - un roman - un cinéma

A2b) aller au café - aller au concert - aller au théâtre - aller au cinéma - regarder un film - faire une promenade - écouter un concert - lire un roman

A3 *Luc et Gilles :* Ils ont envie de dormir sur la plage.
Jérôme : Il a envie de visiter le musée du Louvre.
Patricia et Louise : Elles ont envie de danser avec des ami(e)s.

A4 1. On fait une promenade à vélo ? - 2. Tu as envie de danser ? - 3. On va ensemble au cinéma ? - 4. On mange ensemble au restaurant ? - 5. On discute sur Internet ? - 6. Tu n'as pas envie d'aller au théâtre ?

A5a) (Comment) allez-vous - (Très) bien - (Et) vous - (je) vais - (Vous) venez - (Et) après - (on mange) ensemble au (restaurant) - (Vous êtes) d'accord - (une bonne) idée - (ce) soir

A5b) Ça va / Comment vas-tu ? - Et toi ? - Tu viens avec moi ? - Tu es d'accord ?

A6 tu sors, il / elle sort, nous sortons, ils / elles sortent - je viens, tu viens, vous venez, ils / elles viennent

B1 *Versailles :* c'est au sud-ouest de Paris. - *Bobigny :* c'est au nord-est de Paris. - *Créteil :* c'est au sud-est de Paris. - *Saint-Germain :* c'est à l'ouest de Paris. - *Evry :* c'est au sud de Paris.

B2a) *Lösungsvorschlag:* 1. D'abord, je voudrais dormir dans une grotte. - 2. Après, je voudrais visiter Tokyo. - 3. Ensuite, je voudrais habiter dans un moulin. - 4. Enfin, je voudrais faire un film.

B2b) *Lösungsvorschlag:* 1. Je ne voudrais pas vivre sur la lune. - 2. Je ne voudrais pas travailler dans un supermarché. - 3. Je ne voudrais pas être ministre. - 4. Je ne voudrais pas aller de Paris à Moscou à vélo.

B3 je voudrais - Il y a - Je voudrais - On peut - Je voudrais - on peut - Il y a

B4a) *La boulangerie :* Elle est ouverte du mardi au dimanche, de 7 heures à 19 heures. Elle est fermée le lundi. - *Le supermarché :* Il est ouvert du lundi au samedi, de 9 heures à 19 heures, et le dimanche de 9 heures à 13 heures. - *La galerie d'art :* Elle est ouverte le lundi et du mercredi au samedi, de 14 heures à 20 heures. Elle est fermée le dimanche et le mardi.

B5 (Un très) grand (bonjour) - (une ville) magnifique - (des panoramas) exceptionnels - (La plage est très) grande - (une famille très) sympathique - (une) petite (femme) dynamique (et) géniale - (des choses) passionnantes

B6 1. (Est-ce qu') Il y a des monuments intéressants ? - 2. (Est-ce que) La chapelle est ouverte le samedi ? - 3. (Est-ce qu') On peut visiter le château le lundi ? - 4. (Est-ce qu') Il y a un concert de jazz ce soir ?

Unité 6

A1 ... une Allemande, trois Italiens, une Danoise, deux Espagnols, un Suédois.

A2 Pourquoi est-ce que vous regardez la course ? - Où est-ce que vous travaillez ? - Comment est-ce que vous allez au travail ? - Combien d'heures est-ce que vous travaillez par jour ? - Comment est-ce que la course vous plaît ?

A3 1. Qu'est-ce que - 2. Est-ce que - 3. Qu'est-ce que - 4. Qu'est-ce que

A4 1. Pourquoi est-ce que vous apprenez le français ? - 2. Quand est-ce que vous allez au cours de français ? - 3. A quelle heure est-ce que le cours de français commence ? - 4. Combien d'heures de français est-ce que vous avez par semaine ?

A5 je bois - tu bois - il / elle boit - nous buvons - vous buvez - ils / elles boivent

A6 1. Elle lit beaucoup de romans. - 2. Elle boit beaucoup de café. - 3. Il visite beaucoup de musées.

A7 Non, elle ne lit pas de romans d'amour. Oui, il lit des romans d'amour. - Oui, elle achète des objets d'art. Non, il n'achète pas d'objets d'art. - Non, elle n'a pas de problèmes. Oui, il a des problèmes.

A8a) soixante-quinze - quatre-vingt-dix-neuf - vingt-six - quatre-vingt-huit - trente-trois - cinquante et un - quatre-vingts - quatre-vingt-douze

A8b) quatre-vingt-dix-neuf - trente-trois - cinquante et un

B1 (Je) suis (à la) terrasse (d'un café, sous les) platanes. (Il fait) beau. (Il) fait chaud. (Ici, c'est) bien. (J'ai) envie (de boire) un café / une menthe / un demi...

B2 1.d - 2.a - 3.e - 4.b - 5.c

B3 Je voudrais un jus d'orange. - Nous prenons deux cafés. - L'addition, s'il vous plaît. - Pardon ? Je n'ai pas compris. - Ça fait combien ?

B4   bière - soda - chocolat - eau - suze - vin - café - thé - lait - citron; *Lösung:* décaféiné

B5a)   *1. Le matin :* deux tasses de café, deux tasses de thé, un verre de lait -
2. *Le soir :* une carafe d'eau, deux bouteilles de champagne, une bouteille de jus d'orange

B5b)   *Lösungsvorschlag:* A midi, nous prenons un apéritif sous les platanes. L'après-midi, nous visitons une galerie d'art et nous faisons une promenade dans la forêt. Le soir, nous écoutons un concert.

B6   *Lösungsvorschlag:* 1. Monsieur, s'il vous plaît. - 2. Je voudrais une pression, s'il vous plaît. - 3. (Pardon,) Où sont les toilettes, s'il vous plaît ? - 4. L'addition, s'il vous plaît. - 5. Pardon ? Je n'ai pas compris.

Unité 7

A1   1. chat - 2. dormir - 3. bouteille - 4. salon - 5. marbre - 6. boire

A2   *männlich:* neuf - grand - gentil; *weiblich:* ancienne - grande - gentille; *männlich/weiblich:* bizarre - magnifique - tranquille

A3   1. Est-ce que tu vends la table ?- 2. J'achète une cuisine neuve. - 3. Elle vend des chats persans. - 4. Ils achètent une grande entreprise. - 5. Nous achetons des disques anciens.

A4a)   rose - vertes - rouges - jaunes - bleue - aubergine - citron

A4b)   journaliste

A5   1. Quelles; Le drapeau belge est noir, rouge et jaune. - 2. Quelle; Strasbourg est la Capitale Européenne. - 3. quel; Il est de Jacques Prévert. - 4. quel; Il est dans le Lot / dans le département du Lot. - 5. Quels; Lundi, mardi, mercredi, jeudi, vendredi, samedi et dimanche.

A6a)   romantiques - fait - verre - blanc - menthe - vélo - course - vert - noire - blanche - prend

B1   il a commencé - il a fait route - il a habité - la vie de bohème a été - Picasso a aimé - Les femmes ont inspiré - Picasso a fait - il a beaucoup travaillé - il a toujours gardé

B2   1. Picasso - 2. Paloma - 3. Claude et Paloma - 4. Paulo - 5. Picasso et Marie-Thérèse

B3   votre - ma - Mon - ma - leur - vos - Mes - Leurs - leurs - nos - ta - mes - ma - tes - tes - mon - son - mes - nos - notre

B4   *Lösungsvorschlag:* Tu parles de la course des ser-

veurs à Paris. - Ma cousine parle de sa collègue suisse. - Nous choisissons pour notre ami Jacques un album de Bach. - Vous choisissez pour Monique un appareil photo. - Mes parents parlent de leurs vacances en Autriche.

B5a)   cadeaux - journaux - tableaux - plateaux - animaux; *Einzahl:* le journal - le tableau - le plateau- l'animal

B6   1. Je voudrais (acheter) ce vase bleu. - 2. Il fait quel prix ? - 3. C'est beaucoup trop cher ! - 4. Le prix est à débattre ? - 5. D'accord. J'achète le vase.

Unité 8

A1a)   aux - au - au - à l' - à la - au - aux- à la - à l' - des - aux - aux - à la - au - aux - des

A2   1. Est-ce que tu connais la recette du canard à l'orange ? - 2. Nous connaissons très bien le chef de cuisine. - 3. Est-ce que vous connaissez un restaurant japonais ? - 4. Je connais les livres de cuisine de Bocuse. - 5. Elle ne connaît pas les spécialités allemandes.

A3   mange - agréable - cuisine - prend - plat - connaît - entrée - frais - léger - préfère - a soif

A4   1. agréable, tranquille - 2. excellente - 3. fraîches - 4. cuits - 5. bonnes; *übrig:* chaud - froid

A5a)   2.e Ce steak ? Il est bien trop cuit. - 3.g Ces melons ? Ils sont excellents. - 4.f Cet endroit ? Il est très agréable. - 5.b Cette soupe ? Elle est trop froide. - 6.a Cet hôtel-restaurant ? Il est idéal pour nous. - 7.c Ces spécialités provençales ? Elles sont très bonnes.

A5b)   *Lösungsvorschlag:* 1. Ces spécialités sont excellentes. - 2. Ce livre est très intéressant. - 3. Cette phrase est vraie.

B1   Pour faire un menu de fête pas cher, il faut un peu d'imagination. - Pour faire des sorbets et des glaces, il faut un congélateur. - Pour faire une cuisine rapide, il faut un stock de conserves. - Pour faire des bons plats, il faut un bon livre de recettes.

B3   500 grammes de farine, 250 grammes de sucre, 2 œufs, 250 grammes de beurre, 150 grammes de sucre en poudre, 2 ou 3 cuillères à soupe d'eau

B4   de la - du - des - du - de l' - du - de la - des - du

B6   *Mögliche Wörter:* million - menus - carte - bible - gourmets - intéressant - pratique - culinaire - idées - simples - appétissants -

terrines - avocats - sorbets - biscuits - crème - recettes - desserts - Combinez - réalisez - originales - gastronomiques

B7 1. Je vais dans le restaurant La Belle Mer. - 2. Oui, il est ouvert du lundi au dimanche. - 3. Je vais dans le restaurant Le Balmain. - 4. Je vais dans le restaurant La Montagne.

B8 1. Je voudrais une spécialité régionale. - 2. Qu'est-ce que vous me conseillez ? - 3. Une truite à la bretonne (*eine Forelle auf bretonische Art*), qu'est-ce que c'est ? - 4. En entrée, je prends une soupe à l'oignon. - 5. La tarte aux fruits est excellente.

Unité 9

A1 la boulangère - le pâtissier - la pâtisserie - la bouchère - la boucherie - le charcutier - la charcuterie - l'épicier - l'épicière

A2 *Lösungsvorschlag:* 1. du pain, à la boulangerie - 2. des vêtements, dans une petite boutique / dans un magasin spécialisé - 3. des médicaments, dans une pharmacie - 4. de la viande, dans une boucherie / dans une grande surface - 5. des fruits, dans une épicerie / dans une grande surface - 6. du vin, dans un magasin spécialisé / dans une grande surface / sur Internet - 7. des meubles, dans un magasin spécialisé

A3a) 1. faux - 2. vrai - 3. faux - 4. faux - 5. vrai

A3b) 1. Ils n'aiment pas beaucoup les surgelés. - 3. Le dimanche, les petits magasins sont ouverts, par exemple la boulangerie. - 4. Le dimanche matin, les Français font surtout la queue devant la boulangerie.

A4a) fait - parlé - dormi - fini - mangé - dansé - pris - préparé

A4b) nous avons fait - nous avons parlé - Nous avons mangé - Maurice a pris - les gens ont dansé - Norbert a préparé - nous avons fini - j'ai dormi

A5 1. ... nous avons pris... - 2. Ils ont mangé... ils ont choisi... - 3. ... j'ai vendu... et j'ai acheté... - 4. Annette a attendu...

B1 un camembert - trois savons - dix santons - un sac à dos - un bol - un flacon de violette - cinq pots de moutarde

B2 *Lösungsvorschlag:* Le métro parisien est plus ancien que le métro anglais. - Le vin de table est moins cher que le champagne. - La Réunion est plus grande que la Martinique. - Le chat est plus petit que l'éléphant. - La Normandie est aussi jolie que la Bretagne.

B3 1.d - 2.e - 3.g - 4.b - 5.c - 6.h - 7.f - 8.a

B4 2. un stylo - 3. un guide - 4. une carte de crédit - 5. un calendrier

B5 3 (900 grammes...) - 2 (Mais, peu à peu...) - 1 (Aujourd'hui...)

B6 1. (Est-ce que) Vous avez des journaux allemands ? - 2. (Est-ce qu') Il y a des guides de la région ? - 3. Je voudrais un stylo et cinq cartes postales. - 4. C'est tout, merci. - 5. Je peux payer par carte, s'il vous plaît ?

Unité 10

A1 1. Nicole est informaticienne. - 2. Ils habitent à Channat. - 3. Ils ont rénové la vieille ferme des grands-parents. - 4. Ils ont un grand jardin.

A2 1. pouvons - 2. peux, peux - 3. peuvent - 4. peut; 7 *Personen sind eingeladen*, 3 *können kommen*

A3a) resté - parti - sorti - revenu - allé - venu - retourné; faire des châteaux en Espagne

A3b) 1. (elles) sont parties - 2. (elle) est sortie; (ils) sont revenus - 3. (ils) sont venus; (ils) sont restés - 4. (il) est allé - 5. (il) est retourné

A4 *choisir :* tu choisis, tu as choisi - *naître :* elle naît, elle est née - *rencontrer :* nous rencontrons, nous avons rencontré - *décider :* vous décidez, vous avez décidé - *partir :* ils partent, ils sont partis

A5 (elle) est née - (elle) est allée - (elle) a travaillé - (elle) a rencontré - ils ont eu - elle a décidé - elle a commencé - (elle) a réalisé - (elle) a eu - (ils) ont acheté

A6 2. à une heure et quart - 3. à midi vingt; *Modes de vie, modes d'emploi :* à huit heures et quart - *Les écrans du savoir :* à neuf heures moins le quart - *Le monde des animaux :* à midi moins dix - *100% question :* à une heures moins dix - *Le journal de la santé :* à une heure vingt-cinq

A7 *Lösungsvorschlag:* Le mardi, à deux heures et demie, je fais les courses. - Le mercredi, à onze heures cinq, je travaille. - Le jeudi, à cinq heures moins le quart, je rentre à la maison. - Le vendredi, à huit heures et quart, je regarde la télévision. - Le samedi, à une heure moins dix, je mange. - Le dimanche, à onze heures moins vingt-cinq, je fais la cuisine.

B1 nous avons déménagé - un appartement - une grande chambre - un grand placard - une moquette - mes copines - j'ai eu - deux chats noirs - ils ont fait pipi - dans la cuisine - ils sont allés - c'est tout

B2 1. belle - 2. vieille - 3. vieil, vieux, beau - 4. bel

B3 *Lösungsvorschlag:*
dans la cuisine : un réfrigérateur, une étagère, un placard, un micro-ondes, une table, une chaise -
dans le salon : une commode, un canapé, une étagère, une bibliothèque, une table, une chaise, un tapis -
dans le bureau : un fax, un ordinateur, une étagère, une bibliothèque, une table, une chaise, un tapis

B4 1. La lampe est à côté de l'ordinateur. - 2. Le tapis est sous la table / le bureau. - 3. La tasse est à côté de l'appareil photo. - 4. Le livre est sur la chaise. - 5. Le téléphone est devant la lampe. - 6. Le chat est derrière la table / le bureau.

B5 *Lösungsvorschlag:* La maison de mes rêves, c'est un petit château de la Loire avec 20 pièces et un grand jardin. Les chambres sont bleues, les salons rouges. Le bleu et le rouge sont mes couleurs préférées. Mes amis peuvent venir, et on peut faire la fête.

B6 1. Je vous téléphone pour l'appartement. - 2. Combien de chambres est-ce qu'il y a dans l'appartement ? - 3. (Est-ce qu') Il y a un jardin derrière la maison ? - 4. (Est-ce qu') Il y a une table et des chaises sur la terrasse ? - 5. (Est-ce que) Je peux rappeler mardi, à quatre heures ?

Unité 11

A1a) *falsch:* la troisième rue à gauche; 1. Vous prenez la troisième rue à droite. - *falsch:* la quatrième rue à gauche; 2. Vous prenez la deuxième rue à gauche.

A1b) Je vais tout droit, je traverse la place. Puis, je continue tout droit. Je prends la deuxième rue à gauche. Je continue tout droit. Je prends la première rue à droite. Le théâtre est à gauche.

A1c) *falsch :* 2, 4, 5

A1d) 2. La bibliothèque est presqu'en face de la poste. - 4. L'office de tourisme est sur la place. - 5. L'église Sainte-Marie n'est pas loin de l'hôtel de ville.

A2a) (j')ai continué - (j')ai traversé - (la chance) a tourné - (J')ai tourné - (nous) avons tourné - (Nous) avons continué - (nous) avons traversé

A2b) Zwei Jahre an der Universität, kleine Jobs, Arbeitslosigkeit. Also habe ich mein Film-Studium weitergeführt. Und dann? Na ja, nochmal einige Jobs: Ich habe schwere Zeiten durchgemacht. Aber dann hat das Glück sich gewendet! Ich habe eine interessante Arbeit gefunden. Ich habe einen Film mit Gabon gedreht. Mit diesem Film haben wir den politischen Filmen den Rücken zugekehrt (haben uns von den politischen Filmen abgewendet). Um diesen Film zu machen, haben wir Italien von Norden nach Süden durchquert. Ah, ein wunderbarer Film, ein genialer Titel: "Die Durchquerung der Wüste".

A3 *Jeanne d'Arc* (1412-1431) : le quinzième siècle - *Charles de Gaulle* (1890-1970) : le dix-neuvième et le vingtième siècle - *Napoléon 1er* (1769-1821) : le dix-huitième et le dix-neuvième siècle - *Louis XIV* (1638-1715) : le dix-septième et le dix-huitième siècle

A4 1. 94 + 71 = 165 (cent soixante-cinq)
2. 478 + 1833 = 2311 (deux mille trois cent onze)
3. 3499 – 2277 = 1222 (mille deux cent vingt-deux)
4. 10703 – 1903 = 8800 (huit mille huit cents)

B1a) faire de la randonnée, du théâtre, de la musique, de la natation, de l'escrime - jouer au tennis, aux échecs

B1b) *Lösungsvorschlag:* faire du théâtre, faire de la musique, faire la cuisine, faire une promenade, faire la queue, faire des réclamations...

B2 Vacances : adieu à la monotonie et vive l'évasion ! - Le marathon : un sport trop rapide ? - Un roman fantastique de Luc Souris « L'histoire de mes chats » - Ciné, télé : les loisirs de vos enfants ? - Social : un été chaud en perspective !

B3 1. Je sors ce soir. - 2. Nous aimons pique-niquer. - 3. Ils flânent. - 4. Tu visites une exposition. - 5. Je déménage. - 6. Elle aident ses parents.

B4 2. Mardi, Julien va apprendre l'allemand. - 3. Mercredi, Colette va chanter dans une chorale. - 4. Jeudi, Julien va jouer aux échecs. - 5. Vendredi, Colette va faire de la musique. - 6. Samedi, ils vont visiter une exposition. - 7. Dimanche, ils vont aller au cinéma.

B5 Qu'est-ce que vous allez faire le 1er juillet ? - On va répondre : Je vais déménager. - Louise et Marco vont vendre... parce que leurs deux filles vont continuer leurs études - nous allons regarder - Nous allons visiter - ça va être très facile - Louise va informer - Yves va aider - Je vais garder

B6 1. Excusez-moi, où est le musée des Beaux-Arts, s'il vous plaît ? - 2. C'est dans la rue Gambetta. -

3. Je prends la deuxième ou la troisième rue ? -
4. (Est-ce que) Le musée, c'est loin de la
cathédrale ?

Unité 12

A1 1. dans, à, de - 2. sur, en, de, à, de, à, de, à -
3. dans, dans, sur - 4. en, dans, sur, sur - 5. sur,
dans, avec, avec - 6. à

A2a) 1. il pleut - 2. il pleut - 3. il fait froid - 4. il fait
beau et chaud - 5. il fait beau - 6. il fait beau

A3 voulez - veux - veut - veux - veux - veulent -
voulons

A4 1. Belgique - 2. Vietnam - 3. Congo -
4. Seychelles - 5. Sénégal - 6. Algérie - 7. Togo -
8. Louisiane - 9. Pondichery - 10. Ben Jelloun

B1 Madame, Monsieur,
Merci beaucoup de votre réponse et de vos
informations. Je voudrais réserver une chambre
à deux lits, avec douche et W.-C. et avec vue sur
la mer pour la période du premier au sept juin à
60 euros par jour. Je vous communique, pour les
arrhes, les coordonnées de ma carte de crédit.
Dans l'attente de votre confirmation, je vous
prie d'agréer, Madame, Monsieur, mes
salutations distinguées.

B2 L'Acropole est en Grèce. - Le Pentagone est aux
Etats-Unis. - Le Vatican est en Italie. - Le Kremlin
est en Russie. - Sainte Sophie est en Turquie.

B3 Acropole - Chapelle - Vatican - Kremlin - Sainte-
Sophie - Pentagone - Beaux-Arts - place Rouge -
Café du commerce

Abschlusstest

1 *Lösungsvorschlag:* 1. rouge, rose, jaune, noir - 2. la
voiture, l'avion, le métro - 3. la cuisine, la chambre, la salle de bains - 4. ma mère, ma cousine, ma
tante, mon mari - 5. des œufs, de la farine, du
pain, de la moutarde - 6. une bouteille de vin,
200 g de couscous, une feuille de menthe

2 petit - vendre - intéressant - prendre - original -
chaud

3 1. vendre - 2. la Seine - 3. bureau - 4. solitude -
5. à demain - 6. sandwich

4 sur (la place) - ce (cinéma) - (des) films - (en face)
du (cinéma) - prendre (un verre) - (le) samedi
(soir) - à midi

6 (je) fais - (je) mange - (je) bois - (je) vais - (je ne)
prends (pas) - (je ne) regarde (pas) - (je) passe

7 nous avons pris - nous avons acheté - Nous avons
rénové - nous avons acheté - Nous sommes allés
vivre - Les enfants sont venus souvent (*besser:*
sont souvent venus) - Nous avons voyagé - nous
avons visité

8 (des chambres) claires (et) agréables - (dans une)
vieille (maison) - (il y a un) grand (jardin) - (de la)
bonne (cuisine) - (une vue) exceptionnelle - (un)
beau (village avec ses) petites (maisons) grises

9 1. cassoulet - 2. Vesdun - 3. champagne -
4. garçons - 5. Strasbourg - 6. Loubressac -
7. Louvre - 8. Réunion - *Lösungswort:* COULEURS

Transkription der Hörtexte

Nachstehend finden Sie die Hörtexte aus dem Lektionsteil, die dort nicht abgedruckt sind: Gespräche und Mini-Dialoge, Wortfolgen wie z. B. buchstabierte Wörter und Zahlen, die Sie erkennen sollten, Ausspracheübungen usw. Die entsprechenden Aufgaben im Lehrbuchteil sind reine Hörübungen, und Sie können sie im Prinzip lösen, ohne die Texte gedruckt vor Augen zu haben. Sollten dennoch einmal alle Stricke reißen, so können Sie sich mit diesen Transkriptionen helfen. Aber bitte wirklich nur im äußersten Notfall! Denn es geht bei den meisten Hörübungen nicht darum, jedes einzelne Wort zu verstehen. Mit dem Heraushören bestimmter wichtiger Informationen haben Sie die gestellte Aufgabe ja bereits gelöst.

Unité 1

A6

Dialogue A :
- ● Bonjour Monsieur, je vous présente Madame Larbaud.
- ✖ Enchanté !
- ▦ Enchantée !
- ✖ Comment allez-vous ?
- ▦ Très bien, merci, et vous ?
- ✖ Très bien, merci.

Dialogue B :
- ● Bonjour, Patricia, comment allez-vous ?
- ▦ Bien, merci.
- ● Patricia, je vous présente Michel Pierret, un collègue.
- ▦ Enchantée !
- ✖ Enchanté !

Dialogue C :
- ● Salut, Ulrike, je te présente Jutta.
- ▦ Salut !
- ✖ Salut !
- ▦ Ça va ?
- ✖ Ça va bien, merci, et toi ?

A8

B - F - S - J - Z - E - W - G - Y - A - L - C - H - V - M - X - B

B1

- ● Maman, maman ! Regarde ! J'ai trouvé un porte-monnaie !
- ▦ Un porte-monnaie ? Et où ça ?
- ● Là-bas, sur le trottoir, devant le théâtre !
- ▦ Euh... attends... Donne-le-moi... Merci ma chérie. Voyons. Ah ! Très bien, il y a aussi une adresse : Monsieur Michel Pertout, 3, boulevard du général de Gaulle. Ah ! Et aussi un numéro

de téléphone. Bravo, Juliette ! Viens, on va téléphoner ! Regarde : il y a une cabine téléphonique, là-bas !

B6

- ● Allô ?
- ▪ Allô. Bonjour. Je voudrais réserver deux billets pour le concert des "Lieder de Schubert", s'il vous plaît.
- ● Oui, vous êtes Madame... ? *(etc.)*

Unité 2

A1

- ● Monsieur Goepp, vous connaissez les origines des noms de vos voisins ?
- ▪ Euh, attendez... Allez-y...
- ● D'accord ! ... Mayer... ?
- ▪ C'est allemand.
- ● Lopez ?
- ▪ Espagnol.
- ● Ben Said ?
- ▪ C'est tunisien.
- ● Moulin ?
- ▪ Euh... Moulin ? C'est un nom français !
- ● Da Gino ?
- ▪ Da Gino ? C'est un nom italien.
- ● Et Ivanov ?
- ▪ Ivanov, c'est... je ne sais pas, euh, ... oui, c'est russe !
- ● Et Goepp, c'est un nom francais ?
- ▪ ... Euh, oui, enfin alsacien !
- ● Bravo, Monsieur Goepp.

B1

- ● Monsieur, s'il vous plaît, vous êtes d'où ? Vous êtes parisien ?
- ▪ Non, je suis alsacien.
- ● Ah ! Alsacien.
- ▪ Oui, je suis de Mulhouse en Alsace. Un vrai

Alsacien.
- Et vous parlez aussi alsacien ?
- Ah oui ! Je parle français... et alsacien !
- Et vous habitez où ?
- Moi ? J'habite à Paris, place d'Italie.
- Votre nom ?
- Jean Schmitt. Avec deux t !
- Merci !

- Mademoiselle, s'il vous plaît...
- Oui ?
- Vous êtes française ?
- Euh... Oui !
- Et vous êtes parisienne ?
- Parisienne ? Euh... Je ne sais pas... Je suis provençale et parisienne.
- Comment ça ?
- Eh oui ! Je suis de Marseille, alors je suis de Provence, mais j'habite à Paris, alors... je suis parisienne, non ?
- Et vous êtes Mademoiselle... ?
- Madame. Madame Arlette Soubeyran.
- Merci !

- Pardon, Monsieur, s'il vous plaît... une question...
- ... Oui... ?
- Vous êtes de Paris ?
- Ah oui... !
- Et vous habitez où ?
- Euh, à Paris !
- Où exactement ?
- Rue d'Alsace.
- Et vous êtes Monsieur... ?
- Perrec. Yves Perrec. P - E - deux R - E - C. C'est tout ?
- Oui, merci beaucoup. Et excusez-moi !

B6b

A Vous êtes parisien ?
B C'est doux.
C Elles sont de Nice.
D Il parle français ?
E Il parle français.
F C'est d'où ?
G Vous êtes parisien.
H Elles sont de Nice ?

B9

11 - 13 - 4 - 20 - 5 - 19 - 6 - 3 - 2 - 10 - 16 - 12 - 1 - 14 - 0 - 9 - 18 - 8 - 7 -15 - 17

Etape 1 - Für den Beruf

Bonjour, vous êtes en communication avec le répondeur de la société Logi-Service, spécialiste en service après vente et fourniture de logiciels.
Nos bureaux sont actuellement fermés, mais vous pouvez laisser un message après le bip sonore, nous vous rappellerons dès que possible. N'oubliez pas de laisser votre nom, votre numéro de téléphone et la raison de votre appel.

1. Allô ? Ici Sophie Belloy, de l'entreprise Léault, à Lille. Je voudrais des renseignements sur votre société. Vous pouvez me rappeler, s'il vous plaît ? Je répète: Sophie Belloy : B, E, deux L, O, Y. Au numéro zéro deux, ...
2. Allô ? Ici Dominique Bertrand, de la société Bertrand et Fils, à Bordeaux. C'est un message pour Eric, votre ingénieur. Eric : tu peux me rappeler, s'il te plaît ? C'est Dominique Bertrand...
3. C'est vraiment incroyable, c'est pratiquement impossible de vous joindre. Pas moyen. Bon alors : je m'appelle Jamil Benziane B, E, N, Z, I, A, N, E des cartes postales "Azur-France", à Nice. Mon numéro de téléphone, c'est le...
4. Allô ? Ici les Editions Legendre, Jacques Goepp à l'appareil. Jacques, comme Jacques, et Goepp, G, O, E, deux P, à Strasbourg. J'ai un problème d'ordinateur. C'est urgent !

Unité 4

A7

- Le travail, ça vous plaît ?
- Oh oui, j'aime beaucoup, c'est génial. Je suis ingénieur agronome, et je suis tout le temps dans la nature, j'adore ça.

- Tu travailles à la centrale de téléphone, je crois. Ça te plaît ?
- Ah non, pas du tout. Je déteste ça. C'est monotone, c'est stressant, c'est... ah !

B1

- Bonjour Madame.
- Pardon, Monsieur, pour aller à Paris, s'il vous plaît ? Je prends le métro ?
- Où est-ce que vous allez exactement ?
- Dans le centre. A Montparnasse.
- Oui, alors... pour Montparnasse, vous pouvez prendre le RER. C'est la ligne B, c'est direct, jusqu'à Denfert, et après vous prenez le métro. Ou bien le bus. Il y a un bus Air France direct jusqu'à Montparnasse. Ou bien le taxi, bien sûr.

Unité 5

A1
Texte A :

Et maintenant, une page de publicité... Venez nombreux au garage Mercier à Vincennes qui vous propose des voitures de sport neuves et d'occasion - Ferrari, Lamborghini, Porsche... Notre choix est immense ! Garage Mercier, à Vincennes, au 82, bd Blanqui.

Texte B :

Strasbourg dans un livre superbe. Notre ville dans des photographies d'une qualité exceptionnelle. Des textes très agréables. Un livre superbe, à ne pas manquer.

Texte C :

Trois Couleurs : Bleu. Le premier film de la trilogie du célèbre metteur en scène Krzysztof Kieslowski repasse au cinéma Gaumont sur le boulevard de la République. Avec la merveilleuse Juliette Binoche dans un de ses plus grands rôles et un partenaire idéal avec Benoît Régent. *Trois Couleurs : Bleu.* Un film à ne pas manquer.

Unité 6

A10
A – 2 euros 40, c'est combien, en francs, s'il vous plaît ?
  – Ça fait... 16 francs.
B Le restaurant est au numéro 54, place de la République.
C Prenez le bus n° 67, c'est direct !
D Combien ça fait ? 93 euros ? Oh, là là ! Vous prenez les cartes de crédit ?

B6
Situation 1
● Vous désirez ?
▦ Je voudrais un café, s'il vous plaît.
● Et vous, Madame, qu'est-ce que vous prenez ?
▲ Je voudrais une bière, s'il vous plaît.
● Pression ou bouteille ?
▲ Pression, s'il vous plaît.

Situation 2
▦ Monsieur, s'il vous plaît !
● J'arrive ! Vous désirez ?
▦ L'addition, s'il vous plaît !
● 9,90 euros, s'il vous plaît.
▦ Pardon ? Vous pouvez répéter ?
● 9,90 euros. Merci, Monsieur.

Unité 7

A5
Les petites annonces de Radio France Roussillon :
Au 04 68 80 01 02 on a Sylvie de Sainte-Marie de la Mer... Sylvie qui vend un appareil photo et une bibliothèque. Les prix sont à débattre au 04 68 80 01 02.

B1
● Bonjour Patricia, et merci d'être venue à notre émission "Ciel ! Ma famille", nous parler de votre famille - Alors, qui sont les gens importants dans votre vie ?
◆ Eh bien il y a Chloé, ma fille, et Olivier, mon ami. Et puis il y a deux ou trois très bons amis, Suzanne, une amie d'enfance, elle adore la musique créole comme moi, et puis Danielle et Bernard, ils sont à Berlin...
● Bon, Patricia, notre cadeau aujourd'hui, ce n'est pas un objet, ce n'est pas un meuble, c'est un magnifique voyage, un voyage de deux semaines à la Martinique, pour quatre personnes.
◆ Ouh là là ! Ce n'est pas vrai ! Un voyage à la Martinique ! Pour quatre personnes !
● Avec qui est-ce que vous partez ?
◆ Eh bien... Je pars avec Chloé et Olivier, c'est sûr. Et puis avec mon frère ou maman ou Suzanne, je ne sais pas encore...

B10
« Alors, pour Olivier, je choisis un sac à dos pour les promenades, pour Chloé un porte-monnaie... pour son argent de poche, pour mes parents un grand vase en porcelaine - pour leur salon, pour mon frère les œuvres de Simenon, et pour Suzanne... euh... je choisis un album de Youssou N'Dour, elle aime aussi la musique africaine. »

Unité 8

A1a
✖ Monsieur Dupas, quels sont à votre avis les plats typiques de la cuisine française ?
● Ouh ! C'est difficile de répondre. Il y a tellement de spécialités différentes ! Vous voulez dire... des spécialités régionales ?
✖ Non, pas nécessairement, je pense à des plats vraiment typiques, des plats simples et typiques, qu'on trouve très souvent sur les cartes des restaurants. Ou par exemple sur la carte de votre restaurant, ici, à l'Hôtel de France.
● Oui, je vois. D'accord ! Mais c'est quand même difficile ! Alors disons... dans les entrées, je dirais peut-être la soupe à l'oignon, la salade niçoise, et

bien sûr toutes les terrines, la terrine de saumon en particulier, qui est bien appréciée (...) Et comme viandes, eh bien nous, ici, nous proposons souvent le poulet rôti, ou bien le canard à l'orange, euh... oui, des... des steaks bien sûr, et puis en poissons, nous avons évidemment de la truite... la truite aux amandes, souvent...

✖ Et les desserts ?

● Alors là pour les desserts, le choix est énorme, immense, bien entendu. Avec toutes les glaces, les entremets... Nous, à l'Hôtel de France, nous faisons souvent des desserts avec des fruits, comme le melon aux fruits, ou les charlottes : la charlotte aux fraises des bois, la charlotte au chocolat... mmmmh ! Un délice ! Mais vous savez, ici, pour les plats chauds, la spécialité, c'est vraiment le cassoulet, encore le cassoulet, toujours le cassoulet. Vous aimez ?

B4b
cuisine - choisir - oie - produit - cuit - puis - froid - huile - fruits

5a
« En principe, j'ai toujours les produits de base à la maison : du sucre, euh... de l'huile, euh des œufs... oui... et puis... du lait, bien sûr, de la farine etc. Mais les produits frais, non : j'achète toujours les produits frais au marché... euh... moi, les surgelés, je n'aime pas beaucoup. Aujourd'hui, attendez... voilà... sur ma liste, il y a de la viande, des pommes de terre pour faire une bonne soupe, du fromage – chez nous, on adore le fromage, on mange beaucoup de fromage ! – et puis des fruits. Et après le marché, je passe à la boulangerie, pour prendre du pain, une bonne baguette bien fraîche... »

Unité 9

A7b

● A la boutique Loulou, j'achète de la mousse au chocolat, du poulet et du cassoulet.

● Au supermarché Mumu, j'achète du jus d'orange, des légumes et du sucre.

● A l'épicerie Kyri, j'achète des citrons, des haricots et de la quiche.

● Et j'achète de la confiture chez Mumu... et chez Kyri !

A10a

A Je viens toujours ici, parce que c'est moins cher. J'ai cherché dans 15 boutiques un cadeau pour nos voisins, mais rien ! Et regardez : j'ai trouvé une jolie petite table de jardin, pas chère. Elle est sympa, hein ?

B Nous, on vient de Vesdun, à 30 km d'ici. Le chariot est plein, hein ? J'ai acheté des fruits, des légumes, de la viande... aussi pour le chat, et des conserves pour un mois au minimum. Et des chaussures italiennes, pas chères. Vous savez, maintenant, il faut compter... Alors on vient une fois par mois. Oh, flûte, j'ai oublié la viande à la caisse !

C Oui, je suis là pour ma mère. Elle a vendu sa voiture, alors maintenant je viens ici avec elle. Et puis à son âge, c'est plus pratique. Aujourd'hui, j'ai acheté deux-trois petites choses pour nous, et après j'ai attendu ma mère à côté des caisses, voilà.

D Moi, j'achète toujours mes CDs et mes vidéos ici, c'est vraiment beaucoup moins cher. Hier, j'ai écouté un disque magique à la radio, et regardez : le voilà ! Et pas cher, en plus !

E Nous, on est de Paris, on est en vacances..., on vient de l'autoroute A6, et on est en route vers Marseille. On a pris du fromage, des fruits, de l'eau pour la route, c'est tout.

B9

● Vous avez des violettes de Toulouse ?

■ Eh ! Mais écoutez Madame, nous sommes à Toulouse, alors bien sûr que nous avons des violettes !

● Je voudrais aussi un calendrier avec des photos de la région de Toulouse.

■ Ah, vous savez, Madame, on est déjà en janvier, et normalement les gens achètent leurs calendriers en novembre ou en décembre, alors... mais vous avez de la chance, il me reste justement un modèle très joli, regardez !

● Il coûte combien ?

■ Pas grand chose, c'est presque donné. Tout juste 24,95 euros et il est à vous.

● Combien vous dites ?

■ 24,95 euros.

● Vous prenez les chèques ou les cartes de crédit ?

■ Vous savez, Madame, l'année dernière nous avons eu énormément de problèmes avec des chèques en bois, alors maintenant, eh bien maintenant nous avons décidé de... enfin quoi... Eh bien non, nous ne pouvons plus accepter les chèques, je regrette. Mais vous pouvez payer par carte, sans problème !

B11
« Bonjour. Le magasin est présentement fermé. Veuillez cependant noter nos heures d'ouverture : le lundi, mardi, mercredi de 9 heures à 20 heures. le jeudi et le vendredi de 9 heures à 21 heures, le samedi de 9 heures à 17 heures, le dimanche de 10 heures à 17 heures. Prenez note que ce répondeur ne prend pas les messages. Merci ! »

Unité 10

A7

« Je suis née à Brioude. Je suis allée à l'école primaire à Channat, dans le village de mes parents, puis au lycée à Brioude. Ensuite, je suis sortie de mon cocon pour aller à l'université, à Clermont-Ferrand. Un jour, Paul, mon mari, est venu faire une visite dans mon bureau avec un groupe de collègues, et voilà… ! D'abord, nous sommes allés ensemble au cinéma, au théâtre, et puis nous sommes restés ensemble. Et nous sommes un couple heureux depuis 17 ans déjà. »

A11

▨ Il est une heure moins vingt.
● Le musée ferme à quelle heure, s'il vous plaît ?
▨ A cinq heures et demie.

▨ On va manger ? Il est midi et quart, j'ai faim !

● Pardon, s'il vous plaît, quelle heure est-il ?
▨ Il est dix heures cinq.

B4a

● Oui, ça y est, on a enfin trouvé un appartement. C'est un deux pièces.
▨ Génial… ! Il est bien ?
● Euh, oui, oui, très bien !
▨ Raconte… !
● C'est grand, c'est clair, très clair ; on a du soleil dans l'après-midi et le soir, et il y a une fenêtre dans la cuisine, et aussi une dans la salle de bains ! Il y a même des placards dans la chambre. Il y a aussi un petit balcon, c'est bien, hein ? Mais il y a un petit problème : C'est assez cher.

B10

« Alors nous, on a un grand salon, très clair, avec une très grande fenêtre qui donne sur le jardin. Et on a acheté deux canapés blancs… parce que moi, de toutes façons, j'adore le blanc. Et puis c'est plus clair. Quoi d'autre ? Oui, on a des tableaux assez modernes, aux murs, et puis deux lampes : une à gauche du grand canapé, et une à droite. Euh… Ah oui ! Une table de salon, aussi. Une belle table en verre. Et un tapis ! Mais on n'a pas de télé. Et les livres sont dans la chambre. Comme ça, il y a plus de place dans le salon ! »

Unité 11

A4a

● Allô ? Madame Chézelle ? Bonjour, ici Monsieur Perdu. Je n'ai pas trouvé où vous habitez, je suis désolé… Je suis devant le musée des Beaux-Arts… Vous pouvez m'expliquer le chemin ?

▨ Oui, ce n'est pas compliqué, vous allez voir… Vous êtes devant le musée des Beaux-Arts… ? Attendez, je réfléchis… Oui, alors, d'abord, vous allez à gauche jusqu'au théâtre. Là, vous prenez la première rue à droite. Vous continuez tout droit jusqu'au deuxième feu. Vous arrivez à une grande place, et là, vous tournez à gauche. Ensuite vous allez tout droit , toujours tout droit, et vous arrivez à une deuxième grande place. Vous traversez la place, vous continuez un peu tout droit, et nous habitons là, dans un immeuble Art déco, à gauche, avant la troisième place.

A8a

frais – vin – vous – ils font – pot – bain – boisson – (j'ai) pu

10b

2015 – 6723 – 559 – 6495 – 10 000 615

11a

Reims en chiffres. Voici les chiffres réels de la ville de Reims, 13è ville de France : La ville compte 185 000 habitants, 4 715 entreprises, une université, et aussi : 21 radios (locales et nationales), plus de 1 000 associations, 30 000 étudiants, 2 millions de touristes par an, 60 millions de bouteilles de champagne par an. Etonnés ?

B3a

● Je suis de Troyes, à 100 kilomètres d'ici. Et je ne connais pas grand monde ici. Alors cette année, d'abord, je vais travailler pour les examens. On a les premiers examens dans 15 jours. Et après, je vais rentrer chez moi. Je vais aider mes parents. Ils ont un camping, et je vais travailler au camping.

▨ Mon copain Loïc et moi, cette année on va finir nos études. Mais entre deux examens, j'espère bien qu'on va faire autre chose : on fait du théâtre ensemble…
▲ Moi, je fais de l'escrime dans l'équipe de la fac ; c'est mon sport préféré. Ça demande beaucoup de concentration.
▨ Et on fait aussi de la randonnée, et on fait aussi du vélo. Tiens, ce week-end, là, on va faire du vélo en Champagne.

✖ Cette année, j'ai du pain sur la planche… D'abord, déménager : j'ai trouvé un petit studio pas loin de la fac. Et puis je voudrais enfin une voiture. Je travaille comme pion dans un lycée à Châlons, mais cette année, je vais aussi faire les vendanges, parce que… un studio, une voiture, les sorties et les études, ça coûte cher ! C'est dur, les études !

Unité 12

B6

A C'est pour quelle période, s'il vous plaît ?

B Vous pouvez avoir une autre chambre.

C Je regrette, Madame, ce n'est pas possible.

D C'est pour combien de personnes ?

Gr Grammatikindex

Nachstehend finden Sie, alphabetisch geordnet, die wichtigsten Grammatikpunkte, die in *Couleurs de France – Bleu* behandelt werden, mit ihren deutschen Entsprechungen. Daneben sind die *Unités* angegeben, in denen die Phänomene schwerpunktmäßig beschrieben und erarbeitet werden.

adjectif

~ **de couleur** – Farbadjektiv **U 7**

~ **démonstratif** – Demonstrativbegleiter, hinweisendes Fürwort **U 8**

~ **interrogatif** – Fragebegleiter **U 7**

~ **possessif** – Possessivbegleiter, besitzanzeigendes Fürwort **U 7**

~ **qualificatif** – Adjektiv, Eigenschaftswort **U 2, 5, 7, 8, 10**

~ **de nationalité** – Nationalitätsadjektiv **U 2**

adverbe

~ **de quantité** – Grad- und Mengenadverb **U 2, 3, 4, 6, 8**

~ **de temps** – Zeitadverb **U 3, 5, 9**

alphabet – Alphabet **U 1**

article défini – bestimmter Artikel **U 3**

article indéfini – unbestimmter Artikel **U 1**

article partitif – Teilungsartikel **U 8**

au, aux – *à + le, à + les* **U 4, 8**

auxiliaire – Hilfsverb **U 9, 10**

comparatif – Komparativ, 1. Steigerungsstufe **U 9**

conjugaison – Konjugation, Beugung **U 1 – 12**

date – Datum **U 5, 12**

du, des – *de + le, de + les* **U 4, 8**

est-ce que – Frage mit *est-ce que* **U 3, 4, 6**

féminin; **masculin** – Femininum, weibliche Form; Maskulinum, männliche Form **U 2, 3, 4, 5**

futur proche – nahe Zukunft(sform) **U 11**

genre du nom – Geschlecht des Nomens **U 1, 2, 4, 12**

heure – Uhrzeit **U 5, 10**

infinitif – Infinitiv, Grundform **U 1 – 12**

interrogation – Frage(form) **U 1, 2, 3, 4, 6, 7**

interrogation partielle – Teilfrage **U 2, 4, 6, 7**

interrogation totale – Gesamtfrage **U 1, 3**

jour de la semaine – Wochentag **U 5**

lieu – Ort **U 2, 4, 5, 9, 10, 11, 12**

négation – Verneinung **U 2, 3, 4, 6**

nom – Nomen, Substantiv, Hauptwort **U 1, 3, 7**

nombre du nom – Zahl des Nomens **U 1, 3, 7**

nombres cardinaux – Grundzahlen **U 2, 3, 6, 11**

nombres ordinaux – Ordnungszahlen **U 11**

noms de pays – Ländernamen **U 2, 12**

noms de personnes – Personenbezeichnungen **U 1, 2, 4**

noms de villes – Städtenamen **U 1, 2**

participe passé – Partizip Perfekt, Mittelwort der Vergangenheit **U 9, 10**

passé composé – Perfekt, vollendete Gegenwart **U (7), 9, 10**

passé composé

~ **avec avoir** – mit *avoir* **U 9**

~ **avec être** – mit *être* **U 10**

phrase affirmative – Aussagesatz **U 1, 3, 5, 10, 12**

phrase interrogative – Fragesatz **U 1, 2, 3, 4, 6, 7**

phrase négative – verneinter Satz **U 2, 3, 6**

place de l'adjectif – Stellung des Adjektivs **U 2, 5, 7, 8, 10**

pluriel – Plural, Mehrzahl

~ **du nom** – des Nomens **U 1, 3, 7**

~ **de l'adjectif** – des Adjektivs **U 5, 7**

prépositions – Präpositionen

~ **de lieu** – ~ des Ortes **U 2, 4, 5, 9, 10, 11, 12**

~ **de temps** – ~ der Zeit **U 5, 10, 12**

présent – Präsens, Gegenwart **U 1 – 8**

pronom – Pronomen, Fürwort **U 1, 2, 3**

~ **indéfini** *on* – Indefinitpronomen *on* **U 2, 5**

~ **personnel sujet** – Personalpronomen, persönliches Fürwort als Subjekt **U 1, 2**

~ **personnel tonique** – betontes Personalpronomen, betontes Fürwort **U 1, 3**

singulier – Singular, Einzahl **U 1, 3, 5, 7**

temps – Zeit **U 9, 10, 11, 12**

verbe – Verb, Zeitwort **U 2 – 12**

~ **en -er** – regelmäßiges Verb auf *-er* **U 2**

~ **en -ir** – 2. Gruppe: mit Stammerweiterung **U 7**

~ **en -ir** – 3. Gruppe: ohne Stammerweiterung *(sortir)* **U 5**

~ **en -re** – 3. Gruppe *(rire)* **U 3**

~ **impersonnel** – unpersönliches Verb **U 5, 8, 12**

~ **irrégulier** – unregelmäßiges Verb **U 2, 3, 4, 6, 7, 10, 12**

Grammatikübersicht

1. Der Satz – La phrase

1.1. Der Aussagesatz – La phrase affirmative

U 1, 3, 5, 10, 12

Im französischen Aussagesatz geht das Subjekt dem Verb immer voran.

Subjekt + Verb	Je comprends.
Subjekt + Verb + **Nomen** (= direktes Objekt)	Marianne aime **Michel**.
Subjekt + Verb + **Präposition + Nomen** (= indirektes Objekt)	Michel parle **de Marianne**, Marianne pense **à Michel**.
Subjekt + Verb + **Infinitiv**	Marianne aime **rencontrer Michel**. Ils veulent **sortir ensemble**.
Subjekt + **être + Adjektiv**	Marianne **est contente**.
Subjekt + Verb + **Umstandsergänzung** (Zeitangabe, Ortsangabe …)	Michel arrive **à huit heures**. Il fait beau **sur la place du village**. Michel et Marianne vont se marier **à l'église Saint-Jean le 1er juillet**.

⚠ Verben wie *aimer, adorer, détester, préférer* können mit einem Nomen oder mit einem Infinitiv ergänzt werden: Elle aime **le chocolat**. Elle aime **manger** du chocolat.

⚠ Als **Modalverben** werden *pouvoir* und *vouloir* immer mit einem Infinitiv ergänzt. Als **Vollverb** kann *vouloir* auch ein Nomen bei sich haben: Je veux un café. Vgl. 9.4.

⚠ Bei zwei Satzergänzungen, einer Zeit- und einer Ortsangabe, gilt in der Regel „Ort vor Zeit". Die Zeit- und Ortsangaben können auch am Satzanfang stehen: *Le 1er juillet, Michel et Marianne vont se marier à l'église Saint-Jean.*

Gr

1.2. Der Fragesatz – La phrase interrogative

Im Französischen gibt es bei der Gesamtfrage (ohne Fragewort) und der Teilfrage (mit Fragewort) **drei Formen des Fragesatzes**; je nach Situation (mündlich, schriftlich) und Sprachregister (umgangssprachlich, Standard, gehoben) werden sie unterschiedlich häufig verwendet:
Während die *est-ce que*-Frage sowohl in der gesprochenen als auch z. T. in der geschriebenen Sprache verwendet wird, gehört die **Intonationsfrage** ausschließlich der gesprochenen Sprache bzw. der Umgangssprache an.
Die sogenannte **Inversionsfrage** (das Verb geht dem Subjekt voran: *Parlez-vous anglais ?*) wird dagegen meist in der geschriebenen bzw. der gehobenen Sprache benutzt. Mehr dazu in Band 2.

1.2.1. Die Gesamtfrage – L'interrogation totale

U 1, 3

Die Gesamtfrage bezieht sich auf den ganzen Satz; sie wird mit *oui* (*ja*) bzw. *si* (*doch*) oder *non* (*nein*) beantwortet.

Die **Intonationsfrage** ist nur durch das Anheben der Stimme gekennzeichnet. Die Satzstellung des Aussagesatzes bleibt erhalten.
Vous parlez anglais ?
Sprechen Sie Englisch?

Bei der *est-ce que*-**Frage** wird dem Aussagesatz die Fragepartikel *est-ce que* vorangestellt. Die Satzstellung verändert sich nicht.
Est-ce que vous parlez anglais ?
Sprechen Sie Englisch?

1.2.2. Die Teilfrage – L'interrogation partielle

U 2, 4, 6, 7

Bei der Teilfrage wird durch ein Fragewort nach einer einzelnen Information gefragt.

	Intonationsfrage	*est-ce que*-Frage
où – *wo/wohin*	Tu habites **où** ?	**Où** est-ce que tu habites ?
d'où – *woher*	Vous êtes **d'où** ?	**D'où** est-ce que vous êtes ?
comment – *wie*	Il danse **comment** ?	**Comment** est-ce qu'il danse ?
pourquoi – *warum/wieso*	**Pourquoi** vous téléphonez ?	**Pourquoi** est-ce que vous téléphonez ?
quand – *wann*	Tu téléphones **quand** ?	**Quand** est-ce que tu téléphones ?
à quelle heure – *um wie viel Uhr*	Elle travaille **à quelle heure** ?	**A quelle heure** est-ce qu'elle travaille ?
combien – *wie viel*	Ça coûte **combien** ?	**Combien** est-ce que ça coûte ?
que – *was*		**Qu'est-ce qu'**on fait ?
quel(s) / quelle(s) – *welche/r/s*	Tu aimes **quelle musique** ?	**Quelle musique** est-ce que tu aimes ?

⚠ *pourquoi* steht meist am Satzanfang.

⚠ Für die Frage mit *quel* wird die Fragepartikel *est-ce que* vermieden und je nach Sprachregister die Inversionsfrage oder die Intonationsfrage gebraucht: *Quelle heure est-il ? Il est quelle heure ?*
Insgesamt ist die Inversionsfrage auch bei der Teilfrage überwiegend der geschriebenen bzw. gehobenen Sprache vorbehalten. Vgl. Band 2.

⚠ Zur Frage mit *qui* (*Qui est de Marseille ?* – Wer ist aus Marseille?) vgl. Band 2.

⚠ Das Fragewort kann manchmal in der mündlichen Sprache auch mitten im Satz stehen: *Il commence à quelle heure*, ce film ? Tu vas où en vacances ? In diesen Fällen wird die Stimme mit dem Fragewort angehoben.

1.3. Der verneinte Aussagesatz – La phrase négative

1.3.1. Die Verneinung des Verbs – La négation du verbe

U 2, 3, 6

Die Verneinung im Französischen besteht im Allgemeinen aus zwei Teilen (z. B. *ne ... pas*), die das konjugierte Verb umschließen.

ne ... pas	*nicht, kein*	Elle **ne** parle **pas** italien.
ne ... pas tellement	*nicht so sehr*	Il n'aime **pas tellement** le sport.
ne ... pas de + Nomen	*kein/e/n*	Il **ne** boit **pas** d'alcool.

⚠ Vor Vokalen und stummem h wird *ne* zu *n'*: *Ce n'est pas intéressant.*

⚠ In der gesprochenen Sprache entfällt oft der erste Teil der Verneinung, das *ne*: **Je comprends pas.*

1.3.2. Die Verneinung ohne Verb – La négation sans verbe

U 3, 4

In Sätzen ohne Verb entfällt das *ne*:

non	*nein*	Vous parlez anglais ? **Non.**
non, pas du tout	*nein, überhaupt nicht*	Tu aimes la bière ? **Non, pas du tout.**
non, pas tellement	*nicht so sehr*	Elle aime le sport ? **Non, pas tellement.**
... non plus	*... auch nicht*	Il n'aime pas les chats. Eric **non plus.**

2. Das Nomen – Le nom

Das französische Nomen ist nach Geschlecht und Zahl gekennzeichnet und steht in der Regel mit einem Begleiter. Anders als im Deutschen werden die französischen Nomen **klein** geschrieben, **außer**

• bei Eigennamen: *Patricia Valère.*
• bei Nationalitätsbezeichnungen (Nomen): *un Américain,* aber: *Il est américain.* (Adjektiv).
• bei Länder- und Städtenamen: *Il habite en Allemagne, à Munich.*
• in der Anrede: *Bonjour, Madame.*

2.1. Das Geschlecht des Nomens – Le genre du nom

U 1, 2, 4, 12

Die französischen Nomen sind entweder männlich oder weiblich. Ein sächliches Geschlecht wie im Deutschen (z. B. das Hotel) gibt es nicht.

männlich	weiblich
le théâtre	la musique

⚠ Ein Nomen kann im Französischen ein anderes Geschlecht als im Deutschen haben: *le chocolat* (m) – **die** Schokolade (w).

Ländernamen

U 2, 12

männlich	weiblich
le Pér**ou**	la Suiss**e**
l'Iran	l'Itali**e**
le Canad**a**	
les Etat**s**-Unis	

Die meisten Ländernamen sind weiblich und enden auf **-e**. Dagegen sind Länderbezeichnungen, die auf einen anderen Vokal oder einen Konsonanten enden oder im Plural stehen, meist männlich.

⚠ Dies gilt nicht immer für Inselnamen, wie z. B. *la Réunion*.

Gr

Personenbezeichnungen

U 1, 2, 4

männlich	weiblich
l'ami	l'ami**e**
le Français	la Français**e**
le voisin	la voisin**e**
l'employé	l'employé**e**

Bei Personenbezeichnungen kennzeichnet die Endung auf **-e** oft die weibliche Form.

männlich		weiblich	
-ier	l'ouvr**ier**	-ière	l'ouvr**ière**
-er	le boulang**er**	-ère	la boulang**ère**
-ien	l'informatic**ien**	-ienne	l'informatic**ienne**
-eur	le serv**eur**	-euse	la serv**euse**
-teur	le direc**teur**	-trice	la direc**trice**

Manche Nomen werden im Maskulinum und im Femininum durch besondere Endungen gekennzeichnet.

⚠ Manche Nomen haben identische männliche und weibliche Formen: ***un secrétaire; une secrétaire.***

⚠ Für einige Berufsbezeichnungen gibt es keine weibliche Form. Es sind meist Berufe, die ursprünglich vorwiegend von Männern ausgeübt wurden: *le professeur* – der Lehrer, die Lehrerin; *l'ingénieur* (m) – der Ingenieur, die Ingenieurin; *le médecin* – der Arzt, die Ärztin.

2.2. Der Plural des Nomens – Le pluriel du nom

U 1, 3, 7

Der Plural mit -s

U 1, 3

Häufigstes Kennzeichen für den Plural ist die Endung **-s**. In der Aussprache bleibt dieses **-s** stumm.

	Singular	Plural
männlich	le taxi	les taxi**s**
weiblich	la radio	les radio**s**

Wie im Deutschen gibt es auch Nomen, die **keinen Plural** haben: *le luxe, la solitude, l'élégance,* oder Nomen, die **nur im Plural** verwendet werden: *les gens.*

Der Plural auf -x

Einige Nomen bilden den Plural auf **-x**. In der Aussprache bleibt dieses **-x** stumm.

U 7

Singular		Plural	
-al	le journ**al**	-aux	les journ**aux**
-ail	le trav**ail**	-aux	les trav**aux**
-eau	le cad**eau**	-eaux	les cad**eaux**

3. Der Artikel – L'article

Das Französische ist eine „Artikelsprache": Im Gegensatz zum Deutschen hat das Nomen fast immer einen Artikel bei sich, der sich in Geschlecht und Zahl nach ihm richtet.

*Annie adore **le** Canada.* – Annie liebt Kanada. (→ bestimmter Artikel)
*Elle achète **des** livres.* – Sie kauft Bücher. (→ unbestimmter Artikel)
*Elle boit **du** thé.* – Sie trinkt Tee. (→ Teilungsartikel)

Ein Nomen kann im Französischen ein anderes Geschlecht und somit einen anderen Artikel als im Deutschen haben: ***le** chat* – **die** Katze; ***une** salade* – **ein** Salat. Da der Artikel nicht abzuleiten ist, sollten Sie ihn als „festen Wortbestandteil" immer mitlernen.

3.1. Der bestimmte Artikel – L'article défini

U 3, 4, 5, 8, 12

	Singular	Plural
männlich	le problème l'homme	les problèmes les‿hommes
weiblich	la famille l'erreur	les familles les‿erreurs

⚠ Beachten Sie die *liaison* des bestimmten Artikels mit dem vorangehenden Wort vor Vokalen oder stummem h: *les‿hommes, les‿erreurs.*

⚠ Vor Vokalen oder stummem h wird *le* oder *la* zu *l'*.

Anders als im Deutschen steht im Französischen der bestimmte Artikel

• vor Ländernamen: *la France* (Frankreich), *l'Allemagne* (Deutschland), *le Pérou* (Peru), *les Etats-Unis* (die Vereinigten Staaten).
• nach den Verben *aimer, adorer, détester, préférer*: *Elle aime les enfants.* – Sie mag Kinder.
• vor den Wochentagen, wenn eine regelmäßige Wiederholung ausgedrückt werden soll: *le lundi* – montags, jeden Montag; dagegen: *lundi* – (am) Montag.

Die bestimmten Artikel *le* und *les* verschmelzen mit den Präpositionen *à* und *de*.

U 4, 8

Il va	**au** travail.	à + le = **au**
Elle va	**aux** Etats-Unis.	à + les = **aux**

Il parle	**du** travail.	de + le = **du**
Elle parle	**des** vacances.	de + les = **des**

⚠ *la* und *l'* bleiben nach den Präpositionen *à* und *de* erhalten: *des fraises **à la** crème; l'adresse **de l'**hôtel.*

3.2. Der unbestimmte Artikel – L'article indéfini

U 1

Im Gegensatz zum Deutschen hat das Französische eine Pluralform des unbestimmten Artikels: ***des** baguettes* – Baguettes.

	Singular	Plural
männlich	un café un hôtel	des cafés des‿hôtels
weiblich	une fleur une orange	des fleurs des‿oranges

⚠ Beachten Sie die *liaison* des unbestimmten Artikels mit dem vorangehenden Wort vor einem Vokal oder stummem h: *des‿hôtels, des‿oranges.*

Gr

3.3. Der Teilungsartikel – L'article partitif

	Singular	
männlich	**du** fromage	*Käse*
	de l'argent	*Geld*
weiblich	**de la** viande	*Fleisch*
	de l'huile	*Öl*

	Plural	
männlich	**des** carottes	*Karotten*
weiblich	**des** tomates	*Tomaten*

Der Teilungsartikel (***du, de la, de l'***) bezeichnet eine unbestimmte Menge von Dingen, die nicht zählbar sind.

*Le matin, les Français prennent **du** café au lait, **du** pain avec **du** beurre et **de la** confiture, et parfois **des** croissants. C'est tout !*

Im Plural steht der unbestimmte Artikel ***des***. Er bezeichnet eine unbestimmte Menge zählbarer Dinge.

Besonderheit

Il faut **de la** farine. Elle achète **des** livres.	Il faut **un kilo de** farine. Elle achète **beaucoup de** livres.	*Mengenangaben*
Nous buvons **du** vin. Il a **une** voiture. Elle mange **des** croissants.	Nous **ne** buvons **pas de** vin. Il **n'**a **pas de** voiture. Elle **ne** mange **pas de** croissants.	*Verneinung*

Nach den **Mengenangaben** und bei der **Verneinung** entfallen sowohl Teilungsartikel wie unbestimmter Artikel (Singular und Plural). Es steht nur ***de***.

4. Der Possessivbegleiter – L'adjectif possessif

Der Possessivbegleiter (besitzanzeigendes Fürwort) richtet sich im Französischen in Geschlecht und Zahl nach dem Nomen, vor dem er steht („Besitzgegenstand"), und nicht nach dem „Besitzer", wie im Deutschen.

„Besitzer"	Singular (ein „Besitzgegenstand")		
	männlich	**weiblich**	
je	**mon** cousin	**ma** maison	**mon** amie
tu	**ton** cousin	**ta** maison	**ton** amie
il	**son** cousin	**sa** maison	**son** amie
elle	**son** cousin	**sa** maison	**son** amie
nous	**notre** cousin	**notre** maison	
vous	**votre** cousin	**votre** maison	
ils	**leur** cousin	**leur** maison	
elles	**leur** cousin	**leur** maison	

⚠ Beachten Sie, dass vor weiblichen Nomen, die mit Vokalen oder stummem h beginnen, ***mon, ton, son*** benutzt werden: ***mon* **école, ***ton* **adresse, ***son* **hôtel.

⚠ ***votre*** steht für die 2. Person Plural wie auch für die Höflichkeitsform: *Monsieur Jacquet, votre cousin est déjà arrivé.* – Monsieur Jacquet, Ihr Cousin ist bereits angekommen.

⚠ Im Gegensatz zum Deutschen ist der Possessivbegleiter im Französischen unabhängig von dem Geschlecht des sogenannten „Besitzers". Achten Sie deshalb besonders auf die 3. Person Singular.

Elle parle de **sa** maison.
> *Sie spricht über **sein** Haus. (das Haus eines Freundes)*
> *Sie spricht über **ihr** Haus. (ihr eigenes oder das einer Freundin)*

Il parle de **sa** maison.
> *Er spricht über **sein** Haus. (sein eigenes oder das eines Freundes)*
> *Er spricht über **ihr** Haus. (das Haus einer Freundin)*

„Besitzer"	Plural (mehrere „Besitzgegenstände")	
	männlich	**weiblich**
je	**mes** livres	**mes** cousines
tu	**tes** livres	**tes** cousines
il	**ses** livres	**ses** cousines
elle	**ses** livres	**ses** cousines
nous	**nos** livres	**nos** cousines
vous	**vos** livres	**vos** cousines
ils	**leurs** livres	**leurs** cousines
elles	**leurs** livres	**leurs** cousines

⚠ *vos* steht für die 2. Person Plural wie auch für die Höflichkeitsform (vgl. *votre*).

⚠ Der deutsche Possessivbegleiter „ihr/e, Ihr/e" hat im Französischen sehr viele Formen:

ihr/e	**son, sa, ses** **leur, leurs** **votre, vos**	**son** cousin, **sa** maison, **ses** ‿amis **leur** cousin, **leur** maison, **leurs** ‿amis **votre** cousin, **votre** maison, **vos** ‿amis
Ihr/e	**votre, vos**	**votre** cousin, **votre** maison, **vos** ‿amis

Gehen Sie, wenn Sie den korrekten Possessivbegleiter suchen, also nicht wie im Deutschen vom Besitzer aus, sondern immer von dem französischen Nomen, das näher bestimmt werden soll.

5. Der Demonstrativbegleiter – L'adjectif démonstratif *U8*

Der Demonstrativbegleiter (hinweisendes Fürwort) richtet sich in Geschlecht und Zahl nach dem Nomen, das er begleitet: *Tu aimes **cette** glace ?* – Magst du dieses Eis?

	Singular	Plural
männlich	**ce** vélo **cet** ‿album	**ces** vélos **ces** ‿albums
weiblich	**cette** table **cette** adresse	**ces** tables **ces** ‿adresses

⚠ Vor männlichen Nomen, die mit einem Vokal oder stummem h beginnen, wird *ce* zu *cet*.

Gr

6. Der Fragebegleiter – L'adjectif interrogatif

Der Fragebegleiter *quel* richtet sich in Geschlecht und Zahl nach dem Nomen, das er begleitet.
Mit *quel* wird eine Frage nach dem Bezugswort gestellt, eine Auskunft über das betreffende Nomen erfragt.
quel kann unmittelbar vor dem Nomen oder vor dem Verb *être* stehen.

	Singular	Plural
männlich	**Quel** est votre numéro de téléphone ?	**Quels** films est-ce que vous préférez ?
weiblich	**Quelle** musique est-ce que tu écoutes ?	**Quelles** sont ses fleurs préférées ?

quel entspricht dem deutschen „welcher". In bestimmten Wendungen kann *quel* allerdings auch anders wiedergegeben werden: *A quelle heure ?* – Um wie viel Uhr?; *Quel est votre numéro de téléphone ?* – Wie lautet Ihre Telefonnummer?

7. Das Adjektiv – L'adjectif qualificatif

7.1. Die Form des Adjektivs – La forme de l'adjectif

Das Adjektiv richtet sich in Geschlecht und Zahl nach dem Nomen, das es näher bestimmt.

Müller, c'est un nom **allemand**. *Müller ist ein deutscher Name.*
Twinings, c'est une entreprise **anglaise**. *Twinings ist eine englische Firma.*
A Paris, il y a des boutiques **magnifiques**. *In Paris gibt es wunderschöne Geschäfte.*

⚠ Anders als im Deutschen richtet sich das Adjektiv auch dann nach dem Nomen, das es näher bestimmt, wenn es von ihm getrennt steht.

J'ai une bicyclette bleu**e**. – *Ich habe ein blau**es** Fahrrad.*
Ma bicyclette est bleu**e**. – *Mein Fahrrad ist blau☐.*

⚠ Nach **c'est** bleibt das Adjektiv unverändert:

C'est intéressant. – *Das ist interessant.*
Passer des vacances à la Martinique, c'est assez cher. – *Einen Urlaub auf Martinique zu verbringen, ist ziemlich teuer.*

	Singular	Plural
männlich	grand espagnol bleu sucré	grand**s** espagnol**s** bleu**s** sucré**s**
weiblich	grand**e** espagnol**e** bleu**e** sucré**e**	grand**es** espagnol**es** bleu**es** sucré**es**

Das **Femininum** des Adjektivs wird oft durch Anhängen von **-e** an die männliche Form gebildet. Der **Plural** wird meist durch Anhängen von **-s** gekennzeichnet.

Besonderheiten

männlich		weiblich	
-e	magnifiqu**e**	-e	magnifiqu**e**
-e	suiss**e**	-e	suiss**e**

Adjektive auf **-e** haben in der Regel nur eine Form für Maskulinum und Femininum.

männlich		weiblich	
-ien	itali**en**	-ienne	itali**enne**
-el	natur**el**	-elle	natur**elle**
-on	b**on**	-onne	b**onne**
-er	lég**er**	-ère	lég**ère**

Manche Adjektive haben im Femininum besondere Endungen.

Manche Adjektive haben ein unregelmäßiges Femininum: *frais – fraîche; blanc – blanche; vieux – vieille; beau – belle.* *U 8, 10*

⚠ *vieux / vieille* und *beau / belle* haben eine weitere Besonderheit: Vor männlichen Nomen, die mit Vokal oder stummem h beginnen, wird *vieux* zu *vieil* und *beau* zu *bel*: *un vieil hôtel; un bel appartement.*

Die **Farbadjektive** verhalten sich wie andere Adjektive. Nomen, die als **Farbadjektive** verwendet werden, sind **unveränderlich**. *La famille Coloris a un meuble* **aubergine**, *une voiture* **citron** *et trois vélos* **orange**. *Quelle horreur !* *U 7*

des chaussures bleu**es**	*blaue Schuhe*
des chaussures **marron**	*braune / kastanienfarbene Schuhe*

7.2. Die Stellung des Adjektivs – La place de l'adjectif *U 2, 5, 7, 8, 10*

Anders als im Deutschen stehen die französischen Adjektive meist **nach** dem Nomen, das sie begleiten.

2 Silben oder mehr	un panorama **exceptionnel** une plage **magnifique**	*eine außergewöhnliche Aussicht* *ein wunderschöner Strand*
Farbadjektive	un vélo **rouge**	*ein rotes Fahrrad*
Nationalitätsadjektive	un restaurant **français**	*ein französisches Restaurant*

Einige **kurze** und **gebräuchliche Adjektive** stehen jedoch **vor** dem Nomen:

petit	une **petite** entreprise	*ein kleines Unternehmen*
grand	un **grand** château	*ein großes Schloss*
vieux	un **vieux** village	*ein altes Dorf*
beau	une **belle** ferme	*ein schöner Bauernhof*
bon	une **bonne** soupe	*eine gute Suppe*

Ein Nomen kann auch von mehreren Adjektiven bestimmt sein: *une **jolie petite** ville **alsacienne**.*

Gr

7.3. Die Steigerung des Adjektivs – Le comparatif

U 9

Der Komparativ (der Vergleich) wird wie folgt gebildet:

+	**plus** + Adjektiv + **que**	Un verre de vin, c'est **plus** cher **qu'**une bière. *Ein Glas Wein ist teurer als ein Bier.*
=	**aussi** + Adjektiv + **que**	Le fax, c'est **aussi** rapide **que** le téléphone. *Fax(en) ist genauso schnell wie Telefon(ieren).*
–	**moins** + Adjektiv + **que**	Reims, c'est **moins** grand **que** Marseille. *Reims ist weniger groß als Marseille.*

⚠ Vor Vokalen oder stummem h wird *que* zu *qu'*.

Bei einem Vergleich ohne das neutrale *ce* wird das Adjektiv in Geschlecht und Zahl angeglichen:
Une *bière* ***est*** *moins ch**ère** qu'un verre de vin.–* ***Deux*** *verres de vin* ***sont*** *plus chers que deux bières.*

8. Das Pronomen – Le pronom

8.1. Das Personalpronomen – Le pronom personnel

Wie die Nomen sind die Personalpronomen (persönliche Fürwörter) im Französischen entweder männlich oder weiblich. Ein sächliches Geschlecht (*es*) gibt es nicht.

8.1.1. Das Personalpronomen als Subjekt – Le pronom personnel sujet

U 1, 2

Im Aussagesatz steht das unbetonte Personalpronomen als Subjekt immer **vor** dem Verb.

je	*ich*	**j'**	habite à Strasbourg
tu	*du*	**tu**	parles français
il	*er*	**il**	va à l'école
elle	*sie*	**elle**	comprend
nous	*wir*	**nous**	adorons la quiche
vous	*ihr/Sie*	**vous**	travaillez
ils	*sie* (m)	**ils**	sont de Paris
elles	*sie* (w)	**elles**	visitent le château

⚠ *je* wird vor einem Vokal oder stummem h zu *j'*.

⚠ *il* ist auch Subjekt unpersönlicher Verben: *il pleut* (es regnet) / *il faut* (man braucht, man muss).

⚠ *vous* kennzeichnet gleichzeitig die Höflichkeitsform „*Sie*" und das deutsche „ihr".

⚠ *ils* kann sowohl ein männliches Nomen im Plural als auch mehrere Nomen verschiedenen Geschlechts bezeichnen: *Ils (Jean et Isabelle) habitent à Reims.*

8.1.2. Das betonte Personalpronomen – Le pronom personnel tonique

U 1, 3

Im Französischen gibt es auch betonte Personalpronomen. Sie stehen

• im Satz ohne Verb: *Tu aimes le poisson ?* ***Moi*** *non.* – Magst du Fisch? **Ich** nicht.
               Je suis française. Et ***vous*** *?* – Ich bin Französin. Und **Sie / Ihr**?

• am Satzbeginn (Hervorhebung): ***Moi****, c'est Catherine. Bonjour !* – **Ich** bin Catherine. Guten Tag!

8.2. Das Indefinitpronomen on – Le pronom indéfini on

U 2, 5

Das Indefinitpronomen ist unveränderlich und kann nur Subjekt sein. Mit ihm steht das Verb immer in der 3. Person Singular. *on* entspricht im Deutschen „man" oder „wir".

On parle français.	*Man spricht Französisch.*	**on** – *man*	
On prend un café ?	*Trinken wir einen Kaffee?*	**on** – *wir* (sehr häufig in der gesprochenen Sprache)	

9. Das Verb – Le verbe

Im Französischen besteht jedes Verb aus einem Stamm und einer Endung, die Person und Zeit angibt, z. B. *(nous) parlons* → *parl-* (Stamm) + *-ons* (Endung für 1. Person Plural Präsens).

Man unterscheidet zwischen drei Verbgruppen:
– die 1. Gruppe mit den Verben auf *-er*,
– die 2. Gruppe mit den Verben auf *-ir* mit Stammerweiterung und
– die 3. Gruppe mit den übrigen Verben, die unterschiedliche Infinitivendungen aufweisen.

• **Gruppe I**: Die Verben auf *-er* sind alle regelmäßig (*aller* ist die einzige Ausnahme und gehört deshalb in die 3. Gruppe). Sie umfassen ca. 90 % aller französischen Verben! Manche von ihnen weisen aussprache- oder rechtschreibbedingte Besonderheiten auf: *nous mangeons, j'achète* … Zur 1. Gruppe gehören z. B. *parler, habiter, acheter, préférer, manger* …

• **Gruppe II**: Die Verben auf *-ir* mit Stammerweiterung sind ebenfalls regelmäßig, doch sind sie nicht sehr zahlreich. Beispiele für diese Gruppe sind *choisir, finir* …

• **Gruppe III**: Die Gemeinsamkeit zwischen allen Verben der 3. Gruppe … ist die Tatsache, dass alle auf irgendeine Art und Weise unregelmäßig sind! Mal mehr, mal weniger. Dennoch kann man „Untergruppen" bilden, mit denen sich ihre Konjugationen leichter lernen lassen: Verben auf *-re* (*rire* …), Verben auf *-dre* (*vendre, attendre, entendre* …) und Verben auf *-ir* (ohne Stammerweiterung: *sortir, partir, dormir* …). Weitere Verben dieser Gruppe sind z. B. *aller, connaître, faire, pouvoir* …

> Siehe auch Verbtabellen auf S. 194!

9.1. Das Präsens – Le présent

9.1.1. Die regelmäßigen Verben auf -er – Les verbes réguliers en -er   *U 2, 3, 7, 8*

aimer	
j'	aim**e**
tu	aim**es**
il/elle	aim**e**
nous ‿	aim**ons**
vous ‿	aim**ez**
ils/elles ‿	aim**ent**

⚠ Bei vielen Verben auf *-érer* und *-eter* werden *-é-* bzw. *-e-* vor einer Silbe mit stummem *-e* zu *-è-*. Hier zwei Beispiele:
préférer:
je préfère, tu préfères, il/elle préfère, nous préférons, vous préférez, ils/elles préfèrent
acheter:
j'achète, tu achètes, il/elle achète, nous achetons, vous achetez, ils/elles achètent

⚠ Beachten Sie das aussprachebedingte *e* bzw. das *ç* in der ersten Person Plural der Verben auf *-ger* bzw. auf *-cer*: *nous mangeons, nous commençons*.

9.1.2. Die regelmäßigen Verben auf -ir – Les verbes réguliers en -ir   *U 7*

choisir	
je	choisi**s**
tu	choisi**s**
il/elle	choisi**t**
nous	choisi**ssons**
vous	choisi**ssez**
ils/elles	choisi**ssent**

⚠ Achten Sie auf die Stammerweiterung im Plural.

Gr

9.1.3. Die unregelmäßigen Verben – Les verbes irréguliers

Hier drei „Untergruppen", die gewisse Regelmäßigkeiten aufweisen:

Verben auf -re *U3*

rire	
je	ri**s**
tu	ri**s**
il/elle	ri**t**
nous	ri**ons**
vous	ri**ez**
ils/elles	ri**ent**

⚠ Die Endungen im Präsens lauten in der Regel
-s, -s, -t, -ons, -ez, -ent.

Verben auf -dre *U7*

vendre	
je	vend**s**
tu	vend**s**
il/elle	ven**d**
nous	vend**ons**
vous	vend**ez**
ils/elles	vend**ent**

⚠ Die Endungen im Präsens lauten in der Regel
-s, -s, -d, -ons, -ez, -ent.

Verben auf -ir (ohne Stammerweiterung) *U5*

sortir	
je	sor**s**
tu	sor**s**
il/elle	sor**t**
nous	sort**ons**
vous	sort**ez**
ils/elles	sort**ent**

⚠ Die Endungen im Präsens lauten in der Regel
-s, -s, -t, -ons, -ez, -ent.

⚠ Besonderheit: Im Singular entfällt der letzte Konsonant des Stammes; im Plural bleibt er erhalten, z. B. **dormir** (*je dors, nous dormons*).

9.1.4. Die Verben être und avoir – Les verbes être et avoir   *U2, 5*

être und *avoir* können als **Vollverb** und als **Hilfsverb** zur Bildung zusammengesetzter Zeiten, wie das *passé composé*, verwendet werden.

être	
je	suis
tu	es
il/elle	est
nous	sommes
vous	êtes
ils/elles	sont

avoir	
j'	ai
tu	as
il/elle	a
nous	avons
vous	avez
ils/elles	ont

- Als Vollverb:
  *Cette quiche **est** très bonne. J'**ai** deux billets de théâtre.*
- Als Hilfsverb:
  *Nous **sommes** allés à Reims. Nous **avons** visité la cathédrale.*

9.2. Das passé composé – Le passé composé   *U9, 10*

Das französische *passé composé* wird zum Ausdruck der Vergangenheit verwendet. Wie beim deutschen Perfekt wird diese Zeitform aus einem **Hilfsverb**, *être* oder *avoir*, und dem **Partizip Perfekt** (*participe passé*) des jeweiligen Verbs zusammengesetzt.

⚠ Achten Sie auf die Wortstellung:

Elle | **a** —— **acheté** | un ordinateur.
Sie | **hat** *einen Computer* **gekauft** .

9.2.1. Das Partizip Perfekt – Le participe passé

 Gr

Die Verben auf -er und die Verben auf -ir
(mit Stammerweiterung) bilden **immer**
das Partizip Perfekt auf **-é** und **-i.**

Infinitiv	Partizip Perfekt
aim**er**	aim**é**
travaill**er**	travaill**é**
chois**ir**	chois**i**

Die unregelmäßigen Verben
bilden das Partizip Perfekt unterschiedlich.
Sie kennen bereits:

Infinitiv	Partizip Perfekt
aller	all**é**
attendre	attend**u**
sortir	sort**i**
vendre	vend**u**

Infinitiv	Partizip Perfekt
connaître	**connu**
faire	**fait**
prendre	**pris**
rire	**ri**
venir	**venu**

9.2.2. Das passé composé mit avoir – Le passé composé avec avoir

Die meisten Verben bilden das *passé composé* mit **avoir**. Das Partizip Perfekt bleibt in der Regel **unverändert**.

weibl./männl. Subjekt	Hilfsverb avoir	+ Partizip Perfekt
j'	**ai**	achet**é**
tu	**as**	achet**é**
il/elle	**a**	achet**é**
nous	**avons**	achet**é**
vous	**avez**	achet**é**
ils/elles	**ont**	achet**é**

Nous avons passé nos dernières vacances en France : Nous avons trouvé un petit hôtel romantique en Bourgogne, puis nous avons visité les châteaux de la Loire et nous avons fait du tourisme en Bretagne.

9.2.3. Das passé composé mit être – Le passé composé avec être

Manche Verben bilden das *passé composé* mit **être**, insbesondere einige Verben, die eine Bewegung oder einen (veränderten) Zustand ausdrücken: **venir** (kommen), **partir** (weggehen), **aller** (gehen), **rester** (bleiben), **naître** (geboren werden) usw. Das Partizip Perfekt ist dann **veränderlich**; es richtet sich in Geschlecht und Zahl nach dem Subjekt.

Subjekt (m)	Hilfsverb être	+ Partizip Perfekt	Subjekt (w)	Hilfsverb être	+ Partizip Perfekt
je	**suis**	venu	je	**suis**	venu**e**
tu	**es**	venu	tu	**es**	venu**e**
il	**est**	venu	elle	**est**	venu**e**
nous	**sommes**	venu**s**	nous	**sommes**	venu**es**
vous	**êtes**	venu**(s)**	vous	**êtes**	venu**e(s)**
ils	**sont**	venu**s**	elles	**sont**	venu**es**

⚠ Bei **vous** können alle Formen des Partizip Perfekt auftreten, je nachdem wer mit **vous** gemeint ist:
vous êtes venu (ein Mann, den Sie siezen); **vous êtes venus** (mehrere Männer); **vous êtes venue** (eine Frau, die Sie siezen); **vous êtes venues** (mehrere Frauen).

9.3. Das futur proche – Le futur proche

Mit dem *futur proche* (nahe Zukunft) kann die Zukunft ausgedrückt werden. Diese Zeitform wird wie folgt gebildet:

> *aller* + Infinitiv

Demain,	on	**va jouer** au tennis.	*Morgen spielen wir Tennis.*
L'année prochaine,	je	**vais apprendre** l'espagnol.	*Nächstes Jahr werde ich Spanisch lernen.*

9.4. Die Verbergänzungen – Les compléments du verbe   *U 3, 5, 10, 12*

Manche Verben können mit einem Nomen (direktes/indirektes Objekt) **oder** mit einem Infinitiv ergänzt werden.

	Verb + Nomen	Verb + Infinitiv
aimer	Claudine aime les voyages.	Claudine aime voyager.
vouloir	Je veux un cadeau.	Je veux aller sur la lune.
pouvoir		On peut visiter le château.

⚠ Auch die anderen Verben zum Ausdruck von Vorlieben oder Abneigung (***adorer, détester, préférer***) können mit einem Nomen oder einem Infinitiv ergänzt werden.

⚠ *vouloir* kann **Vollverb** sein und mit einem Nomen ergänzt werden oder als **Modalverb** einen Infinitiv bei sich haben; das **Modalverb** *pouvoir* kann nur mit einem Infinitiv ergänzt werden.

9.5. Die unpersönlichen Verben – Les verbes impersonnels   *U 5, 8, 12*

Unpersönliche Verben werden mit dem unpersönlichen Subjekt *il* verwendet.

il faut + Nomen *U 8*	**Il faut** un congélateur. **Il faut** du temps.	*Man braucht einen Gefrierschrank.* *Man braucht Zeit.*
il y a + Nomen *U 5*	**Il y a** des journaux français à l'aéroport. **Il y a** une boulangerie dans le village.	*Es gibt französische Zeitungen am Flughafen.* *Es gibt eine Bäckerei im Dorf.*
Verben der Wetterangabe *U 12*	**Il fait froid. / Il fait chaud.** **Il pleut. / Il neige.**	*Es ist kalt. / Es ist warm.* *Es regnet. / Es schneit.*

10. Das Adverb – L'adverbe   *U 2, 3, 4, 5, 6, 8*

Wie im Deutschen sind die französischen Adverbien unveränderlich. Sie stehen meist **nach** dem konjugierten Verb.

Ça me plaît **beaucoup**. *Das gefällt mir sehr.*
Moi, je fais **souvent** les courses. *Ich gehe oft einkaufen.*

Dies gilt auch bei zusammengesetzten Verbformen:

Tu as **assez** dormi ! – *Du hast genug geschlafen!* (passé composé)
On peut **enfin** profiter de nos vacances. – *Wir können endlich von unseren Ferien profitieren.* (Modalverb + Infinitiv)

Folgende Adverbien werden zur **Angabe der Menge** verwendet.   *U 3, 6*

beaucoup	viel
un peu	ein bisschen
pas tellement	nicht viel

⚠ Beachten Sie, dass ***beaucoup*** und ***un peu*** als Mengenangaben mit der Präposition ***de*** verwendet werden: *Ils font **beaucoup de** sport.* – Sie machen viel Sport. *Il faut ajouter **un peu de** sel.* – Man muss ein bisschen Salz hinzufügen.

Folgende Adverbien werden zur **Angabe des Grades** verwendet.

U2, 4, 8

beaucoup	*sehr*	**(très) bien**	*(sehr) gut*
un peu	*ein bisschen*	**assez**	*ziemlich (gut)*
pas tellement	*nicht so sehr*	**plus ou moins**	*mehr oder weniger*
pas du tout	*überhaupt nicht*	**trop**	*zu sehr*

Folgende Adverbien werden zur **Angabe der Zeit** verwendet.

U3, 5, 9

(très) souvent	*(sehr) oft*	**hier**	*gestern*	**d'abord**	*zunächst*
quelquefois	*manchmal*	**aujourd'hui**	*heute*	**ensuite**	*dann*
toujours	*immer*	**demain**	*morgen*	**après**	*danach*
				enfin	*zuletzt*

11. Die Präpositionen – Les prépositions

Die Präpositionen sind unveränderlich.

U4, 8

⚠ Beachten Sie jedoch die Verschmelzung der Präpositionen **à** und **de** mit den bestimmten Artikeln **le** und **les**.

à + le = **au**	de + le = **du**
à + les = **aux**	de + les = **des**

Die Artikel **la** und **l'** bleiben erhalten (vgl. 3.1.): **de la** *poste* **à l'** *hôtel de ville*.

11.1. Die Präpositionen des Ortes – Les prépositions de lieu *U2, 4, 5, 9, 10, 11, 12*

Folgende Präpositionen werden zur **Angabe des Ortes** verwendet:

à + Städtenamen	**à** Lille **à** Hambourg	*in/nach Lille* *in/nach Hamburg*
à + Ort	**au** théâtre **à** l'aéroport	*im/ins Theater* *am/zum Flughafen*
à + männliche Ländernamen, die mit einem Konsonanten beginnen / Ländernamen im Plural	**au** Canada (le Canada) **aux** Etats-Unis (les Etats-Unis)	*in/nach Kanada* *in den/die Vereinigten Staaten*
à + Himmelsrichtung	**à** l'est de … **au** nord-est de …	*im Osten von …* *im Nordosten von …*
de + Herkunft	Vous êtes **d'**ou ? Je suis **de** Nice.	*Woher sind Sie? Ich bin aus Nizza.*
de … **à** (Strecke)	Pour aller **de** Paris **à** Londres, je prends l'Eurostar.	*Um von Paris nach London zu gelangen, nehme ich den Eurostar.*
en + weibliche Ländernamen / männliche Ländernamen, die mit einem Vokal beginnen / Kontinente	**en** France (la France) **en** Iran (l'Iran) (*m*) **en** Europe	*in/nach Frankreich* *im/in den Iran* *in/nach Europa*

Gr

Weitere Präpositionen des Ortes:

dans	in	**derrière**	hinter
sur	auf	**à côté de**	neben
sous	unter	**loin de**	weit von
devant	vor	**en face de**	gegenüber

Paul travaille **dans** une pharmacie.   *Paul arbeitet in einer Apotheke.*
L'ordinateur est **sur** la table.   *Der Computer steht auf dem Tisch.*
J'habite **à côté de** la boulangerie.   *Ich wohne neben der Bäckerei.*

⚠ ***dans** la rue* – auf der Straße; ***en** montagne* – in den Bergen; ***sur** la côte* – an der Küste; ***sur** Internet* – im Internet

Anders als im Deutschen gibt es im Französischen keinen Unterschied bei der Antwort auf die Frage **wo** bzw. **wohin**. Die Präpositionen *à, chez, dans* und *en* können sowohl einen Aufenthaltsort als auch einen Zielort bezeichnen.

à	nach/zu	Je vais **à** Strasbourg.	*Ich fahre nach Straßburg.*
	in/im	J'habite **à** Bordeaux.	*Ich wohne in Bordeaux.*
chez	zu	Il va **chez** Marianne	*Er fährt zu Marianne.*
	bei	Il est **chez** Marianne.	*Er ist bei Marianne.*
dans	nach	Elle part **dans** le sud de la France.	*Sie fährt nach Südfrankreich.*
	in/im	Il travaille **dans** une usine.	*Er arbeitet in einer Fabrik.*
en	nach	Ils vont **en** Espagne.	*Sie fahren nach Spanien.*
	in/im	Vous habitez **en** Allemagne ?	*Wohnen Sie in Deutschland?*

11.2. Die Präpositionen der Zeit – Les prépositions de temps

U 5, 10, 12

Folgende Präpositionen werden zur **Angabe der Zeit** verwendet.

à + Uhrzeit	Le bus arrive **à** huit heures.	*Der Bus kommt um acht Uhr an.*
à + Alter	En France, les enfants vont à l'école **à** trois ans.	*In Frankreich gehen die Kinder mit drei Jahren in die Schule.*
de ... à (Zeitraum)	**de** janvier **à** mars **du** trente août **au** trois septembre	*von Januar bis März* *vom dreißigsten August bis zum dritten September*

12. Die Konjunktionen – Les conjonctions

Die Konjunktionen sind **unveränderliche Bindewörter**, die zur Verknüpfung mehrerer Wörter oder Sätze (Haupt- und Nebensätze) verwendet werden.

• Verbindung von Wörtern
*un tableau cher, **mais** original*
*Tu es française **ou** belge ?*
*Il faut un téléphone **et** un fax.*

• Verbindung von Sätzen
*David est français, **mais** il habite en Italie.*
*Tu restes ici **ou** tu pars en vacances ?*
*J'aime rencontrer des amis **et** je déteste la solitude.*
*J'apprends le français **parce que** je vais travailler à Genève.*

⚠ Anders als im Deutschen steht im Französischen das Verb im Nebensatz hinter dem Subjekt:
*Alice est allée en Chine parce qu'**elle veut** découvrir une autre culture.*
Alice ist nach China gefahren, weil **sie** eine andere Kultur entdecken **will**.

13. Die Zahlen – Les nombres

13.1. Die Grundzahlen – Les nombres cardinaux

U 2, 3, 6, 11

0	zéro	17	dix-sept	41	quarante **et** un	100	cent
1	un	18	dix-huit	42	quarante-deux	101	cent un
2	deux	19	dix-neuf	50	cinquante	102	cent deux
3	trois	20	vingt	51	cinquante **et** un	200	deux **cents**
4	quatre	21	vingt **et** un	52	cinquante-deux	201	deux **cent** un
5	cinq	22	vingt-deux	60	soixante	202	deux **cent** deux
6	six	23	vingt-trois	61	soixante **et** un	203	deux **cent** trois
7	sept	24	vingt-quatre	62	soixante-deux		...
8	huit	25	vingt-cinq	70	soixante-dix	300	trois cents
9	neuf	26	vingt-six	71	soixante **et** onze	400	quatre cents
10	dix	27	vingt-sept	72	soixante-douze	500	cinq cents
11	onze	28	vingt-huit	80	quatre-**vingts**	1000	mille
12	douze	29	vingt-neuf	81	quatre-**vingt**-un	2000	deux mille
13	treize	30	trente	82	quatre-**vingt**-deux		
14	quatorze	31	trente **et** un	90	quatre-**vingt**-dix	1 000 000	un million
15	quinze	32	trente-deux	91	quatre-**vingt**-onze	2 000 000	deux millions
16	seize	40	quarante	92	quatre-**vingt**-douze		

⚠ Zehnerzahlen und Einerzahlen werden durch einen Bindestrich verbunden, außer wenn **et** dazwischen steht: 31: *trente et un;* 32: *trente-deux.*

⚠ Folgt eine weitere Zahl nach ***quatre-vingts*** (80) und nach den vollen Hundertern (***deux***, ***trois***, ***quatre...*** *cents*), so entfällt das **-s**: *quatre-**vingt**-trois* (83); *cinq **cent** vingt-deux* (522).

⚠ ***mille*** ist unveränderlich: *quatre **mille** habitants.*

13.2. Die Ordnungszahlen – Les nombres ordinaux

U 11

Zur Bildung der Ordnungszahlen wird die Endung ***-ième*** an die Grundzahlen angehängt. **Ausnahme**: *le premier, la première* – der / die Erste.

1er	premier	2e	deuxième	10e	dixième	21e	vingt-et-unième
1ère	première	3e	troisième	11e	onzième	22e	vingt-deuxième
		4e	quatrième	12e	douzième		
		5e	cinquième	13e	treizième		
		6e	sixième	14e	quatorzième		
		7e	septième	15e	quinzième		
		8e	huitième	16e	seizième		
		9e	neuvième	17e	dix-septième		
				18e	dix-huitième		
				19e	dix-neuvième		
				20e	vingtième		

cent quatre-vingt-treize

Gr **Verbtabelle**

Verben der Gruppe I
aimer (U 3)
j'aim**e**
tu aim**es**
il / elle aim**e**
nous aim**ons**
vous aim**ez**
ils / elles aim**ent**

j'ai aim**é**

Verben der Gruppe II
choisir (U 7)
je choisi**s**
tu choisi**s**
il / elle choisi**t**
nous choisi**ssons**
vous choisi**ssez**
ils / elles choisi**ssent**

j'ai choisi

Folgende Verben gehören der **Gruppe III** an und sind **unregelmäßig**.

aller (U 4)
je vais
tu vas
il/elle va
nous allons
vous allez
ils/elles vont

je suis allé(e)

---

avoir (U 5)
j'ai
tu as
il/elle a
nous avons
vous avez
ils/elles ont

j'ai eu

---

boire (U 6)
je bois
tu bois
il/elle boit
nous buvons
vous buvez
ils/elles boivent

j'ai bu

---

connaître (U 8)
je connais
tu connais
il/elle connaît
nous connaissons
vous connaissez
ils/elles connaissent

j'ai connu

---

dire (U 7)
je dis
tu dis
il/elle dit
nous disons
vous dites
ils/elles disent

j'ai dit

dormir (U 9)
je dors
tu dors
il/elle dort
nous dormons
vous dormez
ils/elles dorment

j'ai dormi

écrire
j'écris
tu écris
il/elle écrit
nous écrivons
vous écrivez
ils/elles écrivent

j'ai écrit

être (U 2)
je suis
tu es
il/elle est
nous sommes
vous êtes
ils/elles sont

j'**ai** été

---

faire (U 3)
je fais
tu fais
il/elle fait
nous faisons
vous faites
ils/elles font

j'ai fait

---

lire (U 3)
je lis
tu lis
il/elle lit
nous lisons
vous lisez
ils/elles lisent

j'ai lu

naître (U 10)
je suis né(e)

---

prendre (U 4)
je prends
tu prends
il/elle prend
nous prenons
vous prenez
ils/elles prennent

j'ai pris

ebenso:
apprendre
comprendre

---

pouvoir (U 10)
je peux
tu peux
il/elle peut
nous pouvons
vous pouvez
ils/elles peuvent

j'ai pu

---

rire (U 3)
je ris
tu ris
il/elle rit
nous rions
vous riez
ils/elles rient

j'ai ri

---

savoir
je sais
tu sais
il/elle sait
nous savons
vous savez
ils/elles savent

j'ai su

sortir (U 5)
je sors
tu sors
il/elle sort
nous sortons
vous sortez
ils/elles sortent

je suis sorti(e)

ebenso:
partir

---

vendre (U 7)
je vends
tu vends
il/elle vend
nous vendons
vous vendez
ils/elles vendent

j'ai vendu

ebenso:
attendre
entendre

---

venir (U 5)
je viens
tu viens
il/elle vient
nous venons
vous venez
ils/elles viennent

je suis venu(e)

---

vouloir (U 12)
je veux
tu veux
il/elle veut
nous voulons
vous voulez
ils/elles veulent

j'ai voulu

Wortschatz nach Lektionen

W

- Alle **neuen Wörter** einer *Unité* werden in chronologischer Reihenfolge und mit ihrer deutschen Übersetzung im jeweiligen Zusammenhang angegeben. Die Wörter aus den *Etapes*-Abschnitten werden nicht aufgeführt.

- Keine Angst vor dem neuen Vokabular! Nur die **fett gedruckten Wörter** sollten aktiv gelernt werden; sie werden später nicht mehr aufgenommen. Mager gedruckte Wörter werden in den nachfolgenden *Unités* nicht als bekannt vorausgesetzt. Sie stellen lediglich eine Verständnishilfe dar.

- Grammatische Fachausdrücke (z. B. passé composé) und Zahlen werden nicht aufgeführt.

- Folgende **Abkürzungen** werden verwendet:

Abk	Abkürzung	*jd*	jemand	*Pl*	Plural	*Sg*	Singular
Adj	Adjektiv	*jdn*	jemanden	*qc*	quelque chose	*ugs*	umgangs-
Adv	Adverb	*jdm*	jemandem		(etwas)		sprachlich
etw	etwas	*m*	männlich	*qn*	quelqu'un	*w*	weiblich
Inf	Infinitiv	*Pers*	Person		(jemand)		

- **Erläuterungen** zu Grammatik, Anwendung und Bedeutungszusammenhang sind *kursiv* gesetzt.

- Adjektive und Nomen, bei denen sich **männliche und weibliche Form** unterscheiden, werden erst in der männlichen und dann in der weiblichen Form angegeben.

- Die **weibliche Form** wird auf zwei Arten gebildet:

1. indem an die männliche Form ein einfaches *e* angehängt oder der letzte Buchstabe verdoppelt und zusätzlich ein *e* angehängt wird:
   le/la cousin/e = le cousin, la cousine
   italien/ne = italien, italienne

2. indem die männliche Endung durch eine weibliche ersetzt wird:
   le/la serveur/-euse = le serveur, la serveuse
   positif/-ve = positif, positive

- Die **phonetische Umschrift** wird bis zur 6. *Unité* durchgängig angegeben und ab der 7. *Unité* nur noch dort, wo sie nicht ganz selbstverständlich ist.

Phonetische Umschrift

Französisches Beispiel	Ähnliches deutsches Beispiel
Vokale:	
[a] ami, tard	Name
[e] écouter, lisez, j'ai	Schnee
[ɛ] être, mais, lettre	gern
[ə] je, le	—
[i] il, lycée	ich
[o] vélo, beau	so
[ɔ] alors, école	doch
[ø] jeu, il pleut	böse
[œ] heure, sœur	Töchter
[u] jour, goût	gut
[y] tu, musique	süß
Nasalvokale:	
[ã] danser, entendre	—
[ɛ̃] train, vin	—
[õ] bon, nom	—

Französisches Beispiel	Ähnliches deutsches Beispiel
Halbvokale:	
[j] bien, métier, travail	ja, Detail
[w] oui, moi	Soiree
[ɥ] puis, nuit, je suis	Suite
Konsonanten:	
[v] vous, inventer	Welle
[z] rose, magasin, ils ont	Reise
[ʒ] bonjour, génial	Garage
[ʃ] chat, architecte	schön
[ɲ] magnifique, Allemagne	Kognak
[ŋ] camping	Camping, Gong

Alle übrigen Konsonanten sind den deutschen Entsprechungen sehr ähnlich. Zu beachten ist allerdings bei [p], [t], [k] und [b], [d], [g], dass sie im Französischen nicht aspiriert (behaucht) werden.

cent quatre-vingt-quinze —— 195 ——

1 Vous êtes Monsieur... ?

A Bonjour, Madame.

1b

Bonjour. [bõʒuʀ]	Guten Tag.
je m'appelle... [ʒəmapɛl]	ich heiße ...
je [ʒə]	ich
je suis [ʒəswi]	ich bin
Enchanté. [ãʃãte]	Sehr erfreut.
(*männlich*)	
Bonsoir. [bõswaʀ]	Guten Abend.
moi, c'est... [mwasɛ] *ugs*	ich heiße ...
et toi [etwa]	und du
moi [mwa]	ich (*betonte Form*)
toi [twa]	du (*betonte Form*)
et [e]	und
tu es bien... [tyɛbjɛ̃]	du bist wohl ...
tu es [tyɛ]	du bist
tu [ty]	du
bien [ɛbjɛ̃]	wohl
oui [wi]	ja
c'est ça [sɛsa]	so ist es
ça [sa] *ugs*	das
Salut. [saly] *ugs*	Hallo., Tag!
ça va ? [sava]	(wie) gehts?
Mademoiselle	Fräulein
[madmwazɛl]	
c'est moi [sɛmwa]	das bin ich
vous êtes [vuzɛt]	Sie sind
vous [vu]	Sie
Madame [madam]	Frau
de Sud-Commerce	von Sud-Commerce
[dəsydkɔmɛʀs]	
de [də]	von
Monsieur [məsjø]	Herr

2

et vous [evu]	und Sie
vous [vu]	ihr; Sie (*betonte Form*)

4a

je vous présente...	ich stelle Ihnen ... vor
[ʒəvupʀezãt]	
un collègue [ɛ̃kɔlɛg]	ein Kollege
Enchantée. [ãʃãte]	Sehr erfreut.
(*weiblich*)	
Comment allez-vous ?	Wie geht es Ihnen?
[kɔmãtalevu]	
très bien [tʀɛbjɛ̃]	sehr gut
merci [mɛʀsi]	danke
je te présente...	ich stelle dir ... vor
[ʒətəpʀezãt]	
ça va [sava]	es geht (gut)

7

l'alphabet *m* [lalfabɛ]	das Alphabet

B Vous comprenez ?

1

Vous comprenez ?	Verstehen Sie?
[vukõpʀəne]	
un bonbon [ɛ̃bõbõ]	ein Bonbon
un porte-monnaie	ein Geldbeutel, ein
[ɛ̃pɔʀtmɔnɛ]	Portemonnaie
des cigarettes *wPl*	Zigaretten
[desigaʀɛt]	
une rose [ynʀoz]	eine Rose
une photo [ynfɔto]	ein Foto
un passeport [ɛ̃paspɔʀ]	ein (Reise)Pass

2

une adresse [ynadʀɛs]	eine Anschrift
un bar [ɛ̃baʀ] (*Art.!*)	ein Café, eine Kneipe
une bibliothèque	eine Bibliothek
[ynbiblijɔtɛk]	
un café [ɛ̃kafe]	eine Bar, eine Kneipe
un camembert [ɛ̃kamãbɛʀ]	ein Camembert
un cédérom [ɛ̃sedeʀɔm]	eine CD-Rom
(*Art.!*)	
un cinéma [ɛ̃sinema]	ein Kino
un chocolat [ɛ̃ʃɔkɔla]	eine Schokolade, eine Praline
(*Art.!*)	
un concert [ɛ̃kõsɛʀ]	ein Konzert
un festival [ɛ̃fɛstival]	ein Festival
un film [ɛ̃film]	ein Film
une galerie [yngalʀi]	eine Galerie
un hôtel [ɛ̃nɔtɛl]	ein Hotel
un journal [ɛ̃ʒuʀnal]	eine Zeitung
un restaurant [ɛ̃ʀɛstɔʀã]	ein Restaurant
un taxi [ɛ̃taksi]	ein Taxi
un théâtre [ɛ̃teatʀə]	ein Theater
la gastronomie	die Gastronomie
[lagastʀɔnɔmi]	
la musique [lamyzik]	die Musik
la politique [lapɔlitik]	die Politik
la presse [lapʀɛs]	die Presse
le tabac [lətaba]	der Tabak

3

un parfum [ɛ̃paʀfɛ̃]	ein Parfüm
une baguette [ynbagɛt]	ein Baguette
(*Art.!*)	
des Gauloises *wPl*	*Zigarettenmarke*
[degolwaz]	
une mélodie [ynmelɔdi]	eine Melodie
un, une [ɛ̃, yn]	ein, eine (*unbestimmter Art. Sg*)
des [de]	*unbestimmter Art. Pl*
un apéritif [ɛ̃napeʀitif]	ein Aperitif
la couture [lakutyʀ]	die Modebranche
une chanson [ynʃãsõ]	ein Lied

4

génial [ʒenjal]	toll
voilà... [vwala]	hier ist ..., hier sind ...
une cabine téléphonique [ynkabintelefɔnik]	eine Telefonkabine, -zelle
un cognac [ɛ̃kɔɲak]	ein Kognak
une flamme [ynflam]	eine Flamme
une girafe [ynʒiʁaf]	eine Giraffe
une radio [ynʁadjo]	ein Radio(apparat)
un sandwich [ɛ̃sɑ̃dwitʃ]	ein Sandwich

5

Vous pouvez répéter ? [vupuveʁepete]	Können Sie (das) wiederholen?
répéter [ʁepete]	wiederholen
Je ne comprends pas. [ʒənəkɔ̃pʁɑ̃pa]	Ich verstehe nicht.
Pardon ? [paʁdõ]	Wie bitte?
Plus lentement. [plylɑ̃tmɑ̃]	Langsamer.
non [nõ]	nein
Ça s'écrit comment ? [sasekʁikɔmɑ̃]	Wie schreibt man das?
s'il vous plaît (*Sie-Form*) [silvuplɛ]	bitte
s'il te plaît (*Du-Form*) [siltəplɛ]	bitte

6a

deux [dø]	zwei
o tréma [otʁema]	ö
un tréma [ɛ̃tʁema]	ein Umlaut
alors... [alɔʁ]	also ...

7

A demain ! [adəmɛ̃]	Bis morgen!
Au revoir ! [oʁəvwaʁ]	Auf Wiedersehen!
Bonsoir ! [bõswaʁ]	Auf Wiedersehen! (*abends*)
A bientôt ! [abjɛ̃to]	Bis bald!
A la semaine prochaine ! [alasəmɛnpʁɔʃɛn]	Bis nächste Woche!
à [a]	bis
le résumé [ləʁezyme]	Zusammenfassung

---

2 Vous êtes d'où ?

A C'est un nom français

1

c'est un nom français [sɛtɛ̃nõfʁɑ̃sɛ]	das ist ein französischer Name
c'est [sɛ]	das ist
un nom [ɛ̃no]	ein Name
français [fʁɑ̃sɛ]	französisch
allemand [almɑ̃]	deutsch

espagnol [ɛspaɲɔl]	spanisch
italien [italjɛ̃]	italienisch
russe [ʁys]	russisch
tunisien [tynizjɛ̃]	tunesisch

3

un pays [ɛ̃pei]	ein Land
une nationalité [ynnasjɔnalite]	eine Staatsangehörigkeit
il est français, elle est française [ilefʁɑ̃sɛ, ɛlefʁɑ̃sɛz]	er ist Franzose, sie ist Französin
il est, elle est [ilɛ, ɛlɛ]	er ist, sie ist
il [il]	er
elle [ɛl]	sie (*3. Pers Sg*)
l'Angleterre [lɑ̃glətɛʁ]	England
anglais, anglaise [ɑ̃glɛ, ɑ̃glɛz]	Engländer, Engländerin
la France [lafʁɑ̃s]	Frankreich
français, française [fʁɑ̃sɛ, fʁɑ̃sɛz]	Franzose, Französin
l'Allemagne [lalmaɲ]	Deutschland
allemand, allemande [almɑ̃, almɑ̃d]	Deutscher, Deutsche
le Danemark [lədanmaʁk]	Dänemark
danois, danoise [danwa, danwaz]	Däne, Dänin
l'Espagne [lɛspaɲ]	Spanien
espagnol, espagnole [ɛspaɲɔl]	Spanier, Spanierin
l'Italie [litali]	Italien
italien, italienne [italjɛ̃, italjɛn]	Italiener, Italienerin
l'Autriche [lotʁiʃ]	Österreich
autrichien, autrichienne [otʁiʃjɛ̃, otʁiʃjɛn]	Österreicher, Österreicherin
la Tunisie [latynizi]	Tunesien
tunisien, tunisienne [tynizjɛ̃, tynizjɛn]	Tunesier, Tunesierin
la Russie [laʁysi]	Russland
russe, russe [ʁys]	Russe, Russin
la Belgique [labɛlʒik]	Belgien
belge, belge [bɛlʒ]	Belgier, Belgierin
la Suisse [lasɥis]	die Schweiz
suisse, suisse [sɥis]	Schweizer, Schweizerin

4

une entreprise [ynɑ̃tʁəpʁiz]	ein Unternehmen, eine Firma

5a

aussi [osi]	auch

5b

alors [alɔʁ]	also, dann
être [ɛtʁə]	sein (*Verb*)
nous [nu]	wir

W

ils [il]	sie (*3. Pers Pl männlich*)
elles [ɛl]	sie (*3. Pers Pl weiblich*)

6a

les langues [lelãg]	die Sprachen
une langue [ynlãg]	eine Sprache
née [ne]	geboren (*weiblich*)
l'Argentine [laʀʒãtin]	Argentinien
la mère [lamɛʀ]	die Mutter
le père [ləpɛʀ]	der Vater
mais [mɛ]	aber
les études [lezetyd]	das Studium
le travail [lətʀavaj]	die Arbeit
une société de biochimie [ynsɔsjetedəbjoʃimi]	ein Biochemie-Unternehmen
une société [ynsɔsjete]	ein Unternehmen
elle parle anglais [ɛlpaʀlãglɛ]	sie spricht Englisch
elle ne parle pas italien [ɛlnəpaʀləpa italjẽ]	sie spricht kein Italienisch
parler [paʀle]	sprechen
ne + *Verb* + pas [nə ... pa]	nicht, kein

6b

un peu [ẽpø]	ein wenig, etwas

8

l'olympe européen [lɔlẽpøʀɔpeẽ]	der europäische Olymp, Himmel
européen, européenne [øʀɔpeẽ, øʀɔpeɛn]	europäisch

10

on [õ]	man
en France [ãfʀãs]	in Frankreich
au Canada, le Canada [okanada, ləkanada]	in Kanada, Kanada
au Maroc, le Maroc [omaʀɔk, ləmaʀɔk]	in Marokko, Marokko
en [ã] + *Land, weibl.*	in
au [o] + *Land, männl.*	in

11

vrai [vʀɛ]	richtig, wahr
ou [u]	oder
faux [fo]	falsch
plus de 100 millions... [plydəsãmiljõ]	mehr als 100 Mio. ...
dans le monde [dãləmõd]	in der Welt
basque [bask] (*Sprache*)	Baskisch
breton [bʀətõ] (*Sprache*)	Bretonisch
romanche [ʀɔmãʃ] (*Sprache*)	Rätoromanisch
le français [ləfʀãsɛ]	die franz. Sprache
beaucoup de pays [bokudəpei]	viele Länder

la langue officielle [lalãgɔfisjɛl]	offizielle Landessprache
alsacien [alsasjẽ] (*Sprache*)	Elsässisch
occitan [ɔksitã] (*Sprache*)	Okzitanisch
quatre [katʀə, *ugs* kat]	vier
flamand [flamã] (*Sprache*)	Flämisch
francophone [fʀãkɔfɔn]	französischsprachig

B Vous habitez où ?

1

M., Mme, Mlle	*Abkürzungen für* Monsieur, Madame, Mademoiselle

2a

Vous êtes d'où ? *ugs* [vuzɛtdu]	Woher sind Sie?
d'où ? [du]	woher?
Vous habitez où ? *ugs* [vuzabiteu]	Wo wohnen Sie?
où ? [u]	wo?
habiter [abite]	wohnen
parisien, parisienne [paʀizjẽ, paʀizjɛn]	aus Paris; Pariser, Pariserin
de *bzw.* **d'** [d(ə)] + *Stadt*	aus
Mulhouse [myluz]	Mühlhausen (*Elsass*)
place d'Italie [plasditali]	*Platz im Pariser Süden*
provençal, provençale [pʀɔvãsal]	aus der Provence
à Marseille [amaʀsɛj]	in Marseille
à [a] + *Stadt*	in
alsacien, alsacienne [alsasjẽ, alsasjɛn]	aus dem Elsass
d', j', n'	de, je *und* ne *vor a, e, i, o, u, y und vor stummem h*

3

la liaison [laljɛzõ]	Bindung (*zwischen zwei Wörtern*), Liaison

5

un jeu (*Pl*: **jeux**) [ʒø]	Spiel

6b

doux [du]	weich, sanft

11

le bloc-notes [ləblɔknɔt]	Notizblock, Merkblock
les belles familles [lebɛlfamij]	die schönen, vornehmen Familien
beau, belle [bo, bɛl]	schön

3 Est-ce que vous aimez rire ?

A Les chats et le chocolat

l'aventure *w* [lavãtyʀ]	Abenteuer
le camping [ləkãpiŋ]	Campingplatz, Zelten
le chat [ləʃa]	Katze
l'élégance *w* [lelegãs]	Eleganz
l'erreur *w* [lɛʀœʀ]	Irrtum, Fehler
la femme [lafam]	Frau
la mousse au chocolat	Schokoladencremespeise
[lamusoʃokɔla]	
le problème [ləpʀɔblɛm]	Problem
le risque [ləʀisk]	Risiko
la solitude [lasɔlityd]	Einsamkeit
la tomate [latɔmat]	Tomate
la vitesse [lavitɛs]	Schnelligkeit,
	Geschwindigkeit
le voyage [ləvwaja ʒ]	Reise

l'argent *m* [laʀʒã]	Geld
le chocolat [ləʃɔkɔla]	Schokolade
l'enfant *m* [lãfã]	Kind
la famille [lafamij]	Familie
l'homme *m* [lɔm]	Mann
l'intolérance *w* [lɛ̃tɔleʀãs]	Intoleranz
la jalousie [laʒaluzi]	Eifersucht
le luxe [ləlyks]	Luxus
la monotonie [lamɔnɔtɔni]	Monotonie, Langeweile
l'orange *w* [lɔʀãʒ]	Orange, Apfelsine
la poésie [lapɔezi]	Poesie, Lyrik
le sport [ləspɔʀ]	Sport
la vie à deux [laviadø]	Leben zu zweit
la vie [lavi]	Leben

1

aimer [eme]	mögen, lieben
elle aime les enfants	sie mag Kinder
[ɛlɛmlezãfã]	
il n'aime pas les chats	er mag keine Katzen
[ilnɛmpaleʃa]	
le [lə], la [la], l' [l]; les [le]	der, die, das; die (*best. Art.*)

1c

le dictionnaire	Wörterbuch
[lədiksjɔnɛʀ]	

2

mais [mɛ]	aber
est-ce que, est-ce qu'	*Fragepartikel*
[ɛskə, ɛsk]	

3b

être d'accord [ɛtʀədakɔʀ]	einverstanden sein
d'accord [dakɔʀ]	einverstanden
Moi aussi ! [mwaosi]	Ich auch!
Moi non plus ! [mwanõply]	Ich auch nicht!

Moi si ! [mwasi]	Ich schon!
Moi non ! [mwanõ]	Ich nicht!
non plus [nõply]	auch nicht
si [si]	doch

4a

adorer [adɔʀe]	über alles lieben, sehr gern
	haben
et puis [epɥi]	und (dann auch noch ...)
j'aime beaucoup	ich mag sehr
[ʒɛmboku]	
beaucoup [boku]	sehr
le travail [lətʀavaj]	Arbeit
avec [avɛk]	mit
moderne [mɔdɛʀn]	modern
les traditions *wPl*	Traditionen
[letʀadisjõ]	
la mer [lamɛʀ]	Meer
le soleil [ləsɔlɛj] (*Art.!*)	Sonne
je n'aime pas tellement...	ich mag nicht so sehr ...
[ʒənɛmpatɛlmã]	
ne ... pas tellement	nicht (so) sehr
[nə ... patɛlma]	
la mode [lamɔd]	Mode
détester [detɛste]	verabscheuen
voilà [vwala]	das ist es (*hervorhebend*)
vivre [vivʀə]	leben
manger [mãʒe]	essen
rire [ʀiʀ]	lachen
discuter [diskyte]	diskutieren
même sur Internet	sogar im Internet
[mɛmsyʀɛ̃tɛʀnɛt]	
comme moi [kɔmmwa]	wie ich
comme [kɔm]	wie
contactez-moi	nehmen Sie Kontakt mit mir
[kõtaktemwa]	auf
contacter [kõtakte]	Kontakt aufnehmen

6b

classique [klasik]	klassisch
dynamique [dinamik]	dynamisch
sympathique [sɛ̃patik]	sympathisch
parce qu'elle aime...	weil sie ... mag
[paʀskɛlɛm]	
pourquoi ? [puʀkwa]	warum?
parce que, parce qu'	weil
[parsk(ə)] + *Aussagesatz*	

7

Vivent les stéréotypes !	Hoch leben die Klischees!
[vivlesteʀeɔtip]	
le fromage [ləfʀɔmaʒ]	Käse
pas du tout [padytu]	gar nicht
l'électricité [lelɛktʀisite]	Strom, Elektrizität
Quelle horreur ! [kɛlɔʀœʀ]	Wie schrecklich!

W

B Aimer et être heureux

1

jardiner [ʒaʀdine]	im Garten arbeiten
voyager [vwajaʒe]	reisen
faire le ménage [fɛʀləmenaʒ]	den Haushalt machen
faire les courses [fɛʀlekuʀs]	einkaufen
faire la cuisine [fɛʀlakɥizin]	kochen
le ménage [ləmenaʒ]	Haushalt
les courses wPl [lekuʀs]	Einkäufe
la cuisine [lakɥizin]	Kochen, Küche
faire [fɛʀ]	machen, erledigen
regarder la télévision [ʀəgaʀdelatelevizjõ]	fernsehen
la télévision [latelevizjo]	Fernsehen
écouter la radio [ekutelaʀadjo]	Radio hören
écouter [ekute]	zuhören, hören
la radio [laʀadjo]	Radio, Rundfunk
lire le journal [liʀləʒuʀnal]	Zeitung lesen
lire [liʀ]	lesen
le journal [ləʒuʀnal] (Pl: **journaux** [ʒuʀno])	Zeitung

2a

c'est important [sɛ(t)ɛ̃pɔʀtã]	das ist wichtig
important/e [ɛ̃pɔʀtã/-tãt]	wichtig
pour être heureux [puʀɛtʀøʀø]	um glücklich zu sein
heureux, heureuse [øʀø, øʀøz]	glücklich
ensemble [ãsãbl]	zusammen
travailler [tʀavaje]	arbeiten
aimer voyager [emevwajaʒe]	gern reisen
adorer lire [adɔʀeliʀ]	sehr gern lesen
détester faire les courses [detɛstefɛʀlekuʀs]	sehr ungern einkaufen
aimer, adorer, détester + Inf	etw gern, sehr gern, gar nicht gern tun

3a

le week-end [ləwikɛnd]	Wochenende
au paradis [opaʀadi]	im Paradies
le paradis [ləpaʀadi]	Paradies
le charme [ləʃaʀm]	Charme, Reiz
le séminaire [ləseminɛʀ]	Seminar, Tagung
souvent [suvã]	oft
stressé, stressée [stʀese]	gestresst
la personne [lapɛʀsɔn]	Person
préférer [pʀefeʀe]	lieber mögen, bevorzugen
la promenade [lapʀɔmnad]	Spaziergang

la dune [ladyn]	(Sand)Düne
marcher [maʀʃe]	(zu Fuß) gehen, laufen
bref, ... [bʀɛf]	kurzum: ...
quelquefois [kɛlkəfwa]	manchmal
passer [pase]	verbringen
sans soucis [sãsusi]	ohne Sorgen
Demandez notre documentation. [dəmãdenɔtʀə dɔkymãtasjõ]	Fordern Sie unsere Informationen an.

4

le roman [ləʀɔmã]	Roman

6

à vingt ans [avɛ̃tã]	mit zwanzig Jahren, wenn man zwanzig ist
à + Altersangabe	mit + Altersangabe
Maman [mamã]	Mama
l'amour m [lamuʀ]	Liebe
le mariage [ləmaʀjaʒ]	Ehe
la norme [lanɔʀm]	Norm
le confort [ləkõfɔʀ]	Komfort
la maladie [lamaladi]	Krankheit

4 Travailler

A Où est-ce que vous travaillez ?

1

il est boulanger [ilebulãʒe]	er ist Bäcker
elle est professeur [ɛlepʀɔfesœʀ]	sie ist Lehrerin
l'assistante w **médicale** [lasistãtmedikal]	Sprechstundenhilfe
la serveuse [lasɛʀvøz]	Bedienung
l'informaticien m [lɛ̃fɔʀmatisjɛ̃]	Informatiker
le professeur [ləpʀɔfesœʀ]	Lehrer, Lehrerin
l'employée w [lãplwaje]	Angestellte
le boulanger [ləbulãʒe]	Bäcker

2a

le secrétaire, la secrétaire [ləsəkʀetɛʀ, lasəkʀetɛʀ]	Sekretär/in
l'employé, l'employée [lãplwaje]	Angestellte/r
l'ouvrier, l'ouvrière [luvʀje, luvʀjɛʀ]	Arbeiter/in
le boulanger, la boulangère [ləbulãʒe, labulãʒɛʀ]	Bäcker/in
l'informaticien, l'informaticienne [lɛ̃fɔʀmatisjɛ̃, lɛ̃fɔʀmatisjɛn]	Informatiker/in
le serveur, la serveuse [ləsɛʀvœʀ, lasɛʀvøz]	Kellner, Bedienung

le professeur [ləpʀɔfesœʀ] Lehrer/in
l'ingénieur *m* [lɛ̃ʒenjœʀ] Ingenieur/in
le médecin [ləmedsɛ̃] Arzt, Ärztin
la femme au foyer Hausfrau
[lafamofwaje]

2b

l'épicier, l'épicière Lebensmittelhändler/in
[lepisje, lepisjɛʀ]
le coiffeur, la coiffeuse Friseur/in
[ləkwafœʀ, lakwaføz]
le ministre, la ministre Minister/in (*weibl. Form erst*
[ləministʀ, laministʀ] *seit 1998 offiziell benutzt*)

2c

dans un..., dans une... in einem ..., in einer ...
[dɑ̃zɛ̃, dɑ̃zyn]
dans [dɑ̃] in
l'hôpital *m* [lopital] Krankenhaus
(*Pl*: **hôpitaux** [opito])
le supermarché Supermarkt
[ləsypɛʀmaʀʃe]
le bureau [ləbyʀo] Büro
(*Pl*: **bureaux** [byʀo])
l'usine *w* [lyzin] Fabrik
l'école *w* [lekɔl] Schule
la boulangerie [labulɑ̃ʒʀi] Bäckerei
à la maison [alamɛzõ] zu Hause
la maison [lamɛzo] Haus
chez [ʃe] + *Eigenname* bei + *Eigenname*

4

la profession [lapʀɔfɛsjõ] Beruf
le lieu de travail Arbeitsort
[ləljødətʀavaj]
à la retraite [alaʀətʀɛt] in Rente
la retraite [laʀətʀɛt]] Rente
au chômage [oʃomaʒ] arbeitslos
le chômage [ləʃomaʒ] Arbeitslosigkeit

5a

à l'office *m* de tourisme im Fremdenverkehrsamt
[alɔfisdətuʀism]
à [a] in
ici [isi] hier
depuis [dəpɥi] seit
l'an *m* [lɑ̃] Jahr
Vous voulez parler de Möchten/Wollen Sie über
votre travail ? [vuvule Ihre Arbeit sprechen?
paʀle dəvɔtʀətʀavaj]
vous voulez [vuvule] Sie wollen
parler de... [paʀledə] über, von ... sprechen
alors voilà, ... [alɔʀ vwala] also, ...
là [la] da
pour [puʀ] für
le touriste, la touriste Tourist/in
[lətuʀist, latuʀist]

donner [dɔne] geben, aushändigen
la brochure [labʀɔʃyʀ] Broschüre
le numéro de téléphone Telefonnummer
[lənymeʀodətelefɔn]
Ça vous plaît ? [savuplɛ] Gefällt es Ihnen?
passionnant, passionnante spannend, begeisternd
[pasjɔnɑ̃, pasjɔnɑ̃t]
la région de Valence die Gegend von Valence
[laʀeʒjõdəvalɑ̃s]
la région [laʀeʒjo] Gegend, Umgebung
le contact [ləkõtakt] Kontakt
téléphoner [telefɔne] telefonieren
facile [fasil] leicht
stressant, stressante stressig
[stʀesɑ̃, stʀesɑ̃t]
parfait, parfaite perfekt, ausgezeichnet
[paʀfɛ, paʀfɛt]
le job [lədʒɔb] *ugs* Job
tranquille [tʀɑ̃kil] ruhig
quelles langues ? [kɛllɑ̃g] welche Sprachen?
eh bien... [ebjɛ̃] nun ja ...
surtout [syʀtu] vor allem
les Allemands [lezalmɑ̃] die Deutschen
comme ça [kɔmsa] so, auf diese Weise
pas vraiment [pavʀɛmɑ̃] nicht wirklich
vraiment [vʀɛmɑ̃] wirklich
exactement [ɛgzaktəmɑ̃] genau
le village [ləvilaʒ] Dorf
à 10 kilomètres *m* d'ici 10 km von hier entfernt
[adikilɔmɛtʀədisi]

5c

monotone [mɔnɔtɔn] eintönig
intéressant, intéressante interessant
[ɛ̃teʀesɑ̃, ɛ̃teʀesɑ̃t]
génial, géniale [ʒenjal] toll, genial

7a

content, contente zufrieden
[kõtɑ̃, kõtɑ̃t]

7b

plus ou moins [plyzumwɛ̃] mehr oder weniger
ou [u] oder
pas du tout [padytu] gar nicht, überhaupt nicht
assez [ase] ziemlich

8

Ça te plaît ? [satəplɛ] Gefällt es dir?
Ça vous plaît ? [savuplɛ] Gefällt es Ihnen?
l'interview *w* [lɛ̃tɛʀvju] Interview
(*Art.!*)

10

Vinternet [vɛ̃tɛʀnɛt] *vin + Internet*
le vin [vɛ̃] Wein
acheter [aʃte] kaufen

visiter [vizite]	besichtigen
la cave [lakav]	Keller
choisir [ʃwaziʀ]	(aus)wählen
idéal, idéale [ideal]	ideal
la date [ladat]	Datum
optimal, optimale [ɔptimal]	optimal
ouvrir [uvʀiʀ]	öffnen
la bouteille [labutɛj]	Flasche
le magasin spécialisé [ləmagazɛ̃spesjalize]	Fachgeschäft

B Vous prenez le bus ou le taxi ?

1

l'aéroport *m* [laeʀopɔʀ]	Flughafen
l'aéroport Charles de Gaulle [ʃaʀldəgol]	*größter Pariser Flughafen*
le TGV [ləteʒeve] (***train à grande vitesse***)	Hochgeschwindigkeitszug (*vgl. ICE*)
le train [lətʀɛ̃]	Zug
le métro [ləmetʀo]	U-Bahn
le bus [ləbys]	Bus
le RER [ləɛʀœʀ] (***réseau express régional***)	S-Bahn
le taxi [lətaksi]	Taxi
l'avion *m* [lavjõ]	Flugzeug
la voiture de location [lavwatyʀdəlɔkasjõ]	Mietwagen
la voiture [lavwatyʀ]	Auto, Wagen

2a

prendre [pʀɑ̃dʀə]	nehmen (*Verkehrsmittel*)
le bus pour Montparnasse [ləbyspuʀmõpaʀnas]	der Bus nach Montparnasse
pour [puʀ] + *Ortsangabe*	nach
le RER pour aller à Orly [ləɛʀœʀ puʀale aɔʀli]	die S-Bahn, um nach Orly zu fahren
l'aéroport d'Orly [laeʀopɔʀdɔʀli]	*Pariser Flughafen*
aller à... [alea]	nach ... fahren
aller [ale]	gehen, fahren, fliegen
à [a]	nach
la station (de métro) [lastasjõdəmetʀo]	(U-Bahn)Station
de ... à ... [də ... a]	von ... bis ...

5a

au garage [ogaʀaʒ]	in die Garage
le garage [ləgaʀaʒ] (*Art.!*)	Garage
au [o]	*Zusammenziehung von* à + le
à la gare [alagaʀ]	am Bahnhof, zum Bahnhof
la gare [lagaʀ]	Bahnhof
à [a]	an; zu
arriver [aʀive]	ankommen
l'agence *w* de voyages [laʒɑ̃sdəvwajaʒ]	Reisebüro

l'agence *w* [laʒɑ̃s]	Agentur, Büro
le vélo [ləvelo]	Fahrrad

5c

à sa place [asaplas]	an seinen Platz
la place [laplas]	der Platz

7a

l'église Saint-Germain-des-Prés [leglizsɛ̃ʒɛʀmɛ̃]	*Kirche im Studentenviertel*
le marché aux fleurs [ləmaʀʃeofløʀ]	*romantischer Blumenmarkt*
l'Hôtel de Ville [lotɛldəvil]	*Rathaus der Stadt Paris*
la cathédrale Notre-Dame [lakatedʀalnɔtʀədam]	*Kathedrale Notre-Dame*
le Centre Pompidou [ləsɑ̃tʀəpõpidu]	*Kulturzentrum (auch "Centre Beaubourg" genannt)*
la fontaine Saint-Michel [lafõtɛnsɛ̃miʃɛl]	*beliebter Treffpunkt unweit der Seine*
l'Institut du Monde Arabe [lɛ̃stitydymõdaʀab]	*Zentrum für arabische Geschichte und Kultur*
La Samaritaine [lasamaʀitɛn]	*großes, altes Jugendstil-Kaufhaus*
le Jardin des Plantes [ləʒaʀdɛ̃deplɑ̃t]	*Botanischer Garten*
l'église *w* [legliz]	Kirche
le marché [ləmaʀʃe]	Markt
la fleur [laflœʀ]	Blume
la ville [lavil]	Stadt
la cathédrale [lakatedʀal]	Dom, Kathedrale
le centre [ləsɑ̃tʀə]	Zentrum, Kulturzentrum, Institut
la fontaine [lafõtɛn]	Brunnen
l'institut *m* [lɛ̃stity]	Institut
le monde [ləmõd]	Welt
arabe [aʀab]	arabisch
le jardin [ləʒaʀdɛ̃]	Garten
la plante [laplɑ̃t]	Pflanze

7c

du [dy]	*Zusammenziehung von* de + le

8

l'université *w* populaire [lynivɛʀsitepɔpylɛʀ]	Volkshochschule

9

oui au vélo, non à la voiture [wiovelo, nõalavwatyʀ]	ja zum Fahrrad, nein zum Auto
Vive... ! [viv]	Es lebe (hoch) ...!
la vélorution [veloʀysjõ]	*Wortspiel mit* vélo + révolution
à vélo [avelo]	mit dem Fahrrad
plus beau [plybo]	schöner

W

contre la pollution [kõtʀəlapɔlysjõ] — gegen die Umweltverschmutzung
une seule solution [ynsœlsɔlysjõ] — eine einzige Lösung

5 Sortir

A J'ai envie d'aller au cinéma

1b

la publicité [lapyblisite] — Werbung
le livre [ləlivʀə] — Buch

2

j'ai envie d'aller au ciné- ma [ʒeãvidaleosinema] — ich habe Lust, ins Kino zu gehen
avoir envie de + Inf [avwaʀãvidə] — Lust haben (etwas) zu tun
avoir [avwaʀ] — haben
ça va avec... [savaavɛk] — es, das passt zu ...
aller avec... [aleavɛk] — zu ... passen
acheter [aʃte] — kaufen
la voiture de sport [lavwatyʀdəspɔʀ] — Sportwagen
danser [dãse] — tanzen
sortir [sɔʀtiʀ] — ausgehen
l'ami, l'amie [lami] — Freund/in
le concert de jazz [ləkõsɛʀdədʒaz] — Jazzkonzert
le concert [ləkõsɛʀ] — Konzert
le jazz [lədʒaz] — Jazz

3

la fille [lafij] — Mädchen
le policier [ləpɔlisje] — Polizist

4b

prendre un café [pʀãdʀɛ̃kafe] — einen Kaffee trinken
prendre [pʀãdʀə] — trinken
le café [ləkafe] — Kaffee

5a

le festival d'Avignon [ləfɛstivaldaviɲõ] — berühmtes Theaterfestival (jährlich im Juli)
dormir [dɔʀmiʀ] — schlafen
sur la plage [syʀlaplaʒ] — am Strand
sur [syʀ] — auf, an
la plage [laplaʒ] — Strand
le steak-frites [ləstɛkfʀit] — Steak mit Pommes frites
visiter [vizite] — besichtigen
la Bretagne [labʀətaɲ] — Region in Westfrankreich
la lune [lalyn] — Mond
Londres [lõdʀə] — London
le Musée du Louvre [ləmyzedyluvʀə] — berühmtes Pariser Museum

le musée [myze] — Museum
à la campagne [alakãpaɲ] — auf dem Land
la campagne [lakãpaɲ] — Land (im Gegens. zu "Stadt")
prendre des vacances [pʀãdʀədevakãs] — Urlaub nehmen
les vacances wPl [levakãs] — Ferien, Urlaub
la place [laplas] — (Sitz)Platz
la place (de théâtre) [laplasdəteatʀə] — (Theater)Karte
sur [syʀ] — über (die Museen)
le billet (de train) [ləbijɛdətʀɛ̃] — (Zug)Fahrkarte
grand, grande [gʀã, gʀãd] — groß
Tahiti [taiti] — Südseeinsel
l'astronaute m/w [lastʀonot] — Astronaut/in
le château [ləʃato] — Schloss, Burg (Pl: châteaux)
petit, petite [pəti, pətit] — klein
Bruxelles [bʀysɛl] — Brüssel

5b

pas de problème [padəpʀɔblɛm] — kein Problem
pas de... [pad(ə)] — kein, keine ...

6

on va... ? [õva] — gehen wir ...?
on [õ] + 3. Pers Sg — ugs für wir

7a

ce soir [səswaʀ] — heute Abend
le soir [ləswaʀ] — Abend
une bonne idée [ynbɔnide] — eine gute Idee
bon, bonne [bõ, bɔn] — gut
l'idée w [lide] — Idee
Allô ? [alo] — Hallo? (am Telefon)
c'est Maxime [sɛmaksim] — hier Maxime, Maxime am Apparat
venir [vəniʀ] — kommen
avec moi [avɛkmwa] — mit mir
après [apʀɛ] — danach
youpie ! [jupi] — Freudenruf

9

le cirque [ləsiʀk] — Zirkus

B Envie de voyager

1a

le département [lədepaʀtmã] — Departement (Verwaltungsbezirk)
le village de Loubressac [ləvilaʒdəlubʀesak] — das Dorf Loubressac
romantique [ʀɔmãtik] — romantisch
la boutique [labutik] — Boutique, Laden

W

la galerie d'art [lagalʀidaʀ]	Kunstgalerie
l'art *m* [laʀ] (*Art.!*)	Kunst
le panorama [ləpanɔʀama]	Aussicht
exceptionnel, exception-	außergewöhnlich,
nelle [ɛksɛpsjɔnɛl]	einmalig
le moulin [ləmulɛ̃]	Mühle
en activité [ãnaktivite]	(noch) in Betrieb, im
	Gebrauch
la visite [lavizit]	Besichtigung
de 9 h à 19 h [dənœvœʀ	von 9 Uhr bis 19 Uhr
adiznœvœʀ]	
de ... à ... [də ... a]	von ... bis ...
9 h (9 heures) [nœvœʀ]	9 Uhr
le rendez-vous [ləʀɑ̃devu]	Voranmeldung
le groupe [ləgʀup] (*Art.!*)	(Reise)Gruppe
fermé, fermée [fɛʀme]	geschlossen
le dimanche [lədimɑ̃ʃ]	sonntags
un exemple magnifique	ein wunderschönes Beispiel
de l'architecture du	für mittelalterliche
Moyen-Âge [ɛ̃nɛgzɑ̃plə	Architektur
maɲifik dəlaʀʃitɛktyʀ	
dymwajɛ̃ɑʒ]	
un exemple de...	ein Beispiel für ..
[ɛ̃nɛgzɑ̃plədə]	
l'architecture *w* **du...**	die Architektur des ...
[laʀʃitɛktyʀdy]	
de *bzw.* **du, de la, de l'...**	*Verbindungspräposition*
[də, dy, dəla, dəl...]	*zwischen zwei Nomen*
magnifique [maɲifik]	wunderschön
la chapelle [laʃapɛl]	Kapelle
le meuble [ləmœbl]	Möbelstück
les objets d'art	Kunstgegenstände
[lezɔbʒɛdaʀ]	
l'objet *m* [lɔbʒɛ]	Gegenstand
ouvert, ouverte [uvɛʀ,	geöffnet
uvɛʀt]	
le mardi [ləmaʀdi]	dienstags
la grotte [lagʀɔt]	Grotte
la curiosité [lakyʀjɔzite]	Sehenswürdigkeit
naturel, naturelle [natyʀɛl]	Natur-
unique [ynik]	einmalig
la salle [lasal]	Saal, Raum
le m² (mètre carré)	m², Quadratmeter
[ləmɛtʀəkaʀe]	
la stalactite [lastalaktit]	Stalaktit, Tropfstein
bizarre [bizaʀ]	bizarr, sonderbar
l'ascenseur *m* [lasɑ̃sœʀ]	Aufzug
le mercredi [ləmɛʀkʀədi]	mittwochs
la forêt [lafɔʀɛ]	Wald
le singe [ləsɛ̃ʒ]	Affe
le parc [ləpaʀk]	(Natur)Park
l'animal *m* [lanimal]	Tier
(*Pl:* **animaux** [animo])	
en liberté [ãlibɛʀte]	freilebend; frei
pour plus d'informations	wenn Sie zusätzliche
[puʀplydɛ̃fɔʀmasjõ]	Informationen wünschen

adressez-vous à	wenden Sie sich an
[adʀesevua]	

1b

le numéro [lənymeʀo]	Nummer (Nr.)
(*Abk* **no.**)	
il y a [ilja]	es gibt, es steht, ist, ...

2

le nord [lənɔʀ]	Norden
l'est [lɛst]	Osten
le sud [ləsyd]	Süden
l'ouest [lwɛst]	Westen
au nord, au sud de	nördlich, südlich von
[onɔʀ, osyddə]	
à l'est, à l'ouest de	östlich, westlich von
[alɛst, alwɛstde]	
au nord-est, au sud-ouest	nordöstlich, südwestlich von
de [onɔʀɛst, osydwɛstdə]	

3a

d'abord [dabɔʀ]	zuerst
ensuite [ãsɥit]	dann, danach
enfin [ãfɛ̃]	schließlich, zuletzt
on peut visiter...	man kann ... besichtigen
[õpøvizite]	
on peut [õpø] + *Inf*	man kann + *Inf*

3b

je voudrais visiter...	ich möchte ... besichtigen
[ʒəvudʀɛvizite]	
je voudrais [ʒəvudʀɛ] + *Inf*	ich möchte + *Inf*

4a

la semaine [las(ə)mɛn]	Woche
lundi [lɛ̃di]	Montag
mardi [maʀdi]	Dienstag
mercredi [mɛʀkʀədi]	Mittwoch
jeudi [ʒødi]	Donnerstag
vendredi [vãdʀədi]	Freitag
samedi [samdi]	Samstag
dimanche [dimãʃ]	Sonntag
le lundi, le mardi *usw.*	montags, dienstags *usw.*
[ləlɛ̃di, ləmaʀdi]	

5

Il est une heure / deux	Es ist ein Uhr / zwei Uhr ...
heures... [ilɛynœr/døzœr]	
Il est [ilɛ] + *Uhrzeit*	Es ist + *Uhrzeit*
l'heure *w* [lœr]	Stunde; Uhr

6

nous sommes dimanche	es ist Sonntag
[nusɔmdimãʃ]	
nous sommes [nusɔm]	es ist + *Wochentag*
+ *Wochentag*	
maintenant [mɛ̃tnã]	jetzt

7a
la statue [lastaty] — Statue
Saint-Sébastien [sɛ̃sebastjɛ̃] — Hl. Sebastian

9
baroque [baʀɔk] — barock
le monument [ləmɔnymã] — Monument, Sehenswürdigkeit

10
pas de temps à perdre [padətã apɛʀdʀə] — keine Zeit zu verlieren
Hep ! [ɛp] — Hey!, Hallo!
on a juste dix minutes [õnaʒystdiminyt] — wir haben nur 10 Minuten (Zeit)
l'exposition w [lɛkspozisjõ] — Ausstellung
... quelque chose d'intéressant, quoi ! [kɛlkəʃoz dɛ̃teʀesã, kwa] — ... etwas Interessantes eben!
le dinosaure [lədinɔzɔʀ] — Dinosaurier
derrière [dɛʀjɛʀ] — hinter
devant [dəvã] — vor (örtlich)
Vite ! Où cela ? [vit usla] — Schnell! Wo denn das?
par là-bas [paʀlabɑ] — dort hinten

6 Prendre un verre

A Une bouteille et trois verres !

1
prendre un verre [pʀãdʀɛ̃veʀ] — einen trinken gehen
la course [lakuʀs] — (Wett)Lauf, (Wett)Rennen
le garçon de café [ləgaʀsõdəkafe] — Kellner
cocher [kɔʃe] — ankreuzen, markieren
exister [ɛgziste] — existieren
en général [ãʒeneʀal] — im Allgemeinen
le participant, la participante [ləpaʀtisipã, lapaʀtisipãt] — Teilnehmer/in
beaucoup de [bokudə] — viele; viel
l'Américain, l'Américaine [lameʀikɛ̃, lameʀikɛn] — Amerikaner/in
le Suédois, la Suédoise [ləswedwa, laswedwaz] — Schwede/-in
le Japonais, la Japonaise [ləʒapɔnə, laʒapɔnɛz] — Japaner/in
le coureur, la coureuse [ləkuʀœʀ, lakuʀøz] — Läufer/in
traverser [tʀavɛʀse] — durchqueren
un parcours fixe de... mètres [ɛ̃paʀkuʀfiks də...mɛtʀ] — eine festgelegte Rennstrecke von ... Metern
le mètre [ləmɛtʀ] — Meter

sur [syʀ] — auf
le plateau (Pl: plateaux) [ləplato] — Tablett
la bouteille d'eau [labutɛjdo] — Flasche Wasser
la bouteille [labutɛj] — Flasche
l'eau w [lo] — Wasser
le verre [ləvɛʀ] — (Trink)Glas
le gagnant, la gagnante [ləgaɲã, lagaɲãt] — Sieger/in
mettre environ... minutes [mɛtʀãviʀõ ... minyt] — ca. ... Minuten brauchen
une course pour les deux sexes [ynkuʀspuʀledø sɛks] — ein Rennen für Männer und Frauen
le sexe [ləsɛks] — Geschlecht
seulement [sœlmã] — nur
l'Européen, l'Européenne [løʀɔpeɛ̃, løʀɔpeɛn] — Europäer/in

2
faire la course [fɛʀlakuʀs] — das Rennen mitmachen
drôle [dʀol] — komisch, lustig
la tradition [latʀadisjõ] — Tradition
qu'est-ce que, qu'est-ce qu' ? [kɛskə, kɛsk] — was?
avant [avã] — vor (zeitlich)
la recette [laʀəsɛt] — Rezept
le truc ugs [lətʀyk] — Kniff, Trick
le sportif, la sportive [ləspɔʀtif, laspɔʀtiv] — Sportler/in
pas de [padə] — kein/e
l'alcool m [lalkɔl] — Alkohol
la cigarette [lasigaʀɛt] — Zigarette
combien d'heures ? [kõbjɛ̃dœʀ] — wie viele Stunden?
combien de... ? [kõbjɛ̃də] — wie viel, wie viele ...?
par semaine [paʀsəmɛn] — in der Woche
par [paʀ] + Zeitraum — pro, in + Zeitraum
la semaine [lasəmɛn] — Woche
Ça dépend. [sadepã] — Das kommt darauf an.
dépendre (de) [depãdʀədə] — abhängen (von)
la terrasse [latɛʀas] — (Café)Terrasse
comment ? [kɔmã] — wie?
à pied [apje] — zu Fuß
le pied [ləpje] — Fuß
quand ? [kã] — wann?
commencer [kɔmãse] — anfangen
à quelle heure ? [akɛlœʀ] — um wie viel Uhr?
le matin [ləmatɛ̃] — morgens; der Morgen
à onze heures [aõzœʀ] — um 11 Uhr
l'après-midi m [lapʀɛmidi] — nachmittags; der Nachmittag
le maximum [ləmaksimɔm] — Höchst-, Höchstmaß
le coca [ləkɔka] — Cola
la bière [labjɛʀ] — Bier
la carafe [lakaʀaf] — Karaffe
la tasse [latas] — Tasse

3

la question [lakɛstjõ]	Frage
souligner [suliɲe]	unterstreichen
compléter [kõplete]	ergänzen

5

chercher [ʃɛrʃe]	suchen
le texte [lətɛkst]	Text

6

écrire [ekrir]	schreiben
poser une question à... [pozeynkɛstjõa]	... eine Frage stellen
le voisin, la voisine [ləvwazɛ̃, lavwazin]	Nachbar/in

8

boire [bwar]	trinken
fumer [fyme]	rauchen

9

en cours [ãkur]	im Unterricht
les gens *mPl* [leʒã]	Leute
rester en forme, garder la forme [rɛsteãfɔrm, gardelafɔrm]	in Form, fit bleiben
la différence [ladiferãs]	Unterschied
entre [ãtrə]	zwischen
les jeunes *mPl* [leʒœn]	Jugendliche
les moins jeunes [lemwɛ̃ʒœn]	die Älteren, die weniger Jungen

10

le nombre [lənõbr]	Zahl
l'euro *m* [løro]	Euro
le franc [ləfrã]	Franc
le mark [ləmark]	Deutsche Mark (DM)
le schilling [ləʃiliŋ]	Schilling

B Un café, s'il vous plaît !

1

la bonne réponse [labɔnrepõs]	die richtige Antwort
la réponse [larepõs]	Antwort
bon, bonne [bõ, bɔn]	richtig
le client, la cliente [ləkljã, lakljãt]	Kunde/-in
la salle [lasal]	Innenraum eines Cafés (*im Gegensatz zu "terrasse"*)
l'eau *w* **minérale** [lomineral]	Mineralwasser
le vin [ləvɛ̃]	Wein
la menthe à l'eau [lamãtalo]	*erfrischendes Pfefferminzgetränk*
la menthe [lamãt]	Minze

2

vérifier [verifje]	überprüfen
arriver [arive]	kommen
Je voudrais une bière. [ʒəvudrɛynbjɛr]	Ich möchte ein Bier.
je voudrais + *Nomen* [ʒəvudrɛ]	ich möchte, ich hätte gerne
le demi [lədəmi]	Glas Bier vom Fass (*1/4 Liter, nicht etwa 1/2!*)
je ne sais pas [ʒən(ə)sɛpa]	ich weiß nicht
savoir [savwar]	wissen
... **hein ?** [ɛ̃]	... ne?
sous [su]	unter
le platane [ləplatan] (*Art.!*)	Platane
Il fait beau ! [ilfɛbo]	Das Wetter ist schön!
beau, belle [bo, bɛl]	schön
Il fait chaud ! [ilfɛʃo]	Es ist heiß!
chaud, chaude [ʃo, ʃod]	heiß, warm
on est bien [õnɛbjɛ̃]	man fühlt sich wohl
Oh ! [o]	Oje!
le décaféiné [lədekafeine] (*Kurzform*: **déca** [deka])	koffeinfreier Kaffee
possible [pɔsibl]	möglich
désolé, désolée, ... [dezole]	tut mir Leid, ...
regretter [rəgrɛte]	bedauern
trop tard [trotar]	zu spät
trop [tro]	zu, zu sehr
tard [tar]	spät

5

mettre dans l'ordre [mɛtrədãlɔrdrə]	in die richtige Reihenfolge bringen
le dialogue [lədjalɔg]	Dialog
commander [kɔmãde]	bestellen
payer [peje]	zahlen, bezahlen
le jus d'orange [ləʒydɔrãʒ]	Orangensaft
le jus [ləʒy]	Saft
bouteille, ou pression... ? [butɛj uprɛsjõ]	aus der Flasche oder vom Fass ...?
pression [prɛsjo]	(Bier) vom Fass
désirer [deziré]	wünschen
Ça fait combien ? [safɛkõbjɛ̃]	Wie viel macht das?
l'addition *w* [ladisjõ]	Rechnung
voici... [vwasi]	hier ist ..., hier sind ...
votre ticket *m* [vɔtrətikɛ]	Ihr Beleg

7

relier [rəlje]	verbinden, einander zuordnen
le dessin [lədesɛ̃]	Zeichnung
la phrase [lafrɑz]	Satz
Qu'est-ce que vous dites ? [kɛskəvudit]	Was sagen Sie?
dire [dir]	sagen
plus fort [plyfɔr]	lauter
les toilettes *wPl* [letwalɛt]	Toilette

Je n'ai pas compris. [ʒənepakõpʀi]	Ich habe nicht verstanden.
comprendre [kõpʀãdʀə]	verstehen

8

classer [klase]	sortieren, ordnen
froid/e [fʀwa, fʀwad]	kalt
alcoolisé/e [alkɔlize]	alkoholhaltig
sans alcool [sãʒalkɔl]	alkoholfrei
sans [sã]	ohne
la carte des consommations *wPl* [lakaʀt dekõsɔmasjõ]	Getränkekarte
la boisson [labwasõ]	Getränk
divers/e [divɛʀ, divɛʀs]	unterschiedlich, verschieden
l'express *m* [lɛkspʀɛs]	Espresso
le café crème [ləkafekʀɛm]	Kaffee mit Milch
le chocolat [ləʃɔkɔla]	Kakao, Schokolade
le thé [ləte]	Tee
le chocolat viennois [ləʃɔkɔlavjɛnwa]	Eisschokolade
le café glacé [ləkafeglase]	Eiskaffee
le lait [ləlɛ]	Milch
le citron pressé [ləsitʀõpʀese]	Zitrone Natur
le vin de table [ləvɛ̃dətabl]	Tafelwein
rouge [ʀuʒ]	rot
rosé/e [ʀoze]	rosé
la table [latabl]	Tisch
le vin de pays [ləvɛ̃dəpei]	Landwein
l'apéritif *m* [lapeʀitif]	Aperitif
Pastis [pastis], Ricard [ʀikaʀ] *usw.*	*in Frankreich beliebte Aperitifs*
le cocktail [ləkɔktɛl]	Cocktail
la glace [laglas]	Eis
la carte spéciale [lakaʀtspesjal]	Extrakarte
spécial/e [spesjal]	besondere/r/s, Extra-
demander quelque chose (*Abk*: qc) [dəmãdekɛlkəʃoz]	um etwas (*Abk*: etw) bitten

10

à midi [amidi]	mittags
midi [midi]	Mittag; 12 Uhr
le soir [ləswaʀ]	abends, der Abend

11

le palais [ləpalɛ]	Palast

7 Des objets et des gens

A Les bonnes affaires

vendre	verkaufen
le vélo dame	Damenfahrrad
état neuf [etanœf]	Neuzustand, neuwertig
l'état *m*	Zustand
neuf, neuve [nœf, nœv]	neu
prix à débattre [pʀiadebatʀə]	der Preis ist Verhandlungssache
le prix [pʀi]	Preis
débattre	aushandeln
chercher	suchen
le disque	Schallplatte
les années 30 [lezanetʀãt]	Dreißigerjahre
SVP = s'il vous plaît	bitte
le chat persan [ʃapɛʀsã]	Perserkatze
gris/e [gʀi, gʀiz]	grau
noir/e [nwaʀ]	schwarz
gentil/le [ʒãtij]	lieb
l'affaire *w*	Geschäft, Handel
super *m/w* [sypɛʀ]	Super-
la table (de) salon	Couchtisch
le salon	Wohnzimmer, Salon
le dessus	Tischplatte
le marbre	Marmor
rose [ʀoz]	rosa
l'appareil *m* **photo** [lapaʀɛjfoto]	Fotoapparat
la bibliothèque	Bücherschrank, -wand
le style Empire [stilãpiʀ]	Empire-Stil
la carte postale	Postkarte
ancien/ne [ãsjɛ̃, ãsjɛn]	alt, antik
l'album *m* [lalbɔm]	Album

1a

les petites annonces	Kleinanzeigen
l'annonce *w*	Anzeige, Annonce
les gens *mPl* [ʒã]	Leute
les antiquités *wPl*	Antiquitäten

1b

se trouver	stehen, sich befinden
sous quelle rubrique ?	in welcher Rubrik?
la rubrique	Rubrik, Sparte
l'objet de collection	Sammlerstück
l'objet *m* [lɔbʒɛ]	Gegenstand, Ding
(objets) divers *mPl* [divɛʀ]	Verschiedenes

1c

comparer (avec, à)	vergleichen (mit)

3

intéresser [ɛ̃teʀese]	interessieren
le plus [ləply]	am meisten

W

4

la couleur	Farbe
la chose	Ding, Sache

4b

la différence	Unterschied
la prononciation	Aussprache
bleu/e	blau
jaune	gelb
vert/e [vɛʀ, vɛʀt]	grün
blanc, blanche [blɑ̃, blɑ̃ʃ]	weiß
aubergine *m/w*	auberginefarben
citron *m/w*	zitronengelb
abricot *m/w* [abʀiko]	aprikosenfarbig
marron *m/w*	braun
orange *m/w*	orange

4c

à deux	zu zweit
chaque	jede/r/s
par exemple [paʀɛgzɑ̃pl]	zum Beispiel
l'exemple *m* [lɛgzɑ̃pl]	Beispiel
vrai/e [vʀɛ]	richtig, wahr
faux, fausse [fo, fos]	falsch

6a

la conversation télé- **phonique**	Telefongespräch
la conversation	Gespräch, Unterhaltung
la fin [fɛ̃]	Ende
l'élément *m* [lelemɑ̃]	Element, Bestandteil
intéressé/e	interessiert
prendre rendez-vous	ein Treffen vereinbaren
le rendez-vous	Verabredung, Termin
demander l'adresse	nach der Adresse fragen
demander (qc)	(nach etw) fragen
téléphoner à quelqu'un (*Abk*: **qn**)	jemanden (*Abk*: jdn) anrufen
pour	wegen
quel/s, quelle/s	welche/r/s?
excusez-moi [ɛkskyzemwa]	entschuldigen Sie bitte
Je suis bien au... ?	Bin ich mit ... verbunden?
c'est pour...	es geht um ...

le tableau imitation
  van Gogh [vangɔx]
	Kopie eines van-Gogh-
	  Gemäldes

le tableau (*Pl*: **tableaux**)	Gemälde
l'imitation *w* [limitasjɔ̃]	Nachahmung, Kopie
Il / Elle fait quel prix ?	Wie viel kostet er / sie / es?
cher, chère	teuer
attendre	warten
..., vous savez !	..., wissen Sie!
Venez voir... [vənevwaʀ]	Kommen Sie doch vorbei ...
artistique	künstlerisch
Quelle est votre adresse ?	Wie lautet Ihre Anschrift?

C'est au 37, boulevard
  des Corbières.
	Die Adresse ist Boulevard
	  des Corbières, Nummer 37.

c'est au... [sɛ(t)o]	die Adresse ist, lautet ...

6b

l'original *m* [lɔʀiʒinal]	Original

7

apprendre (à)	lernen (zu)
vite	schnell
répéter	wiederholen
l'activité *w*	Aufgabe (im Lehrbuch)
le rythme	Rhythmus
la cassette	(Audio)Kassette

8a

la consigne	Anweisung
le mot	Wort
nouveau *bzw.* nouvel, nouvelle [nuvo, nuvɛl]	neu

8b

compléter	ergänzen
le tableau	Tabelle, Tafel

10a

l'intrus *m* [lɛ̃tʀy]	Eindringling
joli/e	hübsch

10b

s'entraîner à + *Verb*	üben zu + *Verb*
prononcer [pʀonõse]	aussprechen
le son	Klang, Laut
cher, chère	liebe/r (*Anrede*)
la souris [suʀi]	Maus

11a

le carton	Kärtchen, Zettel

11b

la brocante	Trödelwaren(handel)
la braderie	Sonderverkauf
la vente aux enchères [vɑ̃tozɑ̃ʃɛʀ]	Versteigerung

B Des cadeaux pour la famille

1

le jeu radiophonique	Quizsendung im Radio
Ciel ! *m* [sjɛl]	Himmel!
consacré/e à la famille	der Familie gewidmet

la Martinique
  [maʀtinik]
	Martinique (*Antilleninsel;*
	  frz. Überseedepartement)

créole	kreolisch, aus Martinique
le souvenir	Souvenir, Mitbringsel

2a

l'article *m*	Artikel
le titre	Titel

Patricia a 25 ans [vɛ̃tsɛ̃kɑ̃] Patricia ist 25 Jahre alt
avoir... ans ... Jahre alt sein
blond/e [blõ, blõd] blond
le/la musicien/ne Musiker/in
entre zwischen
le piano Klavier
la fille [fij] Tochter
son, sa sein/e, ihr/e
la petite die Kleine
la relation [Rəlasjõ] Beziehung
marcher funktionieren
j'ai gardé... ich habe ... behalten
garder behalten
l'appartement *m* Wohnung
le studio [stydjo] 1-Zimmer-Appartement
je veux [ʒəvø] ich will
    (*Inf:* **vouloir** [vulwaR])
le père Vater
ou alors [ualɔR] oder aber
aller voir [alevwaR] **qn** jdn besuchen
parfois [paRfwa] manchmal
les parents *mPl* Eltern
ses seine, ihre
né/e geboren
encore [ãkɔR] noch
toute ma famille [famij] meine ganze Familie
une vingtaine de... etwa zwanzig ...
l'oncle *m* Onkel
la tante Tante
le cousin Cousin
la cousine Cousine
habiter loin weit weg wohnen
loin [lwɛ̃] weit (entfernt)
distant/e distanziert; entfernt
voir [vwaR] sehen
le frère Bruder
tout près [tupRɛ] ganz nah
près [pRɛ] nah *Adv*
l'ami/e d'enfance Kindheitsfreund/in
l'enfance *w* Kindheit
ça suffit das genügt
suffir genügen

2b
une fois..., une fois... [fwa] einmal ... , einmal ...

3
penser que denken, dass
justifier [ʒystifje] begründen, rechtfertigen
le choix [ʃwa] Wahl

4
traduire [tRadɥiR] übersetzen

5a
l'expression *w* Ausdruck

5b
mon, ma, mes mein/e
ton, ta, tes dein/e
son, sa, ses sein/e; ihr/e
notre, nos unser/e
votre, vos euer / eure; Ihr/e
leur, leurs ihr/e
la mère Mutter
la sœur [sœR] Schwester
les frères et sœurs Geschwister

5c
qu'est-ce qui ? [kɛski] was? (*Subjekt*)
frapper qn jdm auffallen, jdn wundern

6
relire noch einmal lesen
identifier wiedererkennen

7
dire qc à qn jdm etw sagen
elle dit, ils disent sie sagt, sie sagen
toujours [tuʒuR] immer
à l'école in der Schule
les autres *m/w* [lezotRə] die anderen
le copain, la copine *ugs* Freund/in
répondre antworten
Mais voyons ! [mɛvwajõ] Aber!, Hör mal!
chéri/e geliebte/r/s

8
contre gegen
l'argument *m* Argument
le modèle de vie Lebensmodell
le style de vie Lebensstil

9
décrire beschreiben

10
le cadeau (*Pl:* **cadeaux**) Geschenk
choisir [ʃwaziR] (aus)wählen, aussuchen
faire un cadeau à qn jdm ein Geschenk machen
son petit monde ihre Freunde und Familie
noter notieren
le résultat Ergebnis
le sac à dos [sakado] Rucksack
l'album *m* [lalbɔm] Schallplatte
le vase en porcelaine Porzellanvase
la porcelaine [pɔRsəlɛn] Porzellan
le vase (*Art.!*) Vase
l'œuvre *w* [lœvRə] (schriftstellerisches) Werk

12
la chance Glück, Chance
le garçon [gaRsõ] Junge

W

8 La cuisine

A Manger au restaurant

le cassoulet [kasulɛ]	*Eintopf aus Fleisch, Wurst und weißen Bohnen*
la spécialité	Spezialität
Castelnaudary [kastɛlnodaʀi]	*Stadt im Süden Frankreichs, zwischen Toulouse und Narbonne gelegen*
le/la cuisinier/-ère	Koch, Köchin
présenter	vorstellen, präsentieren
le plat [pla]	Gericht, Speise
typique	typisch

1

déjà [deʒa]	schon
citer	nennen
le melon aux fruits	Melone mit Früchten
le fruit [fʀɥi]	Frucht, Stück Obst
le canard à l'orange	Ente mit Orangensoße
la soupe à l'oignon	Zwiebelsuppe
l'oignon *m* [loɲõ]	Zwiebel
la quiche lorraine	*Speckkuchen*
la terrine au saumon	Lachspastete
le saumon	Lachs
le poulet (rôti)	(Brat)Hähnchen
la truite aux amandes	Forelle mit Mandeln
l'amande *w*	Mandel
la salade niçoise [saladniswaz]	Nizzasalat (*Salat aus Oliven, Tomaten, Anschovis u.a.*)
la salade (*Art.!*)	Salat
la charlotte aux fraises des bois [bwa]	Charlotte mit Walderdbeeren
la charlotte	Charlotte (*Süßspeise mit Löffelbiskuits, Früchten und Vanillecreme*)
la fraise des bois [bwa]	Walderdbeere
des	*Zusammenziehung von* de + les

1b

connaître	kennen
le menu [məny]	Menü
la catégorie correspondante	die entsprechende Kategorie
le hors-d'œuvre [ɔʀdœvʀə]	Vorspeise
l'entrée *w*	erster Gang, Vorspeise
le plat principal	Hauptgericht
principal/e	Haupt-
la viande	Fleisch
le poisson [pwasõ]	Fisch
le dessert [desɛʀ]	Nachtisch

3

végétarien/ne	Vegetarier/in
traditionnel/le	traditionell

la restauration rapide	Fast-food(-Gastronomie)
être en progression	auf dem Vormarsch sein
le déjeuner [deʒœne]	Mittagessen
un plat unique	ein einziges Gericht
la salade composée	gemischter Salat
le potage	Suppe
le fromage	Käse

4a

le repas d'affaires	Geschäftsessen
le repas	Essen, Mahlzeit
le/la collègue *m/w*	Kollege, Kollegin
qui	die (*Relativpronomen*)
déjeuner [deʒœne]	zu Mittag essen
parler affaires	geschäftliche Dinge besprechen
pendant	während
la journée de travail	Arbeitstag
la journée [ʒuʀne]	Tag
agréable	angenehm
l'endroit *m* [lãdʀwa]	Ort
c'est rapide	es geht schnell
rapide	schnell
conseiller [kõseje]	empfehlen
absolument [apsɔlymã]	unbedingt
excellent/e [ɛksɛlã, ɛksɛlãt]	ausgezeichnet
les haricots *mPl* [leaʀiko]	Bohnen
un peu de	etwas, ein wenig
l'oie *w* [lwa]	Gans
en entrée [ãnãtʀe]	als erster Gang
en [ã]	als
je pourrais	ich könnte
peut-être [pøtɛtʀə]	vielleicht
léger, légère [leʒe, leʒɛʀ]	leicht
frais, fraîche [fʀɛ, fʀɛʃ]	frisch
comme boisson [bwasõ]	als Getränk
comme	als
le bordeaux	Bordeaux (*Wein*)
la discussion	Diskussion
long, longue [lõ, lõg]	lang
ce matin	heute Morgen
avoir soif [avwaʀswaf]	Durst haben
avoir faim [avwaʀfɛ̃]	Hunger haben
la soif [swaf]	Durst
la faim [fɛ̃]	Hunger
Vienne [vjɛn]	Wien
le Danube (*Art.!*)	Donau
la valse (*Art.!*)	Walzer
le banquet [bãkɛ]	Bankett

5b

jouez une scène semblable	spielen Sie eine ähnliche Szene
varier	variieren

6

repérer	ausfindig machen
positif/-ve	positiv

7

de manière positive	auf positive Art und Weise
ce, cet, cette ; ces	diese/r/s; diese

8

faire des réclamations	sich beschweren, Beschwerden vorbringen
la réclamation	Beschwerde, Reklamation
trop... [tro]	zu, zu sehr, zu lange ...
salé/e	salzig, gesalzen
cuit/e [kɥi, kɥit]	gekocht
sucré/e	süß
vachement *ugs*	sehr, unheimlich *ugs* (*la vache = die Kuh*)

9

avec l'aide *w* de	mit Hilfe von
le visiteur, la visiteuse	Besucher/in

10a

la bande dessinée	Comic, Cartoon
trouver	finden
le restau *ugs* [resto]	Restaurant

10b

l'image *w*	Bild

B Faire la cuisine

le taboulé	*kaltes Kuskus-Gericht libanesischen Ursprungs*
chinois/e [ʃinwa, ʃinwaz]	chinesisch
arabe	arabisch
la préparation	Zubereitung
en [ã] + *Zeitraum*	in, innerhalb von
verser	schütten
le sachet [saʃɛ]	Beutel, Tüte
la garniture	Beilage
le saladier	Salatschüssel
ajouter	hinzufügen
le couscous [kuskus]	Kuskus
la cuillère à soupe	Suppenlöffel, Esslöffel
la cuillère [kɥijɛr]	Löffel
l'huile *w* d'olive [lɥildɔliv]	Olivenöl
l'olive *w*	Olive
le citron	Zitrone
mettre	tun, stellen
le réfrigérateur	Kühlschrank
mn (*Abk für* minutes)	Min. (Minuten)
mélanger	mischen
la fourchette	Gabel
éventuellement	eventuell
la feuille [fœj] de menthe	Pfefferminzblatt
le sel	Salz

1b

la quantité	Menge
l'ingrédient *m* [lɛ̃gredjɛ̃]	Zutat

1c

pour + *Inf*	um ... zu
il faut + *Nomen*	man braucht

1d

avoir bonne mémoire	ein gutes Gedächtnis haben

2a

Vive...!	Es lebe (hoch)!
être pressé/e	in Eile sein
jamais [ʒamɛ]	nie
avoir le temps	Zeit haben
le congélateur	Tiefkühltruhe
le micro-ondes	Mikrowelle
les produits surgelés [prɔdɥisyrʒəle]	Tiefkühlkost
le stock	Vorrat
la boîte [bwat] de conserves	Konservendose, Konserve
les conserves *wPl*	Konserve
les épices *mPl* [lezepis]	Gewürze
c'est tout [sɛtu]	das ist alles
le mois [mwa]	Monat

2b

le/la partenaire	Partner/in
le conseil [kɔ̃sɛj]	Ratschlag

3

le pain [pɛ̃]	Brot
le sucre	Zucker
la farine	Mehl
le fromage	Käse
le beurre	Butter
l'œuf *m* [lœf] (*Pl:* œufs [ø])	Ei
la pomme de terre	Kartoffel

4a

ci-dessus [sid(ə)sy]	im Vorhergehenden, weiter oben
contenir	enthalten
la lettre	Buchstabe

4b

les mots que vous entendez	die Wörter, die Sie hören
que	die (*Relativpronomen*)
entendre	hören
lesquels ? [lekɛl]	welche (*Wörter*)?

4c

essayer [eseje]	versuchen
former	bilden, formen
court/e	kurz

W

5a

du, de la	*Teilungsartikel*
le produit de base	Grundnahrungsmittel
le produit [prɔdɥi]	Produkt

5b

à gauche [agoʃ]	links
à droite [adʀwat]	rechts
à acheter	die gekauft werden müssen

6

l'omelette *w*	Omelett, Rührei
la purée de pommes de terre	Kartoffelpüree
le gâteau (*Pl:* gâteaux)	Kuchen

8

le pique-nique	Picknick
se passer	spielen, sich abspielen
à votre avis *m* [avɔtʀavi]	Ihrer Meinung nach

9

organiser	veranstalten, organisieren
le semestre	Semester, Halbjahr
apporter	(mit)bringen
préparer	zubereiten; vorbereiten
mettez-vous d'accord	einigen Sie sich

10

la leçon [ləsõ]	Lektion
la même	dieselbe

---

9 La consommation

A A la campagne

la consommation	Konsum, Verbrauch
Vesdun [vɛdẽ]	*Dorf in Zentralfrankreich*
le carnet d'adresses	*hier:* wichtige Adressen
la location [lɔkasjõ]	Verleih, Vermietung
la bibliothèque municipale	Stadt-, Dorfbücherei
le prêt	Ausleihen, Verleihen
l'étoile *w* [letwal]	Stern
le tennis [tenis]	Tennis(platz)
le terrain de sport [spɔʀ]	Sportplatz
l'école *w* primaire	Grundschule
le commerce	Geschäft, Laden
la boulangerie-pâtisserie	Bäckerei-Konditorei
la boucherie-charcuterie	Fleisch-/Wurstwarengeschäft
l'épicerie *w*	Lebensmittelgeschäft
le café tabac	Café, Kneipe mit Tabakladen

1

le prospectus [prɔspɛktys]	Prospekt
le magasin	Geschäft, Laden
la liste	Liste

2

l'épicerie	Lebensmittelgeschäft

3a

la commune	Gemeinde, Kommune
la particularité	Besonderheit
situé/e	gelegen
le centre géographique	das geographische Zentrum
la France continentale	französisches Festland
dynamique	dynamisch
offrir	bieten, anbieten
nombreux/-se	zahlreich
touristique	touristisch
culturel/le	kulturell
la boucherie	Metzgerei
le marché	Markt
le maire	Bürgermeister/in
l'alimentation *w*	Verpflegung, Lebensmittel
presque tout sur place	fast alles an Ort und Stelle
les vêtements *m*	Kleidung
les chaussures *w*	Schuhe
bien sûr [bjẽsyʀ]	natürlich, selbstverständlich
le reste	der Rest, das Übrige
le médecin spécialisé	Facharzt/-ärztin
il faut [ilfo] + *Inf*	man muss
le centre ville [sãtʀəvil]	Stadtzentrum
la grande surface	(großer) Supermarkt, Verbrauchermarkt
nous avons un service de transports en commun [tʀãspɔʀãkɔmẽ]	wir stellen öffentliche Verkehrsmittel zur Verfügung
les transports *m* **en commun**	öffentliche Verkehrsmittel
le car	(Reise)Bus

3b

la vérité	Wahrheit
la possibilité	Möglichkeit

4

moins de [mwẽdə]	weniger als, unter
mille [mil]	tausend

6a

réfléchir	nachdenken
le médicament	Medikament
le croissant [kʀwasã]	Croissant
le jus de fruit [ʒydəfʀɥi]	Fruchtsaft
la librairie	Buchhandlung
la pharmacie	Apotheke
le magasin spécialisé	Fachgeschäft

6b

Qu'est-ce qu'il y a comme... ? [kɛskiljakɔm]	Was für ... gibt es?
le quartier [kaʀtje]	Stadtviertel, Stadtteil

7a

la proposition	Vorschlag
phonétique	phonetisch, die Aussprache betreffend
l'aliment *m*	Nahrungsmittel
le supermarché	Supermarkt
les légumes *mPl*	Gemüse
la confiture	Marmelade

8

les conserves *wPl*	Konserven
les surgelés *mPl*	Tiefkühlkost
surgelé/e [syʀʒəle]	tiefgefroren
c'est pourquoi [puʀkwa]	darum
le dimanche matin	sonntags morgens
jusqu'à midi	bis mittags
jusque, jusqu' [ʒysk]	bis (*zeitlich und örtlich*)
faire la queue [fɛʀlakø]	Schlange stehen
devant [dəvã]	vor (*örtlich*)

10a

plusieurs fois [plyzjœʀfwa]	mehrmals
plusieurs [plyzjœʀ]	mehrere
l'hypermarché *m*	großer Supermarkt
concentrez-vous sur	konzentrieren Sie sich auf
un seul, une seule	ein einziger, eine einzige
la grille [gʀij]	Tabelle
l'écoute *w*	Hören
qui ?	wer?

10b

manquer	fehlen
elle a choisi... [ɛlaʃwazi]	sie hat ... gewählt, ausgesucht
trouver	finden
aujourd'hui [oʒuʀdɥi]	heute
attendre qn	auf jdn warten
la caisse	Kasse

11a

hier [jɛʀ]	gestern
la grammaire	Grammatik
la forme verbale	Verbform

11

formuler	formulieren
la règle	Regel
la formation	Bildung (*einer grammatischen Form*)

12

retrouver	wiederfinden
la chronologie	zeitliche Abfolge
l'histoire *w* [listwaʀ]	Geschichte
le répondeur	Anrufbeantworter
finir + *Getränk*	austrinken; *sonst:* beenden
seul/e	allein

14

le document	Informationen
la page	Seite
un village qui bouge	ein Dorf, in dem etwas los ist
réellement	in Wirklichkeit, real
virtuellement [viʀtɥɛlmã]	virtuell

B Dans un magasin de souvenirs

1

faire correspondre	in Übereinstimmung bringen
le flacon	Fläschchen, Flakon
la violette de Toulouse	*Veilchenparfum aus Toulouse*
la violette	Veilchen
le savon	Seife
la lavande	Lavendel
le santon	*provenzalische Krippenfigur*
le pot de moutarde	Senftopf
la moutarde *w*	Senf
le bol	(Trink)Schale

3

l'avantage *m*	Vorteil
plus original [plyzɔʀiʒinal]	origineller
original/e	originell
plus + *Adj* [ply]	*Adj* + -er (*1. Steigerung d. Adj*)
plus... que [ply... kə]	*1. Steigerung d. Adj* + als
moins... que [mwɛ̃... kə]	weniger ... als, nicht so ... wie
aussi... que	genauso ... wie
joli/e	hübsch
fragile	zerbrechlich
banal/e	banal, alltäglich
gros, grosse	dick, groß
la comparaison	Vergleich

4

l'échange *m*	Austausch
la vidéo *ugs*	Videokassette
le paquet de cigarettes	Päckchen Zigaretten

5

vous voudriez	Sie würden gerne
la dernière fois [fwa]	beim letzten Mal

6

le timbre	Briefmarke
le stylo [stilo]	Kugelschreiber
le guide [gid] **de la région**	(Reise)Führer der Gegend
la carte routière	Straßenkarte
le vendeur, la vendeuse	Verkäufer/in
..., hein ? [ɛ̃] *ugs*	..., ne?
la poste	Postamt
dommage	schade
Bon, ...	Also, ...
regarder	gucken, schauen

faire guide	als Reiseführer dienen
coûter	kosten
parfait/e	perfekt
Et avec ça ? [eavɛksa]	Was darfs sonst noch sein?
tout [tu]	alles
je crois [kʀwa] (*Inf*: **croire**)	ich glaube
pas assez d'argent	nicht genug Geld
assez de, d' + *Nomen*	genug + *Nomen*
l'argent *m*	Geld
il me reste	es bleibt mir
rester	bleiben
payer par carte	mit Kreditkarte zahlen
la carte (de crédit [kʀedi])	Kreditkarte
sans problème	problemlos

7

numéroter	nummerieren

9

la réponse	Antwort
essentiel/le [ɛsãsjɛl]	wichtigste/r/s, Haupt-
le calendrier [kalãdʀje]	Kalender
positif/-ve	positiv
négatif/-ve	negativ

10

la situation [sitɥasjõ]	Situation
le jeu de rôle	Rollenspiel
le cours [kuʀ]	Kurs (Unterricht)
deviner	erraten
représenter	darstellen
il ne sait pas quoi acheter	er weiß nicht, was er kaufen
[ilnəsɛpa kwaaʃte]	soll

11a

le dépanneur	*Tante-Emma-Laden (in Quebec)*
remplir	ausfüllen
les heures d'ouverture *w*	Öffnungszeiten
le Québec [kebɛk]	Quebec (*kanadische Provinz*)
étonner	erstaunen, wundern
penser de	denken, meinen über

12

le français québécois [ləfʀãsɛkebekwa]	das Französisch, das man in Quebec spricht
l'accent *m* [laksã]	Akzent

---

10 A la maison

A Travailler à la maison

1

regarder	betrachten, anschauen
la ferme	Bauernhof, Bauernhaus

ils n'ont qu'un slogan	sie haben nur ein Motto
le slogan [slɔgã]	Parole, Motto
leurs propres patrons	ihr eigener Chef
le patron, la patronne	Arbeitgeber/in, Chef/in
propre	eigene/r/s

2

l'hypothèse *w* [lipɔtɛz]	Hypothese
suivant/e [sɥivã, sɥivãt]	folgend
tous (les) deux [tuledø]	beide
décider (de faire qc)	beschließen (etw zu tun)
retourner	zurückkehren
le village natal	das Dorf, in dem jemand geboren ist
travailler à son compte	selbständig sein *bzw.* arbeiten
vieux, vieille [vjø, vjɛj]	alt
rester	bleiben
revenir	zurückkommen
chez qn [ʃekɛlkɛ̃]	zu jdm
partir (de + *Stadt*)	weggehen (aus + *Stadt*)
le cœur léger	leichten Herzens
le cœur [kœʀ]	Herz
le petit boulot *ugs*	Job
le boulot *ugs*	Arbeit
rénover	renovieren
les grands-parents *mPl*	Großeltern
puis [pɥi]	dann
l'ordinateur *m*	Computer
le fax	Faxgerät; Fax
le téléphone	Telefon
pouvoir + *Inf*	können
réaliser	verwirklichen
le rêve	Traum
libre	frei
l'emploi *m* **du temps**	Zeitplan, Terminkalender
avoir le temps de...	Zeit haben zu ...
le temps	Zeit
en famille *w* [ãfamij]	in, mit der Familie
enfin	endlich
profiter de qc/qn	etw/jdn genießen

3a

l'habitation *w* [labitasjõ]	Wohnung, Wohnen
la partie	Teil

5

indiquer que	zeigen, dass
faire un (bon) choix [ʃwa]	eine (gute) Wahl treffen

6a

entourer	einkreisen
la marque	Zeichen

7

raconter	erzählen
à la forme correcte	in der richtigen Form
naître	geboren werden

l'école *w* primaire	Grundschule
le lycée [lise]	Gymnasium (*10. bis 12. Klasse*)
le cocon	Kokon
l'université *w*	Universität
le mari	Ehemann
faire une visite	einen Besuch abstatten

8

le premier, la première	der/die/das erste
la formation	Ausbildung
l'informatique *w*	Informatik
rencontrer qn	jdn treffen, jdm begegnen

9

au groupe entier [ãtje]	der ganzen Gruppe

10

Quelle heure est-il ? [kɛlœrɛtil]	Wie viel Uhr ist es?
trois heures dix [tʀwazœrdis]	zehn nach drei
trois heures et quart [tʀwazœrekaʀ]	Viertel nach drei
trois heures et demie	halb vier
quatre heures moins le quart [katʀœrmwɛ̃ləkaʀ]	Viertel vor vier
quatre heures moins dix [katʀœrmwɛ̃dis]	zehn vor vier
minuit [minɥi]	Mitternacht

12a

l'arrêt *m* du bus [bys]	Bushaltestelle
le début [deby]	Anfang
mettre	brauchen (+ *Zeit*)
les cours *mPl*	(Schul)Unterricht
le cours [kuʀ]	Unterrichtsstunde
après	nach (*zeitlich*)
finir	enden
sortir de la maison	das Haus verlassen
rentrer à la maison	nach Hause zurückkehren
au moins [omwɛ̃]	mindestens
le lendemain [lãdəmɛ̃]	der nächste Tag
l'année prochaine	nächstes Jahr
l'interne	Internatsschüler/in
sauf [sof]	außer
la pause de midi	Mittagspause
durer une heure	eine Stunde dauern
la cantine	Kantine
l'école maternelle	*staatl. Vorschule, Kindergarten*
le collège	*6. bis 9. Klasse*

15

conjuguer [kõʒyge]	konjugieren

B Cadres de vie

le cadre de vie	Umgebung, in der man lebt

1a

la tour	Hochhaus, Wohnturm
le pavillon [pavijõ]	Einfamilienhaus
le commandant	Major
parler à qn	mit jdm sprechen
la femme [fam]	Ehefrau
le fils [fis]	Sohn
le nouvel appartement	die neue Wohnung
eh bien, ... [ebjɛ̃]	nun, ..., also, ...
dit-il au dessert [ditilodesɛʀ]	sagt er beim Nachtisch
déménager	umziehen
le bout de jardin	das kleine Stück Garten
le lapin	Kaninchen
c'est terminé	damit ist Schluss
la chambre à coucher	Schlafzimmer
la salle de bains	Badezimmer
le living [liviŋ]	Wohnzimmer
la cuisine [kɥizin]	Küche
la chambre	Zimmer
le mètre carré	Quadratmeter
le placard [plakaʀ]	Wandschrank
la moquette	Teppichboden
les installations *w* sanitaires	sanitäre Anlagen
l'éclairage *m* au néon	Neonbeleuchtung
le truc *ugs* [tʀyk]	Ding, Sache
inespéré/e [inɛspere]	unerwartet
l'étage *m* (*Art.!*)	Etage, Stockwerk
vingt-troisième [vɛtʀwazjɛm]	dreiundzwanzigste/r/s
Vous vous rendez compte ? [kõt]	Stellt euch das mal vor!
d'après [dapʀɛ]	nach (*bei Quellenangaben*)

2

imaginer	sich vorstellen, sich ausmalen
la nouvelle	Kurzgeschichte
le conte	Erzählung
recevoir [ʀəsəvwar]	erhalten, bekommen
le Prix Goncourt [pʀigõkuʀ]	*bedeutender frz. Literaturpreis (jährlich verliehen)*
le prix littéraire	Literaturpreis

3a

étudier [etydje]	eingehend betrachten
le plan	Plan, Skizze
la pièce [pjɛs]	(Wohn)Raum, Zimmer

4a

la fenêtre	Fenster

W

5

expliquer	erklären
confortable	bequem, komfortabel
élégant/e	elegant
classique	klassisch
clair/e	hell
sympa *m/w ugs* [sɛ̃pa]	freundlich, nett, gemütlich

6

le fauteuil [fotœj]	Sessel
la glace	Spiegel
la cheminée	Kamin
le canapé	Couch, Sofa
la chaise	Stuhl
le tapis [tapi]	Teppich
le bureau (*Pl:* **bureaux**)	Schreibtisch
la lampe	Lampe
la commode	Kommode
l'étagère *w* [letaʒɛʀ]	Regal

8

derrière [dɛʀjɛʀ]	hinter
à côté de	neben

9

penser (à qc)	(an etw) denken

10

la description [dɛskʀipsjõ]	die Beschreibung
De quel salon est-il question ? [kɛstjõ]	Um welches Wohnzimmer geht es?

11b

se prononcer	ausgesprochen werden
contrôler	überprüfen, kontrollieren
le cabaret [kabaʀɛ]	Kabarett
le certificat [sɛʀtifika]	Zeugnis, Zertifikat
le climat [klima]	Klima
la crise	Krise
le commentaire	Kommentar
le spectacle	Vorstellung, Schauspiel
le silence	Schweigen, Stille
le cyprès [sipʀɛ] (*Art.!*)	Zypresse
l'accordéon *m* [lakɔʀdeõ]	Akkordeon
l'écrivain *m*, la femme écrivain [famekʀivɛ̃]	Schriftsteller/in
la culture	Kultur
le principe	Prinzip
acrylique	Acryl-

12

le/la partenaire	Partner/in

13

paru/e	erschienen
la maison mobile	mobiles (Fertig)Haus
le pied [pje] (*Maßeinheit*)	Fuß

le poêle [pwal]	Ofen
le lave-vaisselle	Spülmaschine
inclu/e [ɛ̃kly]	inklusive
... doit (être déménagée)	... muss (abgeholt werden)

11 En ville

A Faire du tourisme à Reims

en ville [ɑ̃vil]	in der Stadt
faire du tourisme	als Tourist reisen
le tourisme	Tourismus
la cave	Keller, Weinkeller
le Musée des Beaux-Arts [myzedebozaʀ]	*Kunstmuseum*
le Musée-Hôtel Le Vergeur [myzeɔtɛl ləvɛʀʒœʀ]	*altes Patrizierhaus*
les Comtes de Champagne	die Grafen der Champagne
la Champagne	Champagne, *Region im Nordosten Frankreichs*
le cryptoportique	*Ruinen aus römischer Zeit*

1

le bâtiment	Bauwerk, Gebäude
le lieu (*Pl:* **lieux**) [ljø]	Ort, Platz, Stätte
religieux/-se	religiös
politique	politisch
économique	wirtschaftlich, Wirtschafts-
historique	historisch, geschichtlich
sportif/-ve	sportlich, Sport-

2b

le nom de rue	Straßenname
le personnage	Persönlichkeit, bekannte Person

3

cherchez dans le plan	suchen Sie auf dem Stadtplan
le plan	(Stadt)Plan
en face de	gegenüber von
la rue	Straße
dans + *la rue*	in
sur + *le boulevard, la place*	an

4a

tout droit [tudʀwa]	geradeaus
jusqu'au feu [ʒyskofø]	bis zur Ampel
le feu (*Pl:* **feux**)	Ampel
continuer	weitergehen/-fahren
traverser	überqueren
tourner à droite / à gauche	nach rechts / nach links abbiegen
tourner	abbiegen
prendre la... rue	der ... Straße folgen
deuxième, troisième *m/w usw.*	zweite/r/s, dritte/r/s *usw.*

4b

le chemin [ʃəmɛ̃] — Weg

5

la banque — Bank

6

proposer — vorschlagen
le circuit touristique — Rundfahrt, -reise

7

demander le chemin — nach dem Weg fragen
Aidez-le ! — Helfen Sie ihm!
aider qn — jdm helfen
Pardon, ... — Entschuldigen Sie bitte, ...

9

la civilisation — Kultur, Zivilisation
le siècle [sjɛkl] — Jahrhundert
l'époque w — Epoche, Zeitalter
du... siècle — aus dem ... Jahrhundert
roman/e — romanisch
gothique — gotisch
art déco — Art déco
à partir de — ab + *Zeitangabe*
la basilique — Basilika
le palais — Palast
royal/e [ʀwajal] — königlich

10a

mille [mil] — tausend
un million (de...) — eine Million (...)

11a

en chiffres mPl — in Zahlen
l'estimation w — Schätzung
la réalité — Wirklichkeit
compter + *Mengenangabe* — haben, zählen
local/e — lokal
national/e — national, landesweit, Landes-
l'association w — Verband, Vereinigung
l'étudiant/e — Student/in
le champagne — Champagner

12

une ville souriante — eine freundliche Stadt
souriant/e — freundlich, fröhlich, lächelnd

12a

le paragraphe — Absatz (*eines Textes*)
l'économie w — Wirtschaft
attiré/e (par qc) — angezogen, angelockt (von etw)
merveilleux/-se — wunderschön
le passé — Vergangenheit
riche — reich
mondialement connu — weltweit bekannt

l'année — Jahr
une ville en pleine expansion — eine expandierende Stadt
accueillant/e [akœjɑ̃, -jɑ̃t] — freundlich, gastlich
où il fait bon vivre — wo es sich gut leben lässt
sans + Inf — ohne zu
la métropole — Metropole
la piscine [pisin] — Schwimmbad
tout y est près [tutiɛpʀɛ] — alles ist in der Nähe
devenir — werden
le centre économique — Wirtschaftszentrum
le savoir-faire [savwaʀfɛʀ] — Können, Know-how
la métallurgie — Metallindustrie
le verre industriel — Industrieglas
l'industrie w chimique — chemische Industrie
l'industrie w pharmaceutique [lɛ̃dystʀifaʀmasøtik] — Pharmaindustrie
la production annuelle — Jahresproduktion
une valeur particulièrement sûre — ein besonders sicherer, wichtiger Sektor
également — ebenfalls, auch
plus [ply] que jamais — mehr denn je
le sourire — Lächeln
la Chambre de Commerce et d'Industrie — Industrie- und Handelskammer

12b

favorable à — günstig für

B Vivre à Reims

les loisirs mPl [lwaziʀ] — Freizeitbeschäftigungen; Freizeit
différentes possibilités de loisirs — verschiedene Freizeitmöglichkeiten
la signification [siɲifikasjõ] — Bedeutung
toutes les expressions w — alle Ausdrücke
faire du théâtre — Theater spielen
faire de la musique — Musik machen, musizieren
faire du vélo — Rad fahren
faire de l'escrime — fechten
l'escrime w — Fechten, Fechtsport
faire de la natation — schwimmen
la natation [natasjõ] — Schwimmsport
faire de la randonnée — wandern
la randonnée — Wanderung, Ausflug
jouer au tennis — Tennis spielen
jouer aux échecs [ozeʃɛk] — Schach spielen
apprendre l'espagnol — Spanisch lernen
apprendre — lernen
chanter — singen
la chorale — Chor

1b

caractériser — charakterisieren

W

l'activité w	Tätigkeit, Betätigung
la nature	Natur

1c

les moments de loisirs	Freizeit
changer	sich ändern, sich verändern

2a

donner envie de	Lust machen zu
reconnaître	wiedererkennen
le goût de l'été	Lust auf, Spaß am Sommer
l'été m	Sommer
les temps forts de la saison	die Highlights der Saison
fort/e [fɔʀ, fɔʀt]	stark
la saison [sɛzõ]	Jahreszeit; Saison
Prenez le temps de vibrer !	Nehmen Sie sich Zeit zum Genießen!
vibrer ugs	mitgehen, sich mitreißen lassen
revivre	noch einmal erleben
flâner	flanieren, bummeln
à la carte	nach Wahl, à la carte
l'évasion w	Abwechslung, Ablenkung
le farniente [faʀnjɛ̃t]	Dolcefarniente, Nichtstun
se préparer à qc	sich auf etw vorbereiten
le marathon	Marathon(lauf)
pique-niquer [piknike]	picknicken, Picknick machen
le/la star	Star
L'été est à vous.	Der Sommer gehört Ihnen.
Bonnes vacances !	Schöne Ferien!, Schönen Urlaub!
juin [ʒɥɛ̃]	Juni

3

le projet [pʀɔʒɛ]	Vorhaben, Plan, Projekt
la faculté de médecine	medizinische Fakultät
le bosseur, la bosseuse ugs	Arbeitstier
je vais travailler	ich werde arbeiten
aller + Inf	Ausdruck der Zukunft
l'examen m [lɛgzamɛ̃]	Examen
en Champagne	in der Champagne
l'homme du sens pratique	der praktisch denkende Mann
finir	beenden
les études wPl	Studium
continuer qc	etw weiter machen, fortsetzen
faire les vendanges	bei der Weinlese mitarbeiten
les vendanges wPl	Weinlese

3b

énumérer	aufzählen

4

demain [dəmɛ̃]	morgen
l'année prochaine	nächstes Jahr
prochain/e [pʀɔʃɛ̃, pʀɔʃɛn]	nächste/r/s

5a

l'infirmière w [lɛ̃fiʀmjɛʀ]	Krankenschwester
pas compliqué/e	unkompliziert
le jogging [dʒɔgiŋ]	Joggen
le/la Rémois/e	Einwohner/in von Reims
sérieux/-se [seʀjø, seʀjøz]	ernst, ernsthaft, ernst gemeint

6a

l'accueil m [lakœj]	Aufnahme, Empfang
aider qn à faire qc	jdm helfen etw zu tun
les nouveaux arrivants	Neuankömmlinge
mieux [mjø] s'intégrer	besser integriert werden
les grandes vacances	die großen Ferien, Sommerferien
CHU m [seaʃy] (Centre hospitalier universitaire)	Universitätsklinikum
l'inscription w [lɛ̃skʀipsjõ]	Anmeldung
obligatoire [ɔbligatwaʀ]	obligatorisch, vorgeschrieben
de fin d'année	Jahresabschluss-
la visite guidée [gide]	Führung
la route du vin	Weinstraße
dégustation gratuite	kostenlose (Wein)Probe
le renseignement	Auskunft
la permanence	Geschäftsstelle
à tous les âges [atulezaʒ]	in jedem Alter
l'adhérent/e	Mitglied
ouvert/e à tous	für alle zugänglich
l'atelier m [latəlje]	Werkstatt, Workshop
la moyenne [mwajɛn] d'âge	Durchschnittsalter
le/la plus âgé/e [plyzaʒe]	der/die älteste

12 En voyage

A Choisir une destination

en voyage [ɑ̃vwajaʒ]	auf Reisen

1

la légende [leʒɑ̃d]	Bildunterschrift
les Alpes wPl	Alpen
le massif du Mont-Blanc	Montblancmassiv
la nuit [nɥi]	nachts; Nacht
sur les bords m de la Loire	an den Ufern der Loire
le drapeau tricolore	französische Fahne
le drapeau (Pl: drapeaux)	Fahne, Flagge
tricolore	dreifarbig (blau-weiß-rot)
face à face	von Angesicht zu Angesicht
La Défense	Bürostadt im Westen von Paris
le coucher de soleil	Sonnenuntergang
la Corse	Korsika
les Ardennes wPl	Ardennen (im Nordosten Frankreichs)
le bateau (Pl: bateaux)	Boot, Schiff
la côte	Küste

W

2

symboliser [sɛ̃bɔlize]	symbolisieren

3

lilas [lila]	lila
violet/te [vjɔlɛ, vjɔlɛt]	violett
ocre	ocker(farben)
le bleu	Blau

4

la photo préférée	Lieblingsfoto

5

à votre avis *m*	Ihrer Meinung nach
l'aspect *m* [laspɛ]	Aspekt

6a

le/la réceptionniste	Angestellte/r der Rezeption
le saisonnier [sɛzɔnje]	Saisonarbeiter
sur la côte	an der Küste
le/la même	der-/die-/dasselbe, der / die / das gleiche
partir en vacances	in Urlaub, Ferien fahren
normalement	normalerweise
en novembre	im November
en + *Monat*	im
la basse saison	Nebensaison
où	wohin
plutôt	eher, vielmehr
l'année dernière	letztes Jahr
la Réunion	*Insel im Indischen Ozean, frz. Überseedepartement*
l'Océan *m* indien	Indischer Ozean
l'île *w*	Insel
le volcan	Vulkan
la montagne	Berg; Gebirge
la lagune	Lagune
le calme	Ruhe
l'Amérique *w* du Sud	Südamerika
le Chili [ʃili]	Chile
l'Argentine *w*	Argentinien
faire du trekking [tʀɛkiŋ]	Trekkingtouren machen
le Pérou	Peru
on va voir [õvavwaʀ]	mal sehen
il fait froid [fʀwa]	es ist kalt
il pleut (*Inf* pleuvoir)	es regnet
en montagne	im Gebirge
la neige [nɛʒ]	Schnee
la période	Zeit, Zeitraum
l'Europe *w*	Europa
le mois [mwa]	Monat
janvier [ʒɑ̃vje]	Januar
février	Februar
mars [maʀs]	März
avril	April
mai	Mai
juin [ʒɥɛ̃]	Juni

juillet [ʒɥijɛ]	Juli
août [ut]	August
septembre	September
octobre	Oktober
novembre	November
décembre	Dezember

7a

fixé/e	festgelegt

7b

éviter	vermeiden
direct/e	direkt, offen

8

le globe-trotter (*Pl:* globe-trotters) [glɔbtʀɔtɛʀ]	Weltenbummler
le continent	Kontinent
le circuit [siʀkɥi]	Rundreise
à travers [atʀavɛʀ]	durch
s'aider de qc	etw zu Hilfe nehmen
l'Uruguay *m* [lyʀygwɛ]	Uruguay
la Pologne	Polen
la Norvège	Norwegen
l'Iran *m*	Iran
le Sénégal	Senegal
l'Algérie *w*	Algerien
la Turquie	Türkei
la Tasmanie	Tasmanien
la Grèce	Griechenland
Hambourg [ɑ̃buʀ]	Hamburg
l'Asie *w*	Asien
l'Afrique *w*	Afrika
l'Australie *w*	Australien
les Etats-Unis *mPl* [lezetazyni]	Vereinigte Staaten

9

francophone	französischsprachig

10

lointain/e [lwɛ̃tɛ, lwɛ̃tɛn]	fern

11

idéal/e	ideal
à quel moment ?	zu welchem Zeitpunkt?
inventer	erfinden
la destination	Ziel (örtlich)
la raison	Grund, Motiv
Pékin	Pekin
vouloir [vulwaʀ] + *Inf*	wollen
découvrir	entdecken
bronzer	braun werden
au soleil [osɔlɛj]	in der Sonne
faire du ski [ski]	Ski laufen
l'exotisme *m* [lɛgzɔtism]	Exotik
faire des rencontres	Leute kennen lernen
la rencontre	Begegnung

W

étranger/-ère [etʀɑ̃ʒe, etʀɑ̃ʒɛʀ]	fremd
la boîte de nuit [nɥi]	Disko, Nachtlokal

12

les points *m* communs [pwɛ̃kɔmɛ̃]	Gemeinsamkeiten

B   Partir

1

il faut + *Inf*	man muss, Sie müssen
réserver	buchen, reservieren
la chambre d'hôtel	Hotelzimmer
la lettre	Brief
proposer	vorschlagen
le symbole [sɛ̃bɔl]	Symbol
absolu/e [apsɔly]	absolut
la vue	Aussicht, Blick
le 1er novembre	1. November (*Briefdatum*)
le e-mail [ləimɛl]	E-Mail
merci de	danke für
veuillez trouver ci-joint... [vœjetʀuvesiʒwɛ̃]	in der Anlage finden Sie ...
notre liste de prix [pʀi]	unsere Preisliste
la demi-pension	Halbpension
le petit déjeuner	Frühstück
juste sous la route du bord de mer	genau unterhalb der Küstenstraße
le parking [paʀkiŋ]	Parkplatz
à votre disposition	zu Ihrer Verfügung
ainsi que [ɛ̃sikə]	sowie
face à	gegenüber, mit Blick auf
la douche	Dusche
les W.-C. *mPl* [vese]	WC, Toilette
l'air *m* **conditionné**	Klimaanlage
posséder	besitzen, haben
au départ de l'hôtel	vom Hotel aus
pratiquer tous les sports nautiques [spɔʀnotik]	alle Wassersportarten betreiben
par la route de...	über die Straße nach ...
la distraction [distʀaksjɔ̃]	Freizeitbeschäftigung
le casino	Kasino
exotique [ɛgzɔtik]	exotisch
la discothèque	Diskothek
permettre	erlauben
se déplacer	sich fortbewegen

jouer au ping-pong [piŋpɔ̃ŋ]	Tischtennis spielen
le billard [bijaʀ]	Billard
la pétanque	Boulespiel
la chaise longue	Liegestuhl
attendre qn	jdn erwarten
la soirée [swaʀe]	Abendveranstaltung
pour le plaisir de tous [tus]	zu allseitigem Vergnügen
Au plaisir de vous lire, ...	In Erwartung Ihrer Antwort ... (*Briefschlussformel*)
Nous vous prions d'agréer, ..., nos plus sincères salutations.	Mit freundlichen Grüßen (*Briefschlussformel*)

2

l'offre *w*	Angebot
personnellement	persönlich *Adv*
le plus [ply *oder* plys]	am meisten

4

analyser	analysieren
la situation	Lage

5

l'adulte *m*	Erwachsener
le lit	Bett
à deux lits	mit zwei Betten, Zweibett-
la date	Datum
le premier août [ut]	am ersten August
le deux, trois *usw.* **août**	am zweiten, dritten *usw.* August
à quel étage ?	auf welchem Stockwerk?

6

le nombre	Anzahl

7

la réception [ʀesɛpsjɔ̃]	Rezeption, Empfang
réagir à qc	auf etw reagieren
occupé/e	belegt, besetzt
plus [ply]	plus

8

prêt/e à partir	startbereit, reisefertig
bientôt [bjɛ̃to]	bald
le but [by *oder* byt]	Ziel
commun/e [kɔmɛ̃, kɔmyn]	gemeinsam
Bon voyage ! [bɔ̃vwajaʒ]	Gute Reise!

Alphabetisches Vokabular

- Dieses Vokabular soll kein französisch-deutsches Lexikon ersetzen, sondern das Lehrbuch als Hilfsmittel begleiten. Daher sind die Wörter nur mit ihrer deutschen Bedeutung im jeweiligen Zusammenhang angegeben. Die **fett gedruckten** Wörter stellen den obligatorischen Lernwortschatz dar.

- Grammatische Fachausdrücke (z. B. *passé composé*) und Zahlen werden nicht aufgeführt. Bei Sprachen und Nationalitäten wird in der Regel nur ein Adjektiv (z. B. *anglais*) angegeben.

- **Ziffern und Buchstaben** (z. B. 7A4c) verweisen auf die *Unité* und den A- oder B-Teil, in denen das jeweilige Wort erscheint.

- **Ergänzungen oder Begriffserweiterungen** werden in Klammern angegeben, wenn sie nicht fest zu dem jeweiligen Wort oder Ausdruck gehören oder wenn ein Unterschied zwischen dem Französischen und dem Deutschen besteht:
  merci (de) - danke (für)   jouer (au, à la) - spielen *(Ballsport, Spiel)*

- Verben, die mit * gekennzeichnet sind, bilden das *passé composé* mit *être*.

- Die **weibliche Form** wird auf zwei Arten gebildet:
  1. indem an die männliche Form ein einfaches *e* angehängt oder der letzte Buchstabe verdoppelt und zusätzlich ein *e* angehängt wird:
  le / la cousin/e = le cousin, la cousine
  italien/ne = italien, italienne

  2. indem die männliche Endung durch eine weibliche ersetzt wird:
  le / la serveur/-euse = le serveur, la serveuse
  positif/-ve = positif, positive

- Folgende **Abkürzungen** werden verwendet:

Abk	Abkürzung	*jd*	jemand	*Pl*	Plural	*Sg*	Singular
Adj	Adjektiv	*jdn*	jemanden	*qc*	quelque chose (etwas)	*ugs*	umgangssprachlich
Adv	Adverb	*jdm*	jemandem				
etw	etwas	*m*	männlich	*qn*	quelqu'un (jemand)	*w*	weiblich
Inf	Infinitiv	*Pers*	Person				

A

à – bis 1B7; in 2B2; mit 3B6; nach 4B2a; an, zu 4B5a, 8B5b
à demain, bientôt *usw.* – bis morgen, bald *usw.* 1B7
à l'est *m* (**ouest** *usw.*) **de** – östlich (westlich *usw.*) von 5B2
à travers – durch 12A8
à partir de – ab 11A9
à 10 km d'ici – 10 km von hier entfernt 4A5a
abricot *Adj* – aprikosenfarbig 7A4b
absolu/e *Adj* – absolut 12B1
absolument – unbedingt 8A4a
accent *m* – Akzent B12
d'accord – einverstanden 3A3
accordéon *m* – Akkordeon 10B11b
accueil *m* – Aufnahme, Empfang 11B6a
accueillant/e *Adj* – gastlich 11A12a
acheter – kaufen 4A10, 5A2, 7A1
acrylique *Adj* – Acryl- 10B11b
activité *w* – Aufgabe 7A7; Tätigkeit 11B1b
en activité *w* – in Betrieb 5B1a

addition *w* – Rechnung 6B5
adhérent/e *m/w* – Mitglied 11B6a
adorer – über alles lieben, sehr gerne haben 3A4a
adresse *w* – Anschrift 1B2
s'adresser * à – s. wenden an 5B1
adulte *m* – Erwachsener 12B5
aéroport *m* – Flughafen 4B1
affaire *w* – Geschäft, Handel 7A1
Afrique *w* – Afrika 12A8
âge *m* – Alter 11B6a
à tous les âges – in jedem Alter 11B6a
âgé/e *Adj* – alt 11B6a
agence *w* **de voyages** – Reisebüro 4B5a
agréable *Adj* – angenehm 8A4a
aider qn (à faire qc) – jdm helfen (etw zu tun) 11A7, 11B6a
s'aider * de qc – etw zu Hilfe nehmen 12A8
aimer – mögen, lieben 3A1
aimer + Inf – etw gerne tun 3B2a
ainsi que – sowie 12B1
air *m* **conditionné** – Klimaanlage 12B1
ajouter – hinzufügen 8B1
Algérie *w* – Algerien 12A8

album *m* – Album 7A1; Schallplatte 7B10
alcool *m* – Alkohol 6A2, 6B8
alcoolisé/e *Adj* – alkoholhaltig 6B8
aliment *m* – Nahrungsmittel 9A7a
alimentation *w* – Lebensmittel 9A3a
Allemagne *w* – Deutschland 2A3
allemand/e *Adj; m/w* – deutsch; Deutsche/r 2A1; 2A3
aller * – gehen *(befinden)* 1A1b; gehen, fahren, fliegen 4B2a
aller avec – zu ... passen 5A2
aller + Inf – Ausdruck der Zukunft 11B3
aller * voir qn – jdn besuchen 7B2a
Allô ? – Hallo? *(am Telefon)* 5A7
alors – also, dann 1B6a, 2A5b
Alpes *wPl* – Alpen 12A1
alphabet *m* – Alphabet 1A7
alsacien *m* – elsässisch 2A11; 2B2
amande *w* – Mandel 8A1
Américain/e *m/w* – Amerikaner/in 6A1
Amérique *w* – Amerika 12A6a
ami/e *m/w* – Freund/in 5A2
amour *m* – Liebe 3B6
an *m* – Jahr 4A5a

Alphabetisches Vokabular

**A
B
C**

avoir... ans – ... Jahre alt sein 7B2a
analyser – analysieren 12B3
ancien/ne *Adj* – alt, antik 7A1
anglais/e *Adj* – englisch 2A3
Angleterre *w* – England 2A3
animal *m* (*Pl*: -aux) – Tier 5B1a
année *w* – Jahr 7A1, 10A12a
l'année prochaine / dernière – nächstes / letztes Jahr 10A12a, 11B4; 12A6a
annonce *w* – Anzeige, Annonce 7A1a
annuel/le *Adj* – Jahres-, jährlich 11A12a
antiquités *wPl* – Antiquitäten 7A1a
août *m* – August 12A6a
apéritif *m* – Aperitif 1B3, 6B8
appareil *m* **photo** – Fotoapparat 7A1
appartement *m* – Wohnung 7B2a
s'appeler * – heißen 1A1b
apporter – (mit)bringen 8B9
apprendre (à) – lernen (zu) 7A7, 11B1
après – danach 5A7; nach (*zeitlich*) 10A12a
après-midi *m* – Nachmittag 6A2
arabe *Adj* – arabisch 4B7a, 8B1
architecture *w* – Architektur 5B1a
Ardennes *wPl* – Ardennen 12A1
argent *m* – Geld 3A1, 9B6
Argentine *w* – Argentinien 2A6a, 12A6a
argument *m* – Argument 7B8
arrêt *m* – Haltestelle 10A12a
arrivant *m* – Neuankömmling 11B6a
arriver * – (an)kommen 4B5a, 6B2
art *m* Kunst – 5B1a
art déco *m* – Art déco 11A9
article *m* – (Zeitungs)Artikel 7B2a
artistique *Adj* – künstlerisch 7A6a
ascenseur *m* – Aufzug 5B1a
Asie *w* – Asien 12A8
aspect *m* – Aspekt 12A4
assez ; assez (de) – ziemlich 4A7b; genug 9B6
assistante *w* **médicale** – Sprechstunden-hilfe 4A1
association *w* – Verband, Vereinigung 11A11a
astronaute *m/w* – Astronaut/in 5A5a
atelier *m* – Werkstatt, Workshop 11B6a
attendre (qn/qc) – warten 7A6a; auf jdn warten 9A10b, 12B1
attiré/e *Adj* (par) – angezogen, angelockt (von) 11A12a
au, aux – à + le, à + les 4B5a, 8A1
au + männl. Ländername – in 2A10
au plaisir de vous lire, ... – in Erwartung Ihrer Antwort ... 12B1
au revoir – auf Wiedersehen 1B7
aubergine *Adj* – auberginefarben 7A4b
aujourd'hui – heute 9A10b
aussi – auch 2A5a
aussi... que – (genau)so ... wie 9B3
Australie *w* – Australien 12A8
les autres – die anderen 7B7

Autriche *w* – Österreich 2A3
autrichien/ne *Adj* – österreichisch 2A3
avant – vor (*zeitlich*) 6A2
avantage *m* – Vorteil 9B3
avec – mit 3A4a
Et avec ça ? – Was darf's noch sein? 9B6
aventure *w* – Abenteuer 3A1
avion *m* – Flugzeug 4B1
à votre avis *m* – Ihrer Meinung nach 8B8, 12A5
avoir – haben 5A2
avril *m* – April 12A6a

B

baguette *w* – Baguette 1B3
balcon *m* – Balkon 12B1
banal/e *Adj* – banal, alltäglich 9B3
bande *w* dessinée – Comic, Cartoon 8A10a
banque *w* – Bank 11A5
banquet *m* – Bankett 8A4a
bar *m* – Café, Kneipe 1B2
baroque *Adj* – barock 5B9
basilique *w* – Basilika 11A9
basque *m* – Baskisch 2A11
basse saison *w* – Nebensaison 12A6a
bateau (*Pl*: -x) – Schiff, Boot 12A1
bâtiment *m* – Bauwerk, Gebäude 11A1
beau / bel / belle *Adj* – schön 2B11, 6B2
beaux-arts *mPl* – bildende Kunst 11A1
beaucoup (de) – sehr 3A4a; viele, viel 6A1
belge *m/w* – Belgier/in 2A3
Belgique *w* – Belgien 2A3
beurre *m* – Butter 8B3
bibliothèque *w* – Bibliothek 1B2, 9A1; Bücherwand 7A1
bien – wohl 1A1b; gut 1A4a
bien sûr – selbstverständlich 9A3a
bientôt – bald 1B7, 12B8
bière *w* – Bier 6A2
billard *m* – Billard 12B1
billet (de train) *m* – (Zug)Fahrkarte 5A5a
biochimie *w* – Biochemie 2A6a
bizarre *Adj* – bizarr, sonderbar 5B1a
blanc / blanche *Adj* – weiß 7A4b
bleu/e *Adj* – blau 7A4b
bleu *m* – Blau 12A3
bloc-notes *m* – Notizblock 2B11
blond/e *Adj* – blond 7B2a
boire – trinken 6A8
bois *m* – Wald 8A1
boisson *w* – Getränk 6B8
boîte *w* – Dose 8B2a
boîte *w* **de nuit** *ugs* – Disko 12A11
bol *m* – (Trink)Schale 9B1
bon, ... – also, ... 9B6

bon / bonne *Adj* – gut 5A7; richtig 6B1
Bonnes vacances ! – Schöne Ferien!, Schönen Urlaub! 11B2a
bonbon *m* – Bonbon 1B1
bonjour – guten Tag 1A1b
bonsoir – guten Abend, auf Wiedersehen 1A1b, 1B7
bord *m* – Ufer 12A1
bordeaux *m* – Bordeaux (*Wein*) 8A4a
bosseur/-euse *m/w ugs* – Arbeitstier 11B3
boucherie *w* – Metzgerei 9A3a
boucherie-charcuterie *w* – Fleisch- und Wurstwarengeschäft 9A1
bouger – s. bewegen 9A14
boulanger/-ère *m/w* – Bäcker/in 4A1, 4A2a
boulangerie *w* – Bäckerei 4A2c
boulangerie-pâtisserie *w* – Bäckerei-Konditorei 9A1
boulot *m ugs* – Arbeit 10A2
bout *m* – kleines Stück 10B1a
bouteille *w* – Flasche 4A10, 6A1, 6B5
boutique *w* – Boutique, Laden 5B1a
braderie *w* – Sonderverkauf 7A11b
bref – kurzum 3B3a
Bretagne *w* – Bretagne (*Region*) 5A5a
breton *m* – Bretonisch 2A11
breton/ne *m/w* – aus der Bretagne 2B2
brocante *w* – Trödelwaren(handel) 7A11b
brochure *w* – Broschüre 4A5a
bronzer – braun werden 12A11
bureau *m* (*Pl*: -x) – Büro 4A2c; Schreibtisch 10B6
bus *m* – Bus 4B1, 10A12a
but *m* – Ziel 12B8

C

c'est – das ist 2A1; hier ist (*Telefon*) 5A7
c'est au... – die Adresse lautet ... 7A6a
c'est pour... – es geht um ... 7A6a
c'est pourquoi – darum 9A8
moi, c'est... *ugs* – ich heiße ... 1A1b
ça *ugs* – das, es 1A1b, 4A8
Ça fait combien ? – Wie viel macht das? 6B5
cabaret *m* – Kabarett 10B11b
cabine *w* **téléphonique** – Telefonkabine, -zelle 1B4
cadeau *m* (*Pl*: -x) – Geschenk 7B10
cadre *m* **de vie** – Umgebung, in der jd lebt 10B1
café *m* – Bar, Kneipe 1B2; Kaffee 5A4b
café *m* tabac – Kneipe mit Tabakladen 9A1
café *m* **crème** – Kaffee mit Milch 6B8
café *m* **glacé** – Eiskaffee 6B8
caisse *w* – Kasse 9A10b

A B C

calendrier *m* – Kalender 9B9

calme *m* – Ruhe 12A6a

camembert *m* – Camembert 1B2

campagne *w* – Land (*im Gegensatz zu "Stadt"*) 5A5a

camping *m* – Campingplatz, Zelten 3A1

Canada *m* – Kanada 2A10

canapé *m* – Couch, Sofa 10B6

canard *m* – Ente 8A1

cantine *w* – Kantine 10A13

car *m* – (Reise)Bus 9A3a

caractériser – charakterisieren 11B1b

carafe *w* – Karaffe 6A2

carnet *m* d'adresses – wichtige Adressen, Adressbuch 9A1

carte *w* – Karte 6B8

carte *w* **(de crédit)** – Kreditkarte 9B6

carte *w* **des consommations** – Getränkekarte 6B8

carte *w* **postale** – Postkarte 7A1

carte *w* **routière** – Straßenkarte 9B6

à la carte – nach Wahl, à la carte 11B2a

carton *m* – Kärtchen, Zettel 7A11a

casino *m* – Kasino 12B1

cassette *w* – (Audio)Kassette 7A7

cassoulet *m* – *Eintopf aus Fleisch, Wurst und weißen Bohnen* 8A1

catégorie *w* – Kategorie 8A1b

cathédrale *w* – Dom, Kathedrale 4B7a

cave *w* – Keller 4A10, 11A1

ce, cet, cette ; ces – diese/r/s; diese (*Pl*) 8A7

ce matin / soir – heute Morgen / Abend 5A7, 8A4a

cédérom *m* – CD-Rom 1B2

cent – hundert 6A10

centre *m* – Zentrum, Kulturzentrum, Institut 4B7a

centre *m* **ville** – Stadtzentrum 9A3a

certificat *m* – Zeugnis, Zertifikat 10B11b

chaise *w* – Stuhl 10B6

chaise *w* **longue** – Liegestuhl 12B1

chambre *w* – Zimmer 10B1a

chambre *w* **à coucher** – Schlafzimmer 10B1a

chambre *w* **d'hôtel** – Hotelzimmer 12B1

Chambre *w* de Commerce et d'Industrie – Industrie- und Handelskammer 11A12a

Champagne *w* – Champagne (*Region*) 11A1, 11B3

champagne *m* – Champagner (*Wein*) 11A11a

chance *w* – Glück, Chance 7B12

changer – (s.) ändern, verändern 11B1c

chanson *w* – Lied 1B3

chanter – singen 11B1

chapelle *w* – Kapelle 5B1a

chaque – jede/r/s 7A4c

charlotte *w* – *Süßspeise* 8A1

charme *m* – Charme, Reiz 3B3a

chat *m* – Katze 3A1

chat *m* **persan** – Perserkatze 7A1

château *m* (*Pl*: -x) – Schloss, Burg 5A5a

chaud/e *Adj* – heiß, warm 6B2

chaussures *wPl* – Schuhe 9A3a

chemin *m* – Weg 11A4b

cheminée *w* – Kamin 10B6

cher, chère *Adj* – teuer 7A6a; liebe/r (*Anrede*) 7A10b

chercher – suchen 6A5, 7A1

chéri/e *Adj* – geliebte/r/s 7B7

chez – bei 4A2c; zu 10A2

Chili *m* – Chile 12A6a

chiffre *m* – Zahl, Ziffer 11A11a

chimique *Adj* – chemisch, Chemie- 8A10a, 11A12a

chinois/e *Adj* – chinesisch 8B1

chocolat *m* – Schokolade, Praline 1B2; Kakao 3A1, 6B8

chocolat *m* **viennois** – Eisschokolade 6B8

choisir – (aus)wählen, aussuchen 4A10, 7B10

choix *m* – Wahl 7B3, 10A5

chômage *m* – Arbeitslosigkeit 4A4

au chômage – arbeitslos 4A4

chorale *w* – Chor 11B1

chose *w* – Ding, Sache 7A4

chronologie *w* – Chronologie, zeitliche Abfolge 9A12

CHU *m* – Universitätsklinikum 11B6a

ci-dessus – weiter oben 8B4a

ci-joint – in der Anlage 12B1

ciel *m* – Himmel 7B1

cigarette *w* – Zigarette 1B1, 6A2

cinéma *m* – Kino 1B2

circuit *m* **(touristique)** – Rundreise, -fahrt 11A6, 12A8

cirque *m* – Zirkus 5A9

citer – nennen 8A1

citron *Adj* – zitronengelb 7A4b

citron *m* – Zitrone 8B1

citron *m* **pressé** – Zitrone Natur 6B8

civilisation *w* – Landeskunde 11A9

clair/e *Adj* – hell 10B5

classer – sortieren, ordnen 6B8

classique *Adj* – klassisch 3A6b, 10B5

client/e *m/w* – Kunde/-in 6B1

climat *m* – Klima 10B11b

coca *m* – Cola 6A2

cocher – ankreuzen, markieren 6A1

cocktail *m* – Cocktail 6B8

cocon *m* – Kokon 10A7

cœur *m* – Herz 10A2

cognac *m* – Kognak 1B4

coiffeur/-euse *m/w* – Friseur/in 4A2b

collège *m* – 6. bis 9. Schulklasse 10A13

collègue *m/w* – Kollege/-in 1A4a, 8A4a

combien (de) ? – wie viel/e? 6A2

commandant *m* – Major 10B1a

commander – bestellen 6B5

comme – wie 3A4a; als 8A4a

comme ça – so, auf diese Weise 4A5a

commencer – anfangen 6A2

comment ? – wie? 1A4, 6A2

commentaire *m* – Kommentar 10B11b

commerce *m* – Geschäft, Laden 9A1

commode *w* – Kommode 10B6

commun/e *Adj* – gemeinsam 12B8

commune *w* – Gemeinde, Kommune 9A3a

comparaison *w* – Vergleich 9B3

comparer (avec, à) – vergleichen (mit) 7A1c

compléter – ergänzen 6A3, 7A8b

compliqué/e *Adj* – kompliziert 11B5a

comprendre – verstehen 1B1, 1B5, 6B7

compter + *Mengenangabe* – haben, zählen 11A11a

comte *m* – Graf 11A1

se concentrer * – s. konzentrieren 9A10a

concert *m* – Konzert 1B2, 5A2

confiture *w* – Marmelade 9A7a

confort *m* – Komfort 3B6

confortable *Adj* – bequem 10B5

congélateur *m* – Tiefkühltruhe 8B2a

conjuguer – konjugieren 10A15

connaître – kennen 8A1b

connu/e *Adj* – bekannt 11A12a

consacré/e – gewidmet 7B1

conseil *m* – Ratschlag 8B2b

conseiller – empfehlen 8A4a

conserves *wPl* – Konserven 8B2a, 9A8

consigne *w* – Anweisung 7A8a

consommation *w* – Konsum, Verbrauch 9A1

contact *m* – Kontakt 4A5a

contacter qn – mit jdm Kontakt aufnehmen 3A4a

conte *m* – Erzählung 10B2

contenir – enthalten 8B4a

content/e *Adj* – zufrieden 4A7a

continent *m* – Kontinent 12A8

continental/e *Adj* – Festland-, Kontinental- 9A3a

continuer – weitergehen/-fahren 11A4a

continuer qc – etw fortsetzen 11B3

contre – gegen 4B9, 7B8

contrôler – überprüfen 10B11b

conversation *w* **(téléphonique)** – (Telefon)Gespräch 7A6a

copain / copine *m/w ugs* – Freund/in 7B7

correcte *Adj* – richtig 10A7

correspondant/e *Adj* – entsprechend 8A1b

correspondre (à) – übereinstimmen (mit) 9B1

Corse *w* – Korsika 12A1

côte *w* – Küste 12A1

à côté de – neben 10B8

coucher *m* **de soleil** – Sonnenuntergang 12A1

couleur *w* – Farbe 7A4

coureur/-euse *m/w* – Läufer/in 6A1

cours *m*; **cours** *mPl* – Unterrichtsstunde, Kurs 10A12a; Unterricht 6A9, 9B10, 10A12a

course *w* – (Wett)Lauf, (Wett)Rennen 6A1

courses *wPl* – Einkäufe 3B1

court/e *Adj* – kurz 8B4c

couscous *m* – Kuskus 8B1

cousin/e *m/w* – Cousin/e 7B2a

coûter – kosten 9B6

couture *w* – Modebranche 1B3

créole *Adj* – kreolisch, aus Martinique 7B1

crise *w* – Krise 10B11b

croissant *m* – Croissant 9A6a

croire – glauben 9B6

cryptoportique *m* – *röm. Ruine* 11A1

cuillère *w* – Löffel 8B1

cuisine *w* – Kochen 3B1; Küche 10B1a

cuisinier/-ière *m/w* – Koch, Köchin 8A1

cuit/e *Adj* – gekocht 8A8

culture *w* – Kultur 10B11b

culturel/le *Adj* – kulturell 9A3a

curiosité *w* – Sehenswürdigkeit 5B1a

cyprès *m* – Zypresse 10B11b

D

d'après – nach (*bei Quellenangaben*) 10B1a

d'abord – zuerst 5B3a

d'accord – einverstanden 3A3

Danemark *m* – Dänemark 2A3

danois/e *Adj* – dänisch 2A3

dans – in, auf 2A11, 4A2c, 11A3

danser – tanzen 5A2

Danube *m* – Donau 8A4a

date *w* – Datum 4A10, 12B5

de (du, de la) – von 1A1b; aus 2B2; auf (*Art u. Weise*) 8A7; über 9B11a

de... à... – von ... bis / nach ... 4B2a, 5B1a

débattre – aushandeln 7A1

à débattre – Verhandlungssache 7A1

début *m* – Anfang 10A12a

décaféiné *m* (*ugs*: **déca**) – koffeinfreier Kaffee 6B2

décembre *m* – Dezember 12A6a

décider – beschließen 10A2

découvrir – entdecken 12A11

décrire – beschreiben 7B9

dégustation *w* – (Wein)Probe 11B6a

déjà – schon 8A1

déjeuner – zu Mittag essen 8A4a

déjeuner *m* – Mittagessen 8A3

demain – morgen 1B7, 11B4

demander (qc) – (um etw) bitten 6B8; (nach etw) fragen 7A6a, 11A7

déménager – umziehen 10B1a; abholen 10B13

demi *m* – Glas Bier vom Fass 6B2

demi-pension *w* – Halbpension 12B1

au départ de... – von ... aus 12B1

dépanneur *m* – Tante-Emma-Laden (*Quebec*) 9B11

département *m* – Departement 5B1a

dépendre (de) – abhängen (von) 6A2

ça dépend – das kommt darauf an 6A2

se déplacer * – s. fortbewegen 12B1

depuis – seit 4A5a

dernier/-ière *Adj* – letzte/r/s 9B5

la dernière fois *w* – letztes Mal 9B5

derrière – hinter 5B10, 10B8

des – *unbestimmter Artikel Pl* 1B3; de + les 8A1

description *w* – Beschreibung 10B10

désirer – wünschen 6B5

désolé/e – (es) tut mir Leid 6B2

dessert *m* – Nachtisch 8A1b

dessin *m* – Zeichnung 6B7

dessus *m* – Tischplatte 7A1

destination *w* – Ziel (*örtlich*) 12A11

détester – verabscheuen 3A4a, 3B2a

deux – zwei 1B6a

à deux – zu zweit 3A1, 7A4c

tous (les) deux – beide 10A2

deuxième, troisième *usw.* – zweite/r/s, dritte/r/s *usw.* 11A4a

devant – vor (*örtlich*) 5B10, 9A8

devenir * – werden 11A12a

deviner – erraten 9B10

dialogue *m* – Dialog 6B5

dictionnaire *m* – Wörterbuch 3A1c

différence *w* – Unterschied 6A9, 7A4b

différents/-es *Adj* – verschiedene 11B1

dimanche *m* – Sonntag 5B1a, 5B4a, 9A8

dinosaure *m* – Dinosaurier 5B10

dire – sagen 6B7, 7B7

direct/e *Adj* – direkt, offen 12A7b

discothèque *w* – Diskothek 12B1

discussion *w* – Diskussion 8A4a

discuter – diskutieren 3A4a

à la disposition *w* – zur Verfügung 12B1

disque *m* – Schallplatte 7A1

distant/e *Adj* – distanziert, entfernt 7B2a

distraction *w* – Freizeitbeschäftigung 12B1

divers/e *Adj* – unterschiedlich, verschieden(artig) 6B8

(objets) divers *mPl* – Verschiedenes 7A1b

documents *mPl* – Informationen 9A14

documentation *w* – Informationen 3B3a

dommage – schade 9B6

donner – geben, aushändigen 4A5a

donner envie de – Lust machen zu 11B2a

dormir – schlafen 5A5a

d'où ? – woher? 2B2

douche *w* – Dusche 12B1

doux / douce *Adj* – weich, sanft 2B6b

drapeau *m* (*Pl*: -x) – Fahne, Flagge 12A1

drapeau *m* **tricolore** – französische Fahne 12A1

à droite – rechts 8B5b, 11A4a

drôle *Adj* – komisch, lustig 6A2

du, des – de + le, de + les 4B5a, 8A1

du, de la, des – *Teilungsartikel* 8B5a

dune *w* – (Sand)Düne 3B3a

durer – dauern 10A13

dynamique *Adj* – dynamisch 3A6b, 9A3a

E

eau *w* – Wasser 6A1

eau *w* **minérale** – Mineralwasser 6B1

échange *m* – Austausch 9B4

échecs *mPl* – Schach 11B1

éclairage *m* – Beleuchtung 10B1a

école *w* – Schule 4A2c, 7B7

école *w* **maternelle** – *staatl. Vorschule* 10A13

école *w* **primaire** – Grundschule 9A1, 10A7

économie *w* – Wirtschaft 11A12a

économique *m/w* – Wirtschafts-, wirtschaftlich 11A1

écoute *w* – Hören 9A10a

écouter – zuhören, hören 3B1

écrire – schreiben 6A6

écrivain *m* – Schriftsteller/in 10B11b

également – ebenfalls, auch 11A12a

église *w* – Kirche 4B7a

eh bien... – nun ja, also 4A5a, 10B1a

électricité *w* – Strom, Elektrizität 3A7

élégance *w* – Eleganz 3A1

élégant/e *Adj* – elegant 10B5

élément *m* – Element, Bestandteil 7A6a

emploi *m* **du temps** – Zeitplan, Terminkalender 10A2

e-mail *m* – E-Mail 12B1

employé/e *m/w* – Angestellte/r 4A2a

en – in 2A10, 10A2; innerhalb von 8B1; als 8A4a

en + weibl. Länder-/Regionenname – in 2A10

en + Monat – im 12A6a

enchanté/e *Adj* – sehr erfreut 1A1b

encore – noch 7B2a

endroit *m* – Ort 8A4a

enfance *w* – Kindheit 7B2a

enfant *m* – Kind 3A1

A
B
C

enfin – schließlich, zuletzt 5B3a; endlich 10A2

ensemble – zusammen 3B2a

ensuite – dann, danach 5B3a

entendre – hören 8B4b

entier/-ière – ganze/r/s 10A9

entourer – einkreisen 10A6a

s'entraîner * (à) ⌣ – üben (zu) 7A10b

entre – zwischen 6A9, 7B2a

entrée w – erster Gang, Vorspeise 8A1b

entreprise w – Unternehmen, Firma 2A4

énumérer – aufzählen 11B3b

envie w – Lust 5A2

avoir envie de + Inf – Lust haben etw zu tun 5A2

environ – ungefähr 6A1

épicerie w – Lebensmittelgeschäft 9A1, 9A2

épices mPl – Gewürze 8B2a

épicier/-ière m/w – Lebensmittelhändler/in 4A2b

époque w – Epoche, Zeitalter 11A9

erreur w – Irrtum, Fehler 3A1

escrime w – Fechten, Fechtsport 11B1

Espagne w – Spanien 2A3

espagnol/e Adj – spanisch 2A1, 2A3; 11B1

essayer – versuchen 8B4c

essentiel/le Adj – wichtigste/r/s, Haupt- 9B9

est m – Osten 5B2

est-ce que – Fragepartikel 3A2

estimation w – Schätzung 11A11a

et – und 1A1b

étage m – Etage, Stockwerk 10B1a

à quel étage ? – auf welchem Stockwerk? 12B5

étagère w – Regal 10B6

état m – Zustand 7A1

Etats-Unis mPl – Vereinigte Staaten 12A8

été m – Sommer 11B2a

étoile w – Stern 9A1

étonner – erstaunen, wundern 9B11a

étranger/-ère Adj – fremd 12A11

être – sein 2A5b

être à qn – jdm gehören 11B2a

être au no. ... – mit der Nr. ... verbunden sein 7A6a

études wPl – Studium 2A6a, 11B3

étudiant/e m/w – Student/in 11A11a

étudier – eingehend betrachten 10B3a

euro m – Euro 6A10

Europe w – Europa 12A6a

Européen/ne m/w – Europäer/in 6A1

européen/ne Adj – europäisch 2A8

évasion w – Abwechslung 11B2a

éventuellement – eventuell 8B1

éviter – vermeiden 12A7b

exactement – genau 4A5a

examen m – Examen 11B3

excellent/e Adj – ausgezeichnet 8A4a

exceptionnel/le Adj – außergewöhnlich, einmalig 5B1a

excuser qn – jdn entschuldigen 7A6a

excusez-moi – entschuldigen Sie bitte 7A6a

exemple m – Beispiel 5B1a, 7A4c

par exemple – zum Beispiel 7A4c

exister – existieren 6A1

exotique m/w – exotisch 12B1

exotisme m – Exotik 12A11

en (pleine) expansion w – expandierend 11A12a

expliquer – erklären 10B5

exposition w – Ausstellung 5B10

express m – Espresso 6B8

expression w – Ausdruck 7B5a, 11B1

F

face à – gegenüber, mit Blick auf 12B1

face à face – von Angesicht zu Angesicht 12A1

en face de – gegenüber von 11A3

facile Adj – leicht 4A5a

faculté w – Fakultät 11B3

faim w – Hunger 8A4a

faire – machen, erledigen 3B1, 7B10; mitmachen 6A2, 11B3; treffen (Wahl) 10A5; dienen als 9B6

faire du / de la – Tätigkeit oder Sportart ausüben 11B1, 12A6a

faire des réclamations wPl – s. beschweren 8A8

faire des rencontres – Leute kennen lernen 12A11

faire la cuisine – kochen 3B1

faire la queue – Schlange stehen 9A8

Il / Elle fait quel prix ? – Wie viel kostet er / sie / es? 7A6a

où il fait bon vivre – wo es s. gut leben lässt 11A12a

famille w – Familie 3A1, 6B2, 7B1

farine w – Mehl 8B3

farniente m – Nichtstun 11B2a

fauteuil m – Sessel 10B6

faux / fausse Adj – falsch 2A11, 7A4c

favorable (à) – günstig (für) 11A12b

fax m – Faxgerät, Fax 10A2

femme w – Frau 3A1; Ehefrau 10B1a

femme w **au foyer** – Hausfrau 4A2a

fenêtre w – Fenster 10B4a

ferme w – Bauernhof, -haus 10A1

fermé/e Adj – geschlossen 5B1a

festival m – Festival 1B2, 5A5a

feu m (Pl: -x) – Ampel 11A4a

feuille w – Blatt 8B1

février m – Februar 12A6a

fille w – Mädchen 5A3; Tochter 7B2a

film m – Film 1B2

fils m – Sohn 10B1a

fin w – Ende, Abschluss 7A6a, 10A12a

finir – enden 10A12a; beenden 11B3; austrinken 9A12

fixe Adj – festgelegt 6A1

fixer qc – etw festlegen 12A7a

flacon m – Fläschchen, Flakon 9B1

flamand Adj – flämisch 2A11

flamme w – Flamme 1B4

flâner – flanieren, bummeln 11B2a

fleur w – Blume 4B7a

fois w – Mal 7B2b, 9A10a, 9B5

fontaine w – Brunnen 4B7a

forêt w – Wald 5B1a

formation w – Ausbildung 10A8; Bildung (gram. Form) 9A11b

forme w – Form 6A9, 9A11a, 10A7

former – bilden, formen 8B4c

formuler – formulieren 9A11b

fort/e Adj – stark 11B2a

fourchette w – Gabel 8B1

fragile Adj – zerbrechlich 9B3

frais / fraîche Adj – frisch 8A4a

fraise w – Erdbeere 8A1

franc m – Franc 6A10

français m – Französisch 2A11

français/e Adj; m/w – französisch; Franzose/-ösin 2A1; 2A3

France w – Frankreich 2A3

francophone Adj – französischsprachig 2A11, 12A9

frapper qn – jdm auffallen 7B5c

frère m – Bruder 7B2a, 7B5b

froid/e Adj – kalt 6B8

fromage m – Käse 3A7, 8A3, 8B3

fruit m – Frucht, Stück Obst 8A1, 9A6a

fumer – rauchen 6A8

G

gagnant/e m/w – Sieger/in 6A1

galerie w – Galerie 1B2

garage m – Garage 4B5a

garçon m – Junge 7B12

garçon m **de café** – Kellner 6A1

garder – behalten 7B2a

gare w – Bahnhof 4B5a

garniture w – Beilage 8B1

gastronomie w – Gastronomie 1B2

gâteau m (Pl: -x) – Kuchen 8B6

à gauche – links 8B5b; 11A4

en général – im Allgemeinen 6A1

génial/e Adj – toll, genial 1B4, 4A5c

gens mPl – Leute 6A9, 7A1a

gentil/le Adj – lieb 7A1

géographique Adj – geographisch 9A3a

girafe w – Giraffe 1B4

glace w – Eis 6B8; Spiegel 10B6

globe-trotter m – Weltenbummler 12A8

gothique Adj – gotisch 11A9

A B C

grammaire *w* – Grammatik 9A11a
grand/e *Adj* – groß 5A5a
grande surface *w* – (großer) Supermarkt, Verbrauchermarkt 9A3a
grandes vacances *wPl* – große Ferien, Sommerferien 11B6a
grands-parents *mPl* – Großeltern 10A2
gratuit/e *Adj* – kostenlos 11B6a
Grèce *w* – Griechenland 12A8
grille *w* – Tabelle 9A10a
gris/e *Adj* – grau 7A1
gros/se *Adj* – dick, groß 9B3
grotte *w* – Grotte 5B1a
groupe *m* – (Reise)Gruppe 5B1a
goût *m* **de** – Lust auf, Spaß an 11B2a
guide *m* – (Reise)Führer 9B6

H

habitation *w* – Wohnung, Wohnen 10A3a
habiter – wohnen 2B2, 7B2a
haricots *mPl* – Bohnen 8A4a
hein ? *ugs* – ne? 6B2, 9B6
Hep ! *ugs* – Hey!, Hallo! 5B10
heure *w* – Stunde 5B1a, 10A12a; Uhr(*zeit*) 5B5, 6A2
heures *w* d'ouverture – Öffnungszeiten 9B11a
à... heures – um ... Uhr 6A2
heureux/-se *Adj* – glücklich 3B2a
hier – gestern 9A11a
histoire *w* – Geschichte 9A12
historique *m/w* – historisch, geschicht- lich 11A1
homme *m* – Mann 3A1
hôpital *m* (*Pl*: -aux) – Krankenhaus 4A2c
hors-d'œuvre *m* – Vorspeise 8A1b
hôtel *m* – Hotel 1B2
hôtel *m* de ville – Rathaus 4B7a
huile *w* – Öl 8B1
hypermarché *m* – großer Supermarkt 9A10a
hypothèse *w* – Hypothese 10A2

I

ici – hier 4A5a
idéal/e *Adj* – ideal 4A10, 12A11
idée *w* – Idee 5A7
identifier – wiedererkennen 7B6
il / elle ; ils / elles – er / sie / es; sie (*Pl*) 2A3; 2A5b
il fait beau – das Wetter ist schön 6B2
il fait chaud / froid – es ist warm / kalt 6B2, 12A6a
il faut – man braucht 8B1c
il faut + *Inf* – man muss, Sie müssen 9A3a, 12B1

il pleut – es regnet 12A6a
il y a – es gibt, es steht / ist 5B1b
île *w* – Insel 12A6a
imaginer – s. vorstellen 10B2
imitation *w* – Kopie 7A6a
important/e *Adj* – wichtig 3B2a
inclu/e *Adj* – inklusive 10B13
indiquer que – zeigen, dass 10A5
industrie *w* – Industrie 11A12a
industriel/le *Adj* – Industrie- 11A12a
inespéré/e *Adj* – unerwartet 10B1a
infirmière *w* – Krankenschwester 11B5a
informaticien/ne *m/w* – Informatiker/in 4A1, 4A2a
informatique *w* – Informatik 10A8
ingénieur *m* – Ingenieur/in 4A2a
ingrédient *m* – Zutat 8B1b
inscription *w* – Anmeldung 11B6a
installations *wPl* **sanitaires** – sanitäre Anlagen 10B1a
institut *m* – Institut 4B7a
s'intégrer * – integriert werden 11B6a
intéressant/e *Adj* – interessant 4A5c
intéresser – interessieren 7A3, 12B2
interne *m/w* – Internatsschüler/in 10A12a
(sur) Internet – (im) Internet 3A4a
interview *w* – Interview 4A9
intolérance *w* – Intoleranz 3A1
intrus *m* – Eindringling 7A10a
inventer – erfinden 12A11
Iran *m* – Iran 12A8
Italie *w* – Italien 2A3
italien/ne *m/w* – italienisch 2A1, 2A3

J

jalousie *w* – Eifersucht 3A1
ne... jamais – nie 8B2a
janvier *m* – Januar 12A6a
Japonais/e *w/m* – Japaner/in 6A1
jardin *m* – Garten 4B7a, 10B1a
jardiner – im Garten arbeiten 3B1
jaune *Adj* – gelb 7A4b
jazz *m* – Jazz 5A2
je – ich 1A1b
jeu *m* (*Pl*: -x) – Spiel 2B5
jeu *m* de rôle – Rollenspiel 9B10
jeu *m* **radiophonique** – Quizsendung im Radio 7B1
jeudi *m* – Donnerstag 5B4a
jeune *Adj* – jung 6A9
jeunes *mPl* – Jugendliche 6A9
job *m* *ugs* – Job 4A5a
jogging *m* – Joggen 11B5a
joli/e *Adj* – hübsch 7A10a, 9B3
jouer (à qc) – spielen (*Ballsport, Spiel*) 8A5b, 11B1, 12B1
journal *m* (*Pl*: -aux) – Zeitung 1B2, 3B1

journée *w* – Tag 8A4a
juillet *m* – Juli 12A6a
juin *m* – Juni 11B2a, 12A6a
jus *m* – Saft 6B5
jusqu'à – bis 9A8, 11A4a
juste – nur 5B10; genau 12B1
justifier – begründen, rechtfertigen 7B3

K

kilomètre *m* – Kilometer 4A5a

L

là – da 4A5a
là-bas – dort 12A11
lagune *w* – Lagune 12A6a
lait *m* – Milch 6B8
lampe *w* – Lampe 10B6
langue *w* – Sprache 2A6a
lapin *m* – Kaninchen 10B1a
lavande *w* – Lavendel 9B1
lave-vaisselle *m* – Spülmaschine 10B13
le, la ; les – der, die, das; die (*Pl*) (*best. Art.*) 3A1
le 1er + *Monat* – 1. + *Monat* (*Briefdatum*) 12B1
le premier, deux, trois *usw.* + *Monat* – am ersten, zweiten, dritten *usw.* + *Monat* 12B5
leçon *w* – Lektion 8B10
légende *w* – Bildunterschrift 12A1
léger/-ère *Adj* – leicht 8A4a
légumes *mPl* – Gemüse 9A7a
lendemain *m* – nächster Tag 10A12a
lequel, laquelle ?; lesquels/-les ? – wel- che/r/s?; welche (*Pl*)? 8B4b
lettre *w* – Buchstabe 8B4a; Brief 12B1
leur/s – ihr/e; ihre (*Pl*) 7B5b
liaison *w* – Bindung, Liaison 2B3
liberté *w* – Freiheit 3A1
librairie *w* – Buchhandlung 9A6a
libre *Adj* – frei 10A2
lieu *m* (*Pl*: -x) – Ort, Platz, Stätte 4A4, 11A1
lilas *Adj* – lila 12A3
lire – lesen 3B1
liste *w* – Liste 9A1
lit *m* – Bett 12B5
littéraire *Adj* – Literatur- 10B2
living *m* – Wohnzimmer 10B1a
livre *m* – Buch 5A1b
local/e *Adj* – lokal 11A11a
location *w* – Verleih, Vermietung 9A1
loin (de) – weit (entfernt) (von) 7B2a
lointain/e *Adj* – fern 12A10
loisirs *mPl* – Freizeit; Freizeit- beschäftigungen 11B1
long / longue *Adj* – lang 8A4a
lundi *m* – Montag 5B4a

lune *w* – Mond 5A5a
luxe *m* – Luxus 3A1
lycée *m* – Gymnasium 10A7

M

Madame (Mme) – Frau 1A1b, 2B1
Mademoiselle (Mlle) – Fräulein 1A1b, 2B1
magasin *m* – Geschäft, Laden 4A10, 9A1, 9A6a
magnifique *Adj* – wunderschön 5B1a
mai *m* – Mai 12A6a
maintenant – jetzt 5B6
maire *m* – Bürgermeister/in 9A3a
mais – aber 2A6a, 3A2
maison *w* – Haus 4A2c
maladie *w* – Krankheit 3B6
maman *w* – Mama 3B6
manger – essen 3A4a
manière *w* – Art und Weise 8A7
manquer – fehlen 9A10b
marathon *m* – Marathon(lauf) 11B2a
marbre *m* – Marmor 7A1
marché *m* – Markt 4B7a, 9A3a
marcher – gehen, laufen 3B3a; funktionieren 7B2a
mardi *m* – Dienstag 5B1a, 5B4a
mari *m* – Ehemann 10A7
mariage *m* – Ehe 3B6
mark *m* – Deutsche Mark (DM) 6A10
Maroc *m* – Marokko 2A10
marque *w* – Zeichen 10A6a
marron *Adj* – braun 7A4b
mars *m* – März 12A6a
Martinique *w* – Martinique (*Insel*) 7B1
massif *m* – (Gebirgs)Massiv 12A1
matin *m* – Morgen 6A2
maximum *m* – Höchst-, Höchstmaß 6A2
médecin *m* – Arzt / Ärztin 4A2a, 9A3a
médecine *w* – Medizin 11B3
médicament *m* – Medikament 9A6a
mélanger – mischen 8B1
mélodie *w* – Melodie 1B3
melon *m* – Melone 8A1
même – sogar 3A4a
le / la même – der-/die-/dasselbe, der / die / das gleiche 8B10, 12A6a
mémoire *w* – Gedächtnis 8B1d
ménage *m* – Haushalt 3B1
menthe *w* – (Pfeffer)Minze 6B1, 8B1
menu *m* – Menü 8A1b
mer *w* – Meer 3A4a
merci (de) – danke (für) 1A4a, 12B1
mercredi *m* – Mittwoch 5B4a; 5B1a
mère *w* – Mutter 2A6a, 7B5b
merveilleux/-se *Adj* – wunderschön 11A12a
métallurgie *w* – Metallindustrie 11A12a
mètre *m* – Meter 6A1

mètre *m* **carré (m²)** – Quadratmeter (m²) 5B1a, 10B1a
métro *m* – U-Bahn 4B1
métropole *w* – Metropole 11A12a
mettre – tun, stellen 8B1; brauchen (*Zeit*) 10A12a
se mettre * d'accord – s. einigen 8B9
mettre dans l'ordre – in die richtige Reihenfolge bringen 6B5
meuble *m* – Möbelstück 5B1a
micro-ondes *m* – Mikrowelle 8B2a
midi – Mittag; 12 Uhr 6B10
mieux – besser 11B6a
mille – tausend 9A4, 11A10a
million *m* – Million 11A10a
ministre *m/w* – Minister/in 4A2b
minuit – Mitternacht 10A10
minute *w* **(mn)** – Minute (Min.) 5B10, 6A1, 8B1
mobile *Adj* – mobil 10B13
mode *w* – Mode 3A4a
modèle *m* – Modell 7B8
moderne *Adj* – modern 3A4a
moi – *betonte Form von* je 1A1b, 5A7
moi non – ich nicht 3A3
moins + *Adj* – weniger, nicht so 12A4
moins (de) – weniger (als), unter 6A9, 9A4
moins... que – weniger ... als, nicht so ... wie 9B3
moins dix / le quart – zehn vor / Viertel vor (*Uhrzeit*) 10A10
au moins – mindestens 10A12a
mois *m* – Monat 8B2a, 12A6a
mon, ma ; mes – mein/e; meine (*Pl*) 7B5b
moment *m* – Moment, Zeitpunkt 11B1c, 12A11
moments de loisirs – Freizeit 11B1c
monde *m* – Welt 4B7a
son petit monde – ihre / seine Freunde und Familie 7B10
mondialement – weltweit 11A12a
monotone *Adj* – eintönig 4A5c
monotonie *w* – Langeweile 3A1
Monsieur (M.) – Herr 1A1b, 2B1
montagne *w* – Berg, Gebirge 12A6a
monument *m* – Monument 5B9
moquette *w* – Teppichboden 10B1a
mot *m* – Wort 7A8a
moulin *m* – Mühle 5B1a
mousse *w* **au chocolat** – Schokoladencremespeise 3A1
moutarde *w* – Senf 9B1
Moyen-Âge *m* – Mittelalter 5B1a
moyenne *w* **d'âge** – Durchschnittsalter 11B6a
municipal/e *Adj* – Stadt-, Dorf- 9A1
musée *m* – Museum 5A5a
musicien/ne *m/w* – Musiker/in 7B2a
musique *w* – Musik 1B2

N

naître * – geboren werden 10A7
natal/e *Adj* – Geburts- 10A2
natation *w* – Schwimmsport 11B1
national/e *Adj* – Landes- 11A11a
nationalité *w* – Staatsangehörigkeit 2A3
nature *w* – Natur 11B1b
naturel/le *Adj* – Natur-, natürlich 5B1a
ne... pas – nicht (*siehe* **pas**) 2A6a
né/e – geboren 2A6a, 7B2a
négatif/-ve *Adj* – negativ 9B9
neige *w* – Schnee 12A6a
néon *m* – Neon 10B1a
neuf/-ve *Adj* – neu 7A1
noir/e *Adj* – schwarz 7A1
nom *m* – Name 2A1
nombre *m* – Zahl 6A10; Anzahl 12B6
nombreux/-se *Adj* – zahlreich 9A3a
non – nein 1B5
non plus – auch nicht 3A3
nord *m* – Norden 5B2
nord-est *m* – Nordosten 5B2
normalement – normalerweise 12A6a
norme *w* – Norm 3B6
Norvège *w* – Norwegen 12A8
noter – notieren 7B10
notre; nos – unser/e; unsere (*Pl*) 7B5b
nous – wir 2A5b
nous sommes + *Wochentag* – es ist + *Wochentag* 5B6
nouveau / nouvel / nouvelle *Adj* – neu 7A8a
nouvelle *w* – Kurzgeschichte 10B2
novembre *m* – November 12A6a
nuit *w* – Nacht 12A1
numéro *m* **(no.)** – Nummer (Nr.) 5B1b
numéro *m* **de téléphone** – Telefonnummer 4A5a
numéroter – nummerieren 9B7

O

objet *m* – Gegenstand 5B1a, 7A1b
objet *m* **de collection** – Sammlerstück 7A1b
objet *m* **d'art** – Kunstgegenstand 5B1a
obligatoire *Adj* – vorgeschrieben 11B6a
occitan *m* – Okzitanisch 2A11
occupé/e *Adj* – belegt, besetzt 12B7
océan *m* – Ozean 12A6a
Océan *m* **indien** – Indischer Ozean 12A6a
ocre *Adj* – ocker(farben) 12A3
octobre *m* – Oktober 12A6a
œuf *m* – Ei 8B3
œuvre *w* – (schriftstellerisches) Werk 7B10
office *m* **de tourisme** – Fremdenverkehrsamt 4A5a

officiel/le *Adj* – offiziell, Landes- 2A11
offre *w* – Angebot 12B2
offrir – bieten, anbieten 9A3a
oie *w* – Gans 8A4a
oignon *m* – Zwiebel 8A1
olive *w* – Olive 8B1
olympe *m* – Olymp 2A8
omelette *w* – Omelett, Rührei 8B6
on – man 2A10, 5B3a
on (+ *3. Pers Sg*) *ugs* – wir 5A6, 6B2
oncle *m* – Onkel 7B2a
optimal/e *Adj* – optimal 4A10
orange *Adj* – orange(farben) 7A4b
orange *w* – Orange, Apfelsine 3A1
ordinateur *m* – Computer 10A2
organiser – veranstalten, organisieren 8B9
original *m* – Original 7A6b
original/e *Adj* – originell 9B3
ou – oder 2A11, 4A7b
ou alors – oder aber 7B2a
où ? – wo?; wohin ? 2B2; 12A6a
ouest *m* – Westen 5B2
oui – ja 1A1b
ouvert/e *Adj* – geöffnet 5B1a; zugänglich 11B6a
ouvrier/-ière *w/m* – Arbeiter/in 4A2a
ouvrir – öffnen 4A10

P

page *w* – Seite 9A14
pain *m* – Brot 8B3
palais *m* – Palast 6B11, 11A8
panorama *m* – Aussicht 5B1a
paquet *m* de cigarettes – Päckchen Zigaretten 9B4
par – pro, in (+ *Zeitraum*) 6A2; mit 9B6
par là-bas – dort hinten 5B10
par la route de... – über die Straße nach ... 12B1
paradis *m* – Paradies 3B3a
paragraphe *m* – (Text)Absatz 11A12a
parc *m* – Park 5B1a
parce que – weil 3A6b
parcours *m* – (Renn)Strecke 6A1
pardon ? – wie bitte? 1B5
Pardon. – Entschuldige. / Entschuldigen Sie bitte. 11A7
parents *mPl* – Eltern 7B2a
parfait/e *Adj* – ausgezeichnet 4A5a, 9B6
parfois – manchmal 7B2a
parfum *m* – Parfüm 1B3
parisien/ne *Adj; m/w* – aus Paris; Pariser/in 2B2
parking *m* – Parkplatz 12B1
parler (à qn; de qc) – sprechen (mit jdm; von etw) 2A6a, 4A5a, 10B1a
parler affaires – geschäftliche Dinge

besprechen 8A4a
partenaire *w/m* – Partner/in 8B2b, 10B12
participant/e *w/m* – Teilnehmer/in 6A1
particularité *w* – Besonderheit 9A3a
particulièrement – besonders 11A12a
partie *w* – Teil 10A3a
partir * (**de**) – weggehen (aus) 10A2; verreisen 12B3
partir * **en vacances** – in Urlaub, Ferien fahren 12A6a
paru/e – erschienen 10B13
pas: ne... pas – nicht, kein 2A6a
pas tellement – nicht (so) sehr 3A4a
pas de – kein/e 5A5b, 6A2
pas du tout – gar nicht, überhaupt nicht 3A7, 4A7b
passé *m* – Vergangenheit 11A12a
passeport *m* – (Reise)Pass 1B1
passer – verbringen 3B3a
se passer * – spielen, s. abspielen 8B8
passionnant/e *Adj* – spannend, begeisternd 4A5a
patron/ne *w/m* – Arbeitgeber/in, Chef/in 10A1
pause *w* – Pause 10A13
pavillon *m* – Einfamilienhaus 10B1a
payer – zahlen, bezahlen 6B5
pays *m* – Land 2A3
paysage *m* – Landschaft 12A11
pendant – während 8A4a
penser (à qc/qn) ; penser que – denken (an etw/jdn) 10B9; meinen, dass 7B3
père *m* – Vater 2A6a, 7B2a
perdre – verlieren 5B10
période *w* – Zeit, Zeitraum 12A6a
permanence *w* – Geschäftsstelle 11B6a
permettre – erlauben 12B1
Pérou *m* – Peru 12A6a
personnage *m* – Persönlichkeit, bekannte Person 11A2b
personne *w* – Person 3B3a
personnellement – persönlich 12B2
pétanque *w* – Boulespiel 12B1
petit/e *Adj* – klein 5A5a, 7B2a
petit boulot *m ugs* – Job 10A2
petit déjeuner *m* – Frühstück 12B1
peut-être – vielleicht 8A4a
pharmaceutique *Adj* – Pharma- 11A12a
pharmacie *w* – Apotheke 9A6a
phonétique *Adj* – phonetisch 9A7a
photo *w* – Foto 1B1
phrase *w* – Satz 6B7
piano *m* – Klavier 7B2a
pièce *w* – (Wohn)Raum, Zimmer 10B3a
pied *m* – Fuß (*auch Maßeinheit*) 6A2, 10B13
à pied – zu Fuß 6A2
ping-pong *m* – Tischtennis 12B1
pique-nique *m* – Picknick 8B8
pique-niquer – picknicken 11B2a
piscine *w* – Schwimmbad 11A12a

placard *m* – Wandschrank 10B1a
place *w* – Platz 2B2, 4B5c; Sitzplatz, Eintrittskarte 5A5a
sur place – an Ort und Stelle 9A3a
plage *w* – Strand 5A5a
plaire – gefallen 4A5a, 4A8
plaisir *m* – Vergnügen, Spaß 12B1
plan *m* – Plan, Skizze 10B3a; (Stadt)Plan 11A3
plante *w* – Pflanze 4B7a
plat *m* – Gericht, Speise, Gang 8A1, 8A3
platane *m* – Platane 6B2
plateau *m* (*Pl:* -x) – Tablett 6A1
en plein/e – mitten, voll in 11A12a
il pleut (pleuvoir) – es regnet (regnen) 12A6a
plus (de; que) – mehr (als) 2A11; 11A12a
plus + *Adj* (**que**) – *Adj* + -er (als) 1B5, 4B9, 6B7; 9B3
plus – plus 12B7
plus lentement – langsamer 1B5
le plus – am meisten 7A3, 12B2
le / la plus âgé/e – der / die älteste 11B6a
plus ou moins – mehr oder weniger 4A7b
plusieurs – mehrere 9A10a
plusieurs fois – mehrmals 9A10a
plutôt – eher, vielmehr 12A6a
poêle *m* – Ofen 10B13
poésie *w* – Poesie, Lyrik 3A1
points *m* communs – Gemeinsamkeiten 12A12
poisson *m* – Fisch 8A1b
policier *m* – Polizist 5A3
politique *w* – Politik 1B2
politique *Adj* – politisch 11A1
pollution *w* – Umweltverschmutzung 4B9
Pologne *w* – Polen 12A8
pomme *w* de terre – Kartoffel 8B3
porcelaine *w* – Porzellan 7B10
porte-monnaie *m* – Geldbeutel 1B1
positif/-ve *Adj* – positiv 8A7, 9B9
posséder – besitzen, haben 12B1
possibilité *w* – Möglichkeit 9A3b
possible *Adj* – möglich 6B2
poste *w* – Postamt 9B6
pot *m* – Topf 9B1
potage *m* – Suppe 8A3
poulet *m* – Hähnchen 8A1
pour – für 4A5a; wegen 5B1a, 7A6a; nach (*Ort*) 4B2a; zu 12B1
pour + *Inf* – um ... zu ... 3B2a, 8B1c
pourquoi ? – warum? 3A6b
pouvoir – können 8A4a, 10A2
pratique *Adj* – praktisch 11B3
pratiquer un sport – eine Sportart betreiben 12B1
préférer – lieber mögen, vorziehen,

bevorzugen 3B3a
préféré/e *Adj* – Lieblings-, bevorzugt 12A4
premier/-ière *Adj* – erste/r/s 10A8
prendre – nehmen 5A5a; (+ *Verkehrsmittel*) 4B2a; trinken 5A4b
prendre la... rue – der ... Straße folgen 11A4a
prendre le temps de – s. Zeit nehmen zu 11B2a
prendre rendez-vous – ein Treffen vereinbaren 7A6a
prendre un verre – einen trinken gehen 6A1
préparation *w* – Zubereitung 8B1
préparer – zubereiten; vorbereiten 8B9
se préparer * à qc – s. auf etw vorbereiten 11B2a
près – nah *Adv*, in der Nähe 7B2a
présenter – vorstellen, präsentieren 1A4a, 8A1
presque – fast 9A3a
presse *w* – Presse 1B2
pressé/e *Adj* – in Eile 8B2a
pression – vom Fass (*Bier*) 6B5
prêt/e *Adj* – bereit, fertig 12B8
prêt/e à partir – startbereit, reisefertig 12B8
prêt *m* – Ausleihen, Verleihen 9A1
principal/e *Adj* – Haupt- 8A1b
principe *m* – Prinzip 10B11b
prix *m* – Preis 7A1, 12B1
problème *m* – Problem 3A1
prochain/e *Adj* – nächste/r/s 1B7, 10A12a, 11B4
production *w* – Produktion 11A12a
produit *m* – Produkt 8B5a
produit *m* **de base** – Grundnahrungsmittel 8B5a
professeur *m* – Lehrer/in 4A1, 4A2a
profession *w* – Beruf 4A4
profiter de qc/qn – etw/jdn genießen 10A2
en progression – auf dem Vormarsch 8A3
projet *m* – Vorhaben, Plan, Projekt 11B3
promenade *w* – Spaziergang 3B3a
prononcer – aussprechen 7A10b
se prononcer * – ausgesprochen werden 10B11b
prononciation *w* – Aussprache 7A4b
proposer – vorschlagen 11A6, 12B1
proposition *w* – Vorschlag 9A7a
propre *Adj* – eigene/r/s 10A1
prospectus *m* – Prospekt 9A1
provençal/e *Adj* – aus der Provence 2B2
publicité *w* – Werbung 5A1b
puis – dann 3A4a, 10A2
purée *w* **de pommes de terre** – Kartoffelpüree 8B6

Q

qu'est-ce que ? – was? 6A2
qu'est-ce qui ? – was? 7B5c
quand ? – wann? 6A2
quantité *w* – Menge 8B1b
quartier *m* – Stadtviertel, Stadtteil 9A6b
que – der, die, das; die (*Relativpron.*) 8B4b
que – dass 7B3, 10A5
Québec *m* – Quebec 9B11a
québécois/e *Adj* – aus Quebec 9B12
quel/s ?, quelle/s ? – welche/r/s?, welche (*Pl*)? 4A5a, 7A6a
Quelle heure est-il ? – Wie viel Uhr ist es? 10A10
Quelle horreur ! – Wie schrecklich! 3A7
quelque chose – etwas 5B10
quelquefois – manchmal 3B3a
question *w* – Frage 6A3
être question de qc – um etw gehen 10B10
poser une question – eine Frage stellen 6A6
qui ? – wer? 9A10a
qui – der, die, das; die (*Relativpron.*) 7B5c, 8A4a
quiche *w* **lorraine** – *Speckkuchen* 8A1
quoi – was 9B10

R

raconter – erzählen 10A7
radio *w* – Radio(apparat), Rundfunk 1B4, 3B1
raison *w* – Grund, Motiv 12A11
randonnée *w* – Wanderung 11B1
rapide *Adj* – schnell 8A4a
réagir à qc – auf etw reagieren 12B7
réaliser – verwirklichen 10A2
réalité *w* – Wirklichkeit 11A11a
réception *w* – Empfang 12B7
réceptionniste *m/w* – Angestellte/r der Rezeption 12A6a
recette *w* – Rezept 6A2
recevoir – erhalten, bekommen 10B2
réclamation *w* – Beschwerde 8A8
reconnaître – wiedererkennen 11B2a
réellement – real 9A14
réfléchir – nachdenken 9A6a
réfrigérateur *m* – Kühlschrank 8B1
regarder – gucken, schauen 9B6; betrachten 10A1
regarder la télévision – fernsehen 3B1
région *w* – Gegend, Umgebung 4A5a
règle *w* – Regel 9A11b
regretter – bedauern 6B2
relation *w* – Beziehung 7B2a
relier – verbinden, einander zuordnen 6B7

religieux/-se *Adj* – religiös 11A1
relire – noch einmal lesen 7B6
Rémois/e *m/w* – Einwohner/in von Reims 11B5a
remplir – ausfüllen 9B11a
rencontre *w* – Begegnung 12A11
rencontrer qn – jdn treffen, jdm begegnen 10A8
rendez-vous *m* – Voranmeldung 5B1a; Verabredung 7A6a
se rendre * compte – s. vorstellen, klarmachen 10B1a
rénover – renovieren 10A2
renseignement *m* – Auskunft 11B6a
rentrer * (à la maison) – nach Hause zurückkommen 10A12a
repas *m* – Essen, Mahlzeit 8A4a
repas *m* **d'affaires** – Geschäftsessen 8A4a
repérer – ausfindig machen 8A6
répéter – wiederholen 1B5, 7A7
répondeur *m* – Anrufbeantworter 9A12
répondre – antworten 7B7
réponse *w* – Antwort 6B1, 9B9
représenter – darstellen 9B10
RER – S-Bahn 4B1, 4B2a
réserver – buchen, reservieren 12B1
restaurant *m* (*ugs: restau*) – Restaurant 1B2, 8A10a
restauration *w* rapide – Fast-food (-Gastronomie) 8A3
reste *m* – Rest, Übriges 9A3a
rester * – bleiben 9B6, 10A2
résultat *m* – Ergebnis 7B10
résumé *m* – Zusammenfassung 1
retourner * – zurückkehren 10A2
retraite *w* – Rente 4A4
à la retraite – in Rente 4A4
retrouver – wiederfinden 9A12
Réunion *w* – *frz. Insel im Indischen Ozean* 12A6a
rêve *m* – Traum 10A2
revenir * – zurückkommen 10A2
revivre – noch einmal erleben 11B2a
riche *Adj* – reich 11A12a
rire – lachen 3A4a
risque *m* – Risiko 3A1
roman *m* – Roman 3B4
romanche *m* – Rätoromanisch 2A11
roman/e *Adj* – romanisch 11A9
romantique *Adj* – romantisch 5B1a
rose *Adj* – rosa 7A1
rose *w* – Rose 1B1
rosé/e *Adj* – rosé (*Wein*) 6B8
rôti/e *Adj* – gebraten 8A1
rouge *Adj* – rot 6B8
route *w* – Straße 11B6a, 12B1
route *w* du vin – Weinstraße 11B6a
royal/e *Adj* – königlich 11A9
rubrique *w* – Rubrik, Sparte 7A1b
rue *w* – Straße 11A2b, 11A3
russe *Adj* – russisch 2A1; 2A3

A
B
C

S

Russie *w* – Russland 2A3
rythme *m* – Rhythmus 7A7

S

sac *m* **à dos** – Rucksack 7B10
sachet *m* – Beutel, Tüte 8B1
saison *w* – Jahreszeit; Saison 11B2a
saisonnier *m* – Saisonarbeiter 12A6a
salade *w* – Salat 8A1
salade *w* composée – gem. Salat 8A3
salade *w* **niçoise** – Nizzasalat 8A1
saladier *m* – Salatschüssel 8B1
salé/e *Adj* – salzig, gesalzen 8A8
salle *w* – Saal, Raum 5B1a; Innenraum (*eines Cafés*) 6B1
salle *w* **de bains** – Badezimmer 10B1a
salon *m* – Wohnzimmer 7A1
Salut. *ugs* – Hallo., Tag! 1A1b
salutations *wPl* – Grüße (*Brief*) 12B1
samedi *m* – Samstag 5B4a
sandwich *m* – Sandwich 1B4
sans – ohne 6B8; -los, -frei 9B6
sans + *Inf* – ohne zu 11A12a
santon *m* – *provenz. Krippenfigur* 9B1
sauf – außer 10A13
saumon *m* – Lachs 8A1
savoir – wissen 6B2
savoir-faire *m* – Know-how 11A12a
savon *m* – Seife 9B1
scène *w* – Szene 8A5b
schilling *m* – Schilling 6A10
secrétaire *m/w* – Sekretär/in 4A2a
sel *m* – Salz 8B1
semaine *w* – Woche 1B7, 5B4a, 6A2
semblable *Adj* – ähnlich 8A5b
semestre *m* – Semester, Halbjahr 8B9
séminaire *m* – Seminar, Tagung 3B3a
Sénégal *m* – Senegal 12A8
sens *m* – Sinn, Veranlagung 11B3
septembre *m* – September 12A6a
sérieux/-se *Adj* – ernst, ernsthaft, ernst gemeint 11B5a
serveur/-euse *m/w* – Kellner, Bedienung 4A1, 4A2a
service *m* – Dienstleistung 9A3a
seul/e *Adj* – allein 9A12; einzige/r/s 4B9, 9A10a
seulement – nur 6A1
sexe *m* – Geschlecht 6A1
si – doch 3A3
s'il te plaît / s'il vous plaît – bitte (2. *Pers Sg / 2. Pers Pl*) 1B5
siècle *m* – Jahrhundert 11A9
signification *w* – Bedeutung 11B1
sincère *Adj* – aufrichtig 12B1
singe *m* – Affe 5B1a
situation *w* – Lage 9B10, 12B3
situé/e *Adj* – gelegen 9A3a
ski *m* – Ski(laufen) 12A11

slogan *m* – Parole, Motto 10A1
société *w* – Unternehmen, Firma 2A6a
sœur *w* – Schwester 7B5b
soif *w* – Durst 8A4a
soir *m* – Abend 5A7, 6B10
soirée *w* – Abend(veranstaltung) 12B1
soleil *m* – Sonne 3A4a
au soleil – in der Sonne 12A11
solitude *w* – Einsamkeit 3A1
son, sa ; ses – seine, ihre; ihre (*Pl*) 7B5b
son *m* – Klang, Laut 7A10b
sortir * – ausgehen 5A2, 10A12a
souci *m* – Sorge 3B3a
souligner – unterstreichen 6A3
soupe *w* – Suppe 8A1, 8B1
souriant/e *Adj* – freundlich, fröhlich, lächelnd 11A12
sourire *m* – Lächeln 11A12a
souris *w* – Maus 7A10b
sous – unter, unterhalb von 6B2, 12B1; in 7A1b
souvenir *m* – Mitbringsel 7B1
souvent – oft 3B3a
spécial/e *Adj* – besondere/r/s, Extra-, Sonder- 6B8
spécialisé/e *Adj* – Fach- 4A10, 9A3a, 9A6a
spécialité *w* – Spezialität 8A1
spectacle *m* – Vorstellung, Schauspiel 10B11b
sport *m* – Sport 3A1, 5A2
sport *m* **nautique** – Wassersport 12B1
sportif/-ve *m/w* – Sportler/in 6A2
sportif/-ve *Adj* – sportlich, Sport- 11A1
stalactite *w* – Stalaktit, Tropfstein 5B1a
star *m/w* – Star 11B2a
station *w* **(de métro)** – (U-Bahn)Station 4B2a
statue *w* – Statue 5B7a
steak-frites *m* – Steak mit Pommes frites 5A5a
stéréotype *m* – Klischee 3A
stock *m* – Vorrat 8B2a
stressant/e *Adj* – stressig 4A5a
stressé/e *Adj* – gestresst 3B3a
studio *m* – 1-Zimmer-Appartement 7B2a
style *m* – Stil 7A1, 7B8
stylo *m* – Kugelschreiber 9B6
sucre *m* – Zucker 8B3
sucré/e *Adj* – süß 8A8
sud *m* – Süden 5B2
sud-ouest *m* – Südwesten 5B2
suédois/e *Adj* – schwedisch 6A1
suffir – genügen 7B2a
Suisse *w* – Schweiz 2A3
suisse *Adj* – schweizerisch 2A3
suivant/e *Adj* – folgende/r/s 10A2
super *Adj* – Super- 7A1
supermarché *m* – Supermarkt 4A2c, 9A7a

sur – auf, an, über 5A5a, 6A1
sur (+ *boulevard, place, bord, côte*) – an 11A3, 12A6a
sûr/e *Adj* – sicher 11A12a
surgelé/e *Adj* – tiefgefroren 9A8
(produits) surgelés *mPl* – Tiefkühlkost 9A8
surtout – vor allem 4A5a
SVP (*Abk für* **s'il vous plaît**) – bitte 7A1
symbole *m* – Symbol 12B1
symboliser – symbolisieren 12A2
sympa *Adj ugs* – freundlich, nett, gemütlich 10B5
sympathique *Adj* – sympathisch 3A6b

T

tabac *m* – Tabak 1B2
table *w* – Tisch 6B8
table *w* **(de) salon** – Couchtisch 7A1
tableau *m* (*Pl*: -x) – Gemälde 7A6a; Tabelle, Tafel 7A8b
taboulé *m* – *kaltes Kuskus-Gericht* 8B1
tante *w* – Tante 7B2a
tapis *m* – Teppich 10B6
tard – spät 6B2
Tasmanie *w* – Tasmanien 12A8
tasse *w* – Tasse 6A2
taxi *m* – Taxi 1B2, 4B1
téléphone *m* – Telefon 10A2
téléphoner (à qn) – telefonieren 4A5a; jdn anrufen 7A6a
télévision *w* – Fernsehen 3B1
temps *m* – Zeit 5B10, 8B2a, 10A2
temps *m* **fort** – Highlight 11B2a
tennis *m* – Tennis(platz) 9A1, 11B1
terminé/e *Adj* – vorbei, beendet 10B1a
terminus *m* – Endstation 5B10
terrain *m* **de sport** – Sportplatz 9A1
terrasse *w* – (Café)Terrasse 6A2
terrine *w* – Pastete 8A1
texte *m* – Text 6A5
TGV *m* – Hochgeschwindigkeitszug 4B1
thé *m* – Tee 6B8
théâtre *m* – Theater 1B2, 11B1
ticket *m* – Beleg 6B5
timbre *m* – Briefmarke 9B6
titre *m* – Titel 7B2a
toi – *betonte Form von* tu 1A1b
toilettes *wPl* – Toilette 6B7
tomate *w* – Tomate 3A1
ton, ta ; tes – dein/e; deine (*Pl*) 7B5b
toujours – immer 7B7
tour *w* – Hochhaus, Wohnturm 10B1a
tourisme *m* – Tourismus 11A1
faire du tourisme – als Tourist reisen 11A1
touriste *m/w* – Tourist/in 4A5a
touristique *Adj* – touristisch 9A3a

tourner (à droite / gauche) – (nach rechts / links) abbiegen 11A4a
tous les, toutes les – alle + *Nomen* 11B1
tous (les) deux – beide 10A2
tout – alles 8B2a, 9B6
tout/e – ganze/r/s 7B2a
tout droit – geradeaus 11A4a
tradition *w* – Tradition 3A4a, 6A2
traditionnel/le *Adj* – traditionell 8A3
traduire – übersetzen 7B4
train *m* – Zug 4B1
tranquille *Adj* – ruhig 4A5a
transports *m* **en commun** – öffentliche Verkehrsmittel 9A3a
travail *m* – Arbeit 2A6a, 3A4a
travailler – arbeiten 3B2a
travailler à son compte – selbstständig sein *bzw.* arbeiten 10A2
traverser – durch-/überqueren 6A1, 11A4a
tréma *m* – Umlaut 1B6a
très – sehr 1A4a
tricolore *m/w* – dreifarbig (*blau-weiß-rot*) 12A1
trop – zu, zu sehr, zu lange 6B2, 8A8
trouver – finden 8A10a, 9A10b
trouver des contacts – Bekanntschaften machen 11B6b
se trouver * – stehen, s. befinden 7A1b
truc *m ugs* – Ding, Sache 10B1a; Kniff, Trick 6A2
truite *w* – Forelle 8A1
Tunisie *w* – Tunesien 2A3
tunisien/ne *Adj* – tunesisch 2A1; 2A3
Turquie *w* – Türkei 12A8
typique *Adj* – typisch 8A1

U

un, une – ein, eine 1B3
un peu (de) – etwas, ein wenig 2A6b, 8A4a
une fois – einmal 7B2b
unique *Adj* – einmalig 5B1a; einzig 8A3
universitaire *Adj* – Universitäts- 11A12a
université *w* – Universität 10A7

université *w* **populaire** – Volkshoch-schule 4B
Uruguay *m* – Uruguay 12A8
usine *w* – Fabrik 4A2c

V

vacances *wPl* – Ferien, Urlaub 5A5a
vachement *ugs* – sehr, unheimlich *ugs* 8A8
valeur *w* – Wert 11A12a
valse *w* – Walzer 8A4a
varier – variieren 8A5b
vase *m* – Vase 7B10
végétarien/ne *m/w* – Vegetarier/in 8A3
vélo *m* – Fahrrad 4B5a
à vélo – mit dem Fahrrad 4B9
vendanges *wPl* – Weinlese 11B3
vendeur/-euse *m/w* – Verkäufer/in 9B6
vendre – verkaufen 7A1
vendredi *m* – Freitag 5B4a
venir * – kommen 5A7
vente *w* – Verkauf 7A11b
vente *w* aux enchères – Versteigerung 7A11b
vérifier – überprüfen 6B2
vérité *w* – Wahrheit 9A3b
verre *m* – (Trink)Glas 6A1, 11A12a
verser – schütten 8B1
vert/e *Adj* – grün 7A4b
vêtement *m* – Kleidungsstück 9A3a
veuillez trouver ci-joint... – in der Anlage finden Sie ... 12B1
viande *w* – Fleisch 8A1b
vibrer *ugs* – eintauchen, s. mitreißen lassen 11B2a
vidéo *w ugs* – Videokassette 9B4
vie *w* – Leben 3A1
vieux / vieil / vieille *Adj* – alt 10A2
village *m* – Dorf 4A5a, 5B1a
ville *w* – Stadt 4B7a
en ville – in der Stadt 11A1
vin *m* – Wein 4A10, 6B1
vin *m* **de pays, de table** – Land-, Tafelwein 6B8
une vingtaine de... – etwa zwanzig ... 7B2a

violet/te *Adj* – violett 12A3
violette *w* – Veilchen(parfum) 9B1
virtuellement – virtuell 9A14
visite *w* – Besichtigung 5B1a, 10A7
visite *w* guidée – Führung 11B6a
visiter – besichtigen 4A10, 5A5a, 5B3b
visiteur/-euse *m/w* – Besucher/in 8A9
vite – schnell 7A7
vitesse *w* – Geschwindigkeit 3A1
Vive... ! – Es lebe (hoch) ...! 4B9, 8B2a
vivre – leben 3A4a
voici – hier ist / sind 6B5
voilà – hier ist / sind 1B4; das ist es 3A4a; also 4A5a
voir – sehen 7A6a, 7B2a
volcan *m* – Vulkan 12A6a
voyons ! – aber!, hör mal! 7B7
voisin/e *m/w* – Nachbar/in 6A6
voiture *w* – Auto, Wagen 4B1
voiture *w* **de location** – Mietwagen 4B1
votre ; vos – euer/e, Ihr/e; eure, Ihre (*Pl*) 7B5b
vouloir (+ *Inf*) – wollen 7B2a, 12A11
je voudrais – ich möchte, ich würde gerne 5B3b, 6B2
vous – ihr; Sie 1A1b, 1A2
voyage *m* – Reise 3A1
Bon voyage ! – Gute Reise! 12B8
en voyage – auf Reisen 12A1
voyager – reisen 3B1
vrai/e *Adj* – richtig, wahr 2A11, 7A4c
vraiment – wirklich 4A5a
vue *w* – Aussicht, Blick 12B1

W

W.-C. *mPl* – WC, Toilette 12B1
week-end *m* – Wochenende 3B3a

Y

y – dort; hier 11A12a
youpie ! – *Freudenruf* 5A7

Kurssprache Französisch

Sollten Sie einmal Schwierigkeiten haben, die eine oder die andere Aufgabenanweisung zu verstehen, dann wird Ihnen diese Seite behilflich sein: Nachstehend finden Sie, alphabetisch geordnet, die wichtigsten Wörter aus den Arbeitsanweisungen der *Unités* mit ihren deutschen Entsprechungen.

Des activités...
Tätigkeiten ...

cherchez	suchen Sie
choisissez	wählen Sie (aus)
classez	ordnen Sie ... ein
cochez	kreuzen Sie an
comparez	vergleichen Sie
complétez	ergänzen Sie
décrivez	beschreiben Sie
demandez	fragen Sie
devinez	erraten Sie
discutez	diskutieren Sie
donnez...	geben Sie ...
la bonne réponse	die richtige Antwort
écoutez	hören Sie (zu)
écrivez	schreiben Sie
essayez	versuchen Sie
expliquez	erklären Sie
faites	machen Sie
faites correspondre à qc	bringen Sie ... mit etw in Übereinstimmung
formez des phrases	bilden Sie Sätze
jouez une scène	spielen Sie eine Szene
justifiez votre choix	begründen Sie Ihre Wahl
lisez	lesen Sie
mettez dans l'ordre	bringen Sie ... in die richtige Reihenfolge
mettez-vous d'accord	einigen Sie sich
notez	notieren Sie
parlez	sprechen Sie
posez des questions	stellen Sie Fragen
réfléchissez	denken Sie nach
regardez	betrachten Sie
reliez	verbinden Sie
relisez	lesen Sie noch einmal
remplacez	ersetzen Sie
remplissez	füllen Sie aus
repérez	finden Sie heraus
répétez	wiederholen Sie
répondez	antworten Sie
résumez	fassen Sie zusammen
soulignez	unterstreichen Sie
transformez	wandeln Sie um
trouvez	finden Sie
vérifiez	überprüfen Sie

... et des mots utiles pour la classe
... und nützliche Wörter

à deux	zu zweit
A vous !	Sie sind dran!
l'activité *w*	Aufgabe
l'avis *m*	Meinung
le carton	Kärtchen
la colonne	Spalte
le commentaire	Kommentar
le contraire	Gegenteil
la conversation	Gespräch
la croix	Kreuz
le dessin	Zeichnung
le dialogue	Dialog
l'élément *m*	Element
encore une fois	noch einmal
l'exemple *m*	Beispiel
l'exercice *m*	Übung
l'expression *w*	Ausdruck
la forme correcte	richtige Form
la grille	Tabelle
le groupe	Gruppe
l'hypothèse *w*	Vermutung, Hypothese
l'intrus *m*	unpassendes Element
le jeu	Spiel
le mot	Wort
l'ordre *m*	Reihenfolge
le paragraphe	Absatz
la prononciation	die Aussprache
la phrase	Satz
la question	Frage
la réponse	Antwort
le rythme	Rhythmus
la scène	Szene
le son	der Laut
le texte	Text
le voisin, la voisine	Kursnachbar/in
Vrai ou faux ?	Richtig oder falsch?